METİS / ÖTEKİNİ DİNLEMEK

Otto Rank
DOĞUM TRAVMASI

1884'te Viyana'da doğup 1939'da New York'ta ölen Otto Rank (Rosenfeld) yoksul bir Yahudi ailenin oğluydu. Teknik meslek okulunda okurken Freud'un *Düşlerin Yorumu* yapıtından etkilenerek, sanatsal yaratıcılığı psikanalitik ilkelerle açıkladığı *Der Künstler*'i (Sanatçı) yazdı. Metni okuyan Adler aracılığıyla tanıştığı Freud'un evindeki ünlü Çarşamba toplantılarına katılmaya başladı, 1906'da Viyana Psikanaliz Derneği'nin sekreterliğine getirildi. 1907'de *Der Künstler* yayımlandı; 1909'da çıkan *Der Mythus von der Geburt des Helden* (Kahramanın Doğuşu Miti) ile psikanaliz çevrelerinde ünlendi. Yaklaşık yirmi yıl süreyle özel sekreterliğini de yaptığı Freud'un desteğiyle Viyana Üniversitesi'ne girerek 1912'de felsefe doktorasını aldı ve tezini *Das Inzest-Motiv in Dichtung und Sage* (1912, Şiir ve Mitosta Ensest Motifi) adıyla kitaplaştırdı. Aynı yıl *Imago* ve *Internationale Zeitschrift für Psychoanalyse* dergilerinin yayın kurullarında yer alarak Jung ve Adler'e karşı Freud'un görüşlerini savundu. 1919-24 arası psikanaliz yapıtları yayımcılığı yaptı. 1924'te yayımlanan *Das Trauma der Geburt* (*Doğum Travması*) Freud ve Viyana Psikanaliz Derneği'nin diğer üyeleriyle arasının bozulmasına, psikanalizin temel kavramlarıyla çeliştiği gerekçesiyle dernekten atılmasına yol açtı. 1920'lerin ortalarından itibaren on yıl kadar ABD ve Avrupa'nın çeşitli kentlerinde dersler veren, Amerikan Psikanaliz Birliği'nin (APA) onur üyesi yapılan Rank, sonunda New York'a yerleşti. Giderek psikanalizden koparak yeni bir psikoterapi yöntemi geliştirdi. Görüşleri Carl Rogers, Eric Fromm, Karen Horney'nin yanı sıra Rollo May gibi varoluşçular üzerinde de etkili oldu. 1930'da A. A. Brill Rank'ı akıl hastası ilan ederek APA'dan ihraç etti.

METİS YAYINLARI
Ötekini Dinlemek 11

DOĞUM TRAVMASI
VE PSİKANALİZDEKİ ANLAMI
Otto Rank

Özgün adı:
Das Trauma der Geburt
und seine Bedeutung für die Psychoanalyse

İlk Basım: Temmuz 2001
İkinci Basım: Mayıs 2014

Dizi Yayın Yönetmeni: Saffet Murat Tura

Dizi Kapak Tasarımı: Yetkin Başarır
Grafik Tasarım: Semih Sökmen
Dizgi ve Baskı Öncesi Hazırlık: Sedat Ateş

Baskı ve Cilt: Yaylacık Matbaacılık Ltd.
Fatih Sanayi Sitesi No. 12/197-203
Topkapı, İstanbul Tel: 212 5678003
Matbaa Sertifika No: 11931

Metis Yayınları
İpek Sokak No. 5, 34433 Beyoğlu İstanbul
Tel: 212 2454696 Faks: 212 2454519
e-posta: info@metiskitap.com
www.metiskitap.com
Yayınevi Sertifika No: 10726

ISBN-13: 978-975-342-325-0

Otto Rank

Doğum Travması

VE PSİKANALİZDEKİ ANLAMI

Almanca'dan Çeviren
Sabir Yücesoy

Dizi Yayın Yönetmeni
Saffet Murat Tura

İçindekiler

Türkçe'de Otto Rank

Engin Geçtan

Otto Rank'ın psikoterapi kuramı tarihindeki kendine özgü konumunun sonunda yayın dünyamızda da değerlendirilmiş olmasının ülkemiz düşün dünyasına önemli bir katkı olacağına inanıyorum, bizlere ulaşması bir hayli gecikmiş olsa da. Öte yandan, bu kronolojik gecikmenin bu dönemde sonlanıyor olması, sona ermesi, ülkemiz insanının geçirmekte olduğu hızlı dönüşümler göz önünde bulundurulduğunda, belki de isabetli bir zamanlama. Eğer birkaç on yıl önce yayımlanmış olsaydı, henüz sorulmamış soruların cevabı olarak, günlük yaşantılarımızla buluşmaya hazır olmayan çıplak bir bilgi kümesi olarak kalır mıydı sorusunu beraberinde taşıyarak. Çünkü bilgiler yaşadıklarımızla buluşabildikleri oranda özümsenip kendi bilgi dağarımıza mal edilebiliyorlar.

Başlangıçta fizyolojik temelli bir kuram olarak beliren klasik psikanaliz, bizzat Freud'un kendisinin, yine kendi yaratısı olan kateksis olgusunu sonradan bir kenara itmiş olması örneğinde olduğu gibi, fizyolojik temelinden giderek uzaklaşarak psikolojik ve toplumsal yönelimli bir kimlik edinmiştir. Böyle bir sapma olmamış olsaydı, günümüz nörobiyolojisiyle şaşırtıcı bir biçimde örtüşen kateksis kuramı psikiyatriyi belki de çok farklı yerlere taşımış olabilecekti, en azından günümüzde hâlâ üstesinden gelinememiş zihin-beden düalizminin yarattığı çarpıklıkları azaltarak.

Otto Rank, bir bakıma, o dönemin klasik psikanalizinde başlamış olan bu sapmanın önemli öğelerinden biri sayılabilir. O da, Adler ve Jung gibi, psikanaliz kuramının yaygınlaşmaya başladığı ilk günlerde Freud'un çevresinde oluşan grubun etkin bir üyesiydi ve de tıp kökenli olmayan tek üyesi. Kişisel çabalarının ürünü olan ve 1900'lerin başlangıcında *artist kişilik** üzerine yazdığı bir makale Freud'un ilgisini çekmiş ve Freud, Rank'ı, psikanalizin kültürel alanlara doğru oluşturduğu uzantıların öncüsü saymış, üstelik üniversite öğrenimi yapabilmesi için ona her türlü imkânı sağlamıştı. Rank, öğrenimini tamamladıktan sonra bir süre Amerika'ya gitmiş, ancak dönüşünde Freud'dan farklı görüşler geliştirmeye başlaması üzerine aralarındaki kişisel ve bilimsel ilişkiler hızla bozulmaya başlamıştı. Özellikle doğum travması konusundaki görüş ayrılığı ve Rank'ın tedavide geliştirdiği yeni teknikler Freud tarafından hiç de olumlu karşılanmamıştı. Nitekim sonraki yıllarda Rank, kullandığı tedavi yöntemi için psikanaliz yerine psikoterapi terimini kullanmaya ve klasik psikanalizi temelinden ve şiddetle eleştirmeye başlamış, kendi kavramları da Freudcu grubun eleştirilerine hedef olmuştur.

Rank, kendi kuramını geliştirme doğrultusunda ilk girişimini 1924'te yayımlanan *Doğum Travması* adlı kitabıyla gerçekleştirmiştir. Birazdan okuyacağınız satırlarda da görüleceği gibi Rank, dölyatağında geçen rahat bir dönemin ardından, çaba ve girişimi gerektiren doğum sonrası koşullara geçişin yeni doğan bebekte yarattığı dehşetin, en sağlıklı insanların bile sonraki yaşamında sürekli olarak var olan *birincil kaygı*'nın kökeni olduğu görüşünü vurgulamıştı. Bu görüş, doğum travmasının sonraki yaşamdaki kaygıların ilkörneği olduğu biçiminde ve ilk kez Freud tarafından ortaya atılmış olan görüşü çağrıştırmakla birlikte, iki görüşün yorumlamasında önemli bazı farklılıklar bulunmaktaydı.

Freud gibi Rank da az önce tanımlanan çatışmayı insanların nasıl çözümlemeye çalıştıklarını araştırmıştır. Freud, doğum travmasını insanın yaşadığı ilk kaygı olarak tanımlamış, ancak sonraki yaşamın kaygılarını genellikle cinsel nitelikte nedenlerle açıklamıştır. Buna karşılık Rank, insanın yaşamındaki kaygıların çoğunu, doğum anında yaşanan *ayrılık kaygısının* tekrarı olarak yorumlamıştır. Ona göre, doğum travması sonucu yitirdiklerine karşılık bebek, annesinin de

* Rank insanları üç grupta değerlendirmişti. Ortalama insan, nevrotik ve artist. Rank'ın artist olarak tanımladığı kişiler sıradan görünümlü bir ev kadını ya da bir işçi olabilir. Rank'ın tanımladığı artist, ortaya çıkan yeni durumlara göre sürekli olarak hareket eden dinamik bir dengeyi sürdürebilen insanlardır. Böyle bir süreç, yerleşmiş alışkanlıklar ve davranış örüntüleriyle gerçekleştirilemez. Önemli olan, insanın karşısına çıkan her yeni duruma çözüm bulacak esnekliği gösterebilmesidir. Rank'a göre toplum tarafından "başarılı artist" olarak nitelendirilen kişiler, nevrotik ya da ortalama insanlardır.

yardımıyla yeni ilişkiler kurarak çevresiyle "birlikte olma" durumunu sürdürür. Ancak, gelişim sürecinin doğal sonucu olarak kurulan beraberlikler, ileride bir yenisi kurulmak üzere daima sona erer ve ayrılık kaygısı, yaşam döngüsünün her aşamasında yeniden yaşanır.

Doğum travması kavramının, her şeyin neden-sonuç ilişkisiyle açıklandığı Kartezyen düşüncenin egemen olduğu günlerde gereğinden fazla doğum olayının kendisi üzerinde odaklaştırılmış olması, Rank'ın bu kavramdan hareketle geliştirdiği diğer bazı önemli görüşlerinin geri planda kalmasına neden olmuştur. Oysa, Rank'ın doğum travması olgusundan hareketle geliştirdiği *yaşam korkusu* ve *ölüm korkusu* kavramları, kendimizi ve dünyamızı anlamada önemli bir rehber niteliği taşır.

Rank'a göre her insan, bağımlılık ve bağımsızlık ya da boyun eğme ve kendi yönünü kendi belirleme eğilimlerinin yarattığı çatışma ile dünyaya gelir. İnsanın bağımsız bir varlık olma çabası yaşamın özüdür. Bunun karşıtı, dölyatağındaki çabasız varoluşa dönme eğilimidir ki Rank bunu ölüme ulaşma isteği olarak yorumlamıştır. Dolayısıyla, ayrılık ve birleşme, yaşam ve ölümle eşanlam taşır. Bağımsızlığa doğru atılan adımlar ürkütücüdür, bireyselliği yitirerek çevrenin egemenliği altına girmek ise çaresizlik duygusunun yaşanmasına neden olur. Her iki duruma da eşlik eden duygu suçluluktur. Kendimize ya da çevremize ihanet etmenin suçluluğu. Ayrılma ve birleşmenin yarattığı çatışmalar evrenin doğasında da mevcuttur. Atom altı parçacıklar birbirlerinden uzak olduklarında birbirlerine doğru çekilir, birbirlerine yapışır gibi olduklarında ise hızla birbirlerinden uzaklaşırlar. Geleneksel yapının hızla çözüldüğü ülkemizde yaşanmakta olan açmazlardan birinin bu karşıtlık çerçevesinde süregeldiği göz önünde bulundurursak, *Doğum Travması*'nın bu dönemde dilimize çevrilmiş olması ayrı bir önem taşıyor.

Kendi kişiliğini ve yaşantılarını Nietzsche ve Schopenhauer'in öğretileriyle harmanlayarak oluşturduğu görüşlerinin, şahsıma ve çalıştığım alana yapmış olduğu önemli katkılarından ötürü Otto Rank'ı saygıyla anıyorum.

Sunuş

Psikanalitik tarzda düşünmeyi öğrenmiş olanlar, bastırılmış şeylerin içlerinde hep gizli bir özlem barındırdığını bilir: Bir zamanlar içinden çıkarılıp atıldığı bir ışığa, bilincin ışığına dönebilme özlemi. Bize ait olan (ve içimizde bulunan) her bilinçsiz ruh parçası, ruhun diasporasındaki gezginliği sona ermedikçe rahat vermez bize – bütün hastalık semptomlarının ispatlayıp durduğu gibi. Tek bir ruh için düşünüldüğünde bugün artık sıradan bir bilgiçlik sayılacak bu tespit, çok daha büyük ölçekte de geçerlidir: Bastırılmış olan, grup süreçlerinin, toplumsal olguların, hatta genel olarak kültürel gelişmenin motorudur kesinlikle. Bunun böyle olduğu sayısız psikanaliz çalışmasıyla gösterilmiştir.

Tabii psikanalizin kendisi için de durum farklı değil.

Bütün olarak her bilim dalının altında bastırılmış, koparıp uzaklaştırılmış, kovulmuş bir şey yatar, içindeki birtakım parçalar bütüne geri dönmek ister. Psikanalizi kendi nam salmış kanepesine yatırırsak, eninde sonunda tuhaf bir öykü çıkacaktır karşımıza. Psikanalizin sislerle örtülü çocukluk evresinden süzülüp belirecek öykü kahramanı da, Otto Rank adında biridir.

Kimdi bu adam, başından neler geçmişti?

Yaşamöyküsünü esaslı bir şekilde ele almama gerek yok, çünkü zaten iki mükemmel biyografisi yazılmış durumda[1] ve üstelik biri de Almanca. Onun için, kabaca özetliyorum:

Otto Rosenfeld 21 Nisan 1884'te Viyana'da doğdu. Yahudi bir ailenin üçüncü çocuğuydu. Orta tabakadan bir aileydi bu ve baba alkolikti. Orta okuldayken hastalıklı bir çocuktu Otto ("Doğduğumdan beri zayıf ve çürüğüm ben..."). 21 yaşında orta öğrenimini tamamlamış, bir meslek okuluna girmişti. O dönemde karşılaştığı Freud'a bir

1. Zottl, 1982 ve Taft, 1958.

yazısını verdi. Freud'un deyişiyle "alışılmadık bir kavrayışı (psikanaliz konusunda) yansıtan" bir yazıydı bu.

Rank'ın (yazar olarak kullandığı müstear addı bu) Psikanaliz Birliği sekreterliğine gelişi görece hızlı oldu. Freud lise diploması alıp üniversiteye başlaması için teşvik etti onu. 1911'de *Lohengrin Efsanesi* hakkındaki doktora tezi tamamlanmıştı bile.

Hiçbir zaman psikanaliz eğitimi görmediği halde, Rank peşpeşe kitaplar, makaleler yayımlıyor, yazılarıyla psikanalizin geçerlilik alanını edebiyat, sanat ve mitoloji alanlarına doğru genişletiyordu.

Freud'la Rank arasındaki ilişki, biyografisinde de belirtildiği gibi, "babayla en sevdiği oğlu arasındaki ilişkiyi andırmaktaydı. Ve Freud' un bu eliaçık tutumuna Rank da gereğince teşekkür etmeyi biliyordu."

1912'de Rank (Hanns Sachs'la birlikte) en önemli psikanaliz dergilerinin yayımcılığını yapmaya başladı (*Imago* ve *Internationale Zeitschrift für ärztliche Psychoanalyse*). Ayrıca, Viyana'da Uluslararası Psikanaliz Enstitüsü'nü kurup yöneticiliğini üstlendi.

1907'de Freud psikoloji okumaya yöneltmişti Rank'ı, 1920'de ise bir psikanaliz muayenehanesi açıp hasta kabul etmesi için ısrar etti. Tıp eğitimi olmayan ve öğrenme amacıyla analiz edilmeye kesinlikle yanaşmayan Rank, yine de psikanalist olarak çalışmaya başladı böylece. Hastalarının büyük kısmı doğrudan Freud tarafından gönderilmekteydi. Hiç şüphesiz, o sıralarda Freud'un "veliahtıydı" Otto Rank.

Ancak, babanın diğer "oğullarıyla" ilişkisi her zaman sorunsuz değildi: Özellikle 1922 dolaylarında Rank'ın Psychoanalytischer Verlag'ın [Psikanalitik Yayınevi] yöneticisi olarak faaliyeti konusunda anlaşmazlıklar ve saldırılar başladı. İşleri yürütürken herkesi memnun edemiyordu. Freud korudu Rank'ı, hatta sağlığının çok kötü olduğu bir sırada halifesi yapmayı düşündü.

İşte durum böyleyken, *Doğum Travması* bir bomba gibi düştü ortaya. Bu eserinde Rank doğum sürecinin (ayrılış travmasıyla birlikte) insana özgü *bütün* ruhsal hallerin biyolojik olarak kavranabilecek nihai nedeni olduğunu ileri sürüyordu. Ruhsal yapının ortaya çıkması doğum travmasıyla başetme girişiminin bir sonucuydu ona göre. Öyleyse, her türlü nevrotik rahatsızlığın anahatları bu ilk çatışmada yatıyor demekti, yani kısacası: Her nevroz doğumla birlikte oluşmaya başlıyordu.

Böyle bir formülasyon o zamana kadarki nevroz kuramında merkezi öneme sahip bulunan hususu, yani Oidipal dramda babanın yerini sarsıyor, ikincil bir konuma itiyordu. Büyük bir öfke dalgası patladı. "Yakın çevre"nin birçok mensubu şaşkınlık içindeydi (genellikle yapılanın tersine, yayımlanmadan önce kitabın içeriğinden haberdar edilmemişlerdi) ve Rank'ın kitabını şiddetli bir eleştiriyle karşıladı. Suçlamalar nedeniyle derin bir üzüntüye kapılan Rank ise New York'a gitti. Amacı bu kentte terapist olarak çalışmaktı. Hâlâ itibar sahibiydi orada. Hemen psikanaliz çevreleriyle ilişkiye geçti. Kendi analizini Otto Rank'a yaptırmak isteyen birçok analist vardı. Ama çok geçmeden sorunlar gelip orada da buldu onu.

Viyana'ya döndüğünde ortalık biraz yatışır gibi oldu, ama ancak bir süre için. Her tarafta güvensizlik ve temkin dolu bir yaklaşımla karşılaşıyordu. Örneğin "yakın çevre" birtakım garantiler istiyor, bundan sonra Rank'ın –önceden "düzelti okuması" yapılmadan– yeni bir çalışma yayımlamamasını talep ediyordu.

Yitirdiği oğlunu tekrar yanına almaya çalışan Freud ise Rank'ın kendisini ona "analiz" ettirmesi için ısrar etti bu kez. Böylece öğrenme amaçlı analiz konusundaki eksiği giderilmiş olan Rank bir daha Oidipal denemelere girişip babanın iktidarını elinden almaya kalkışmayacaktı.

Ne var ki, ayrılık kaçınılmazdı artık. Oğul kısa bir süre sonra "hain" ilan edildi, tası tarağı toplayıp ortadan yok olmuş bir "kaçak" sayıldı ("uslu oğulların" yargısı böyleydi). Rank 1926'dan itibaren bir yandan yazıp bir yandan terapi yaparak Paris'le New York arasında mekik dokudu ve sonunda 1935'te kesin olarak New York'a yerleşti. İçerik olarak klasik psikanalizden bir hayli farklı olan, ama yine de temel özellikleri bakımından psikanalizin yolunda yürüyen kendi terapi yöntemini geliştirdiği yıllardı bunlar. Otto Rank 31 Ekim 1939' da, 55 yaşında New York'ta öldü – kendisine hem öğretmenlik hem de babalık etmiş olan Sigmund Freud'dan tam 40 gün sonra.

Olup bitenler hakkında anlatacaklarım bu kadar. Geriye, 1906'dan 1924'e kadar bütün bir bilimin tarihi ve kaderi üzerinde bariz etkisi bulunan bu adamın Avrupa'da neredeyse hiç tanınmadığını söylemek kalıyor. Adı unutulmuş, düşünsel izleri silinmiş durumda.

Amerika'da ise öyle değil: Hem erken hem de geç dönem eserleri bulunuyor kitapçılarda (bende *The Trauma of Birth*'ün 1974 tarihli bir baskısı var, ama o zamandan beri birçok kez yeniden basıldı.)

Doğum Travması'nı –yazılışından 60 yıl sonra– arada oluşan yeni bilgiler ışığında ele alıp değerlendirmeye çalışınca gördüğümüz, bu kitabın ürkütücü derecede aktüel olduğudur.

Bir de, ancak bugün gereğince takdir edilip tartışılabilecek nitelikte bir eser olduğunu saptıyoruz: Yazıldığı dönemde zamanının çok ötesindeydi. Tabii bugün birçok başka alandan destek gelebiliyor kitabın savlarına. Oysa 1924'te sırtını duvara dayamış, yapayalnızdı.

Son on yıllar boyunca ortaya çıkmış yeni kanıtlara bakalım şimdi:

– 1970'lerin başından beri bütün ülkelerde hastalar terapi sırasında doğum travmalarını o zamanki ilk şekliyle yeniden yaşamaktadır. Arthur Janovs'un "bulgularından" hareketle, travmayı takılıp kalmış enerjileriyle birlikte organizmadan çekip çıkartmak için doğum sürecine kadar bütün acı verici deneyimleri yeniden yaşatmayı amaçlayan "birincil terapi" denilen şey ortaya çıkmıştır.[2] Bu uygulamada hastalar bir yandan da günlük yaşamda söz konusu travmayı gerçek bağlamlarda ele almanın sayısız yolu bulunduğunu öğrenir.[3]

– Tamamiyle farklı bir yönde faaliyet gösteren Çek psikiyatrist Stanislav Grof –ruh hastalarının LSD deneyimlerinden hareketle– doğum sürecine bağlı olan ve aslında her terapide zaten görülen yeniden yaşantılanabilir aşamalardan oluşmuş bir terapi sistemi ortaya attı. Önceleri sadece ilaç etkisi altında elde edilen malzeme bugün artık –sadece nefes alıp verme teknikleri kullanılarak– birçok değişik tedavi biçiminde sürekli yeniden yaşantılanmaktadır.[4]

– Leonard Orrs'un çalışmalarından etkilenerek geliştirilen ve bütün dünyaya yayılmış bulunan "Rebirthing [Yeniden doğuş]" adlı terapi biçiminde doğruca eski doğum sürecinin yaşantılanması ve bir yandan da değiştirilmiş şekliyle bir tür yeniden doğuş olarak, yeni bir yaşam projesiyle bütünleştirilmesi amaçlanmaktadır.

– Çok farklı bir bağlamda psikotarihçi Lloyd de Mause tarafından Amerika'da (ve son zamanlarda Almanya'da da[5]) sürdürülen tartışmalarda doğum travmasının çeşitli biçimleri ve politik sistemlere va-

2. Arthur Janov, *Der Urschre*; *Anatomie der Neurose*; *Das befreite Kind*; *Frühe Prägungen*, *Revolution der Psyche*; *Gefangen im Schmerz*; ve *Das neue Bewußtsein*, hepsi S. Fischer Verlag, Frankfurt am Main.

3. Krş. Peter Orban, 1988 ve 1980; ayrıca Werner Gross, 1982.

4. Stanislav Grof, 1978.

5. Lloyd de Mause, 1982 ve 1988.

rana kadar (bu Rank'ın hiç değinmediği bir konuydu) ele alınma tarzları üzerinde durulmaktadır. De Mause'a göre bugüne kadarki politik tarihin önemli bir kısmı çeşitli doğum süreci tiplerine dayanarak açıklanabilir.

– Fransız hekim Frederick Leboyer yaptırdığı doğumlarda edindiği deneyimden yola çıkarak hızla bütün dünyayı saran bir hareket başlatmıştır: Her tarafta doğum travmasından daha başladığı yerde kaçınabilmek için yepyeni teknikler geliştirmiş tıp merkezleri, klinikler ve muayenehaneler açılmaktadır.[6]

Bunlar günümüzde Rank'ın çalışmalarına dayanmadığı halde onu doğrulayan deneyim ve sonuçlardan sadece bazıları. Anlaşılması pek kolay olmayan bazı örneklere (örneğin ayaktaki refleks bölgelerinden yararlanarak rahim içi deneyimleri canlandırma) hiç değinmiyorum.

Kısacası, "doğum travması" bugün en çok üzerinde durulan konulardan biri; ama hiç kimse ona Otto Rank kadar derin bir kuramsal ilgi göstermiş, hayatın türlü çeşitli alanlarındaki türevlerini izlemiş değil. Rank'ın çıkış noktası yaptığı tez şöyle:

> ...Bilinçdışını bütün yönleriyle, ruhsal içerikleri ve bilince dönüşmesinin karmaşık mekanizmalarıyla araştırdıktan sonra, hem normdışı hem de normal insanları analiz ederek psikofizik dünyadaki ruhsal bilinçdışının ilk kaynağına ulaştık; artık biyolojik açıdan da kavrayabiliyoruz onu. Salt bedenselmiş gibi görünen doğum travmasının bütün insanlığın gelişimi açısından muazzam ruhsal sonuçlarını analiz deneyimlerine dayanarak tasarlamayı deniyoruz ilk kez. Bu travmada ruhsal olanın nihai ve somut biyolojik esasını buluyoruz ve böylece bilinçdışının temeline ve çekirdeğine ulaşmış oluyoruz. Bilinçdışının anlaşılması sayesinde Freud, geniş kapsamlı ve bilimsel psikolojiyi kurmuştur.

Bu tez Freud'un "her türlü kaygı halini temel olarak fizyolojik doğum kaygısına (nefes alamama) bağlayan" sözlerine dayanmaktadır doğruca, ama bir yandan da analizi babanın yaptığından da daha derine taşıyan oğulun cüretini yansıtır: "...ve böylece bilinçdışının temeline ve çekirdeğine ulaşmış oluyoruz" (daha sonra babanın üstünde ev kurabildiği bir temel).

Rank'ın bu kitapta kendi Oidipal durumuna el atmış olduğunu düşünen Freud haklıydı aslında (krş. Zottl, 1982:39). Ama tabii bu, kitabın içeriği bakımından hiçbir şey ifade etmez. Rank'ı harekete geçi-

6. Frederick Leboyer, 1974.

ren *itki* gerçekten de babanın iktidarına el koymak da olsa, ileri sürülen görüşlerin doğruluğu etkilenmez bundan.

Bugün artık ikisinin de doğru olduğunu biliyoruz: *hem* psikanaliz çevreleri tarafından ileri sürülen, Rank'ın (nevrotik bir itkiyle) psikanalizin bazı esaslarından uzaklaşmış olduğu savı; *hem de* ruh dünyasında ancak son yirmi yıldır haritasını çıkarmaya başladığımız ve hâlâ pek az tanıdığımız yeni bir ülke keşfetmiş olduğu.

Felsefe, sanat, din, mitoloji ve psikopatoloji alanlarında korku temasını ele almış olan bu eski tartışmadan çok şey öğrenebiliriz, çünkü başka hiç kimse –en azından kuramsal anlamda– araştırmayı bu kadar derinlere götürmüş değil henüz.

Tabii kitabın zayıf yanından da bahsetmemiz gerek burada. Doğum travmasında ruhsallığın ve bilinçdışının nihai (ya da ilk) kaynağını gören Rank'a bugünkü bilgimize dayanarak itiraz etmek zorundayız. İnsan ruhunun oluşumunun çok eskilere gittiğini ve zamanın derinliklerine (hatta zamanın ötesine) uzandığını gösteren belirtiler durmadan artıyor. Yani bireysel doğum olayı ruhun başlangıç noktası değil de, kopuş anlarından biri yine. Doğumdan çok daha önce rahim içi dönemi (o da travmatik olarak düşünülebilir) ve insanlığın bireysel ruhta izlerini bırakmış bütün bir gelişim tarihi var.

Ama bu bambaşka bir konu. Ve bu konuyu baştan sona ele alıp –babaların inançlarına karşı çıkarak– yazıya dökecek bir Otto Rank henüz ortada görünmüyor. Kesinlikle bir gün çıkacaktır böyle biri ve o da yine ruh sürgününe gönderilmek istenecektir (umarız 60 yıllık bir sürgün olmaz bu kez).

Frankfurt am Main, İlkbahar 1988
Peter Orban

KAYNAKÇA

Grof, S. (1978), *Topographie des Unbewußten*, Stuttgart.
Gross, W. (1982), *Was erlebt ein Kind im Mutterleib*, Freiburg.
Leboyer, F. (1974), *Der sanfte Weg ins Leben*, Münih.
Mause, L. de (1982), *Hört ihr die Kinder weinen*, Frankfurt am Main.
— (1988), *Grundlagen der Psychohistorie*, Frankfurt am Main.
Orban, P. (1980), "Disco", *Kindheit*, yıl 2, 1980, s. 1 vd.
— (1988), *Psyche und Soma*, Frankfurt am Main.
Taft, J. (1958), *Otto Rank*, New York.
Zottl, A. (1982), *Otto Rank*, Münih.

Doğum Travması

Bilinçdışının araştırıcısı,
psikanalizin yaratıcısı
Sigmund Freud'a adanmıştır

6 Mayıs 1923

Eski bir efsaneye göre Kral Midas çok uzun bir süre Dionysos'un refakatçisi bilge Silen'i ormanda kovalamış ama bir türlü yakalayamamış. Sonunda ele geçirmeyi başarınca da sormuş ona, insan için en iyi, en yeğlenecek şey nedir diye. Hiç kımıldamadan susup durmuş cin öylece. Sonunda kralın zorlamasıyla konuşmuş, keskin kahkahalar koyvererek: "Zavallı günübirlikçi canlılar, tesadüfün ve zahmetin çocukları! Ne diye zorlarsın beni, hiç duymamanın en yararlı olduğu şeyi söylemeye? *Senin için en iyisi, hiç ulaşamayacağın bir şey: hiç doğmamış olmak, var olmamak, hiçlik olmak.* Zaten ikinci iyi şey de – bir an önce ölüp gitmek."

Nietzsche, *Trajedinin Doğuşu*

Önsöz

Aşağıdaki açıklamalar bütün insanlığın gelişimini, hatta insan oluşun kendisini anlamak için psikanalitik düşünüşü uygulama yolunda bir ilk denemedir. Ya da daha doğrusu uygulamama; çünkü alışıldık anlamda bir "sosyal bilimlere psikanalizi uygulama" değil söz konusu olan, daha çok insanın ve insanlık tarihinin topluca yorumlanabilmesi amacıyla psikanalitik düşünceyi verimli kılma çabası. Ne de olsa insanlık tarihi sonuç itibariyle bilincin tarihidir, yani insan bilincinin gelişiminin ve yarattıklarının tarihi.

Bu kendine özgü, henüz tam açık olmayan yaklaşım tarzı, psikanalizin getirdiği müthiş bilinç gelişimi sayesinde mümkün olabilmiştir. Psikanaliz, kısmen de olsa, en derin bilinçdışını bile tanımamızı ve ne kadar etkili olduğunu anlamamızı sağlıyor. Bilimsel bilgi daha önce örtük halde bulunanın bilinçle kavranması demek olduğundan, analiz yoluyla elde ettiğimiz her bilinç ilerlemesi bir anlamaya dönüşür. Psikanalitik bilgi edinmenin –biraz ileride daha yakından ele alacağımız– çok belli bir noktasında bütün bir organik ya da biyolojik gelişmenin ancak ruhsal açıdan "anlaşılabileceği" görülür; yani gelişmenin getirdiği diğer şeylerin yanı sıra –bilinçdışı hakkındaki bilgimizin ilerleyişiyle bir anda çok daha etkili hale gelmiş bulunan– bilme aygıtımızın kendisini de içeren ruhsal gelişmeler açısından.

Birkaç yeni psikanalitik deneyimi çok geniş değerlendirmeler ve genel bilgiler için sadece çıkış noktası olarak almakla bile, şimdiye kadarki psikanaliz "uygulamasından" epeyce farklı bir yola girmiş olduğumuza inanıyoruz. Amacımız, bir yandan psikanalizin terapide "uygulanan" bilinçdışı öğretisini aşırı derecede önemsememeye dikkat ederken, bir yandan da psikanalitik düşünüşün sınırları dışına çıkmak yerine bu sınırları her iki yöne doğru genişletmek. Bir tedavi yöntemi olmanın ötesine geçip bilinçdışına özgü ruhsal yaşamın öğretisi olmaya başlayınca, neredeyse bununla aynı anda, başlangıçta yer aldığı tıbbi alandan uzaklaşan ve hemen bütün sosyal bilim alanlarına verimli bir tarzda el atan psikanalizin kendisinin de sonunda bugünkü en güçlü düşünsel hareketlerden biri haline gelmesi, tesadüf eseri olmasa gerek. Psikanalizin keşfedilmesi ve gelişmesi akıl hastalarının incelenmesi ve bu hastaların kendi katkıları sayesinde mümkün oldu; psikanaliz öğretisi her zaman bu kökene dayanarak geliştirilip yaygınlaştırılabilecektir. Ama artık bu köken, cesur denizcilere bir keşif yolculuğu için gerekli araçları sağlayan Kristof Kolomb'un hangi ülkeden olduğu hususundan daha önemli değil.

Aşağıda, önce bir ölçüde psikanalizin kendi gelişimini aktaracağız; Freud'un ortaya koyduğu yöntemin tutarlı biçimde uygulanmasından ve buna dayandırdığı öğretisinden kaynaklanan bir gelişimdir bu. Sonra da bu temelden hareketle bilinçdışını doğrudan ele alarak daha geniş ve genel bilgilere varmayı deneyeceğiz. Psikanalitik araştırmanın kendine özgü ilerleyişini bilen biri için, bu araştırmanın vardığı nokta şaşırtıcı değildir: Ruhun yüzeydeki görünüşünden hareket edip (hem tekil durumlarda hem de bir bütün olarak) onun gizli ve zor ulaşılan derinliklerine doğru durmadan ilerleyen psikanalizin, sonunda kendi doğal sınırıyla ama aynı zamanda da kendi temeliyle karşılaşması kaçınılmazdı. Bilinçdışını bütün yönleriyle, ruhsal içerikleri ve bilince dönüşmesinin karmaşık mekanizmalarıyla araştırdıktan sonra, hem normdışı hem de normal insanları analiz ederek psikofizik dünyadaki ruhsal bilinçdışının ilk kaynağına ulaştık; artık biyolojik açıdan da kavrayabiliyoruz onu. Salt bedenselmiş gibi görünen doğum travmasının bütün insanlığın gelişimi açısından muazzam ruhsal sonuçlarını analiz deneyimlerine dayanarak tasarlamayı deniyoruz ilk kez. Bu travmada ruhsal olanın nihai ve somut biyolojik esasını buluyoruz ve böylece bilinçdışının temeline ve çekirdeğine ulaşmış oluyoruz. Bilinçdışının anlaşılması sayesinde Freud, geniş kapsamlı ve bilimsel psikolojiyi kurmuştur. Kısacası, aşağıdaki açıklamalar ancak kendi ruhsal aygıtımızın yapısı ve işleyişi hakkında psikanalitik yoldan edinilmiş bütün bu bilgiler ışığında yazılabilmiştir ve ancak bu temelde anlaşılabilir.

Freud tarafından keşfedilmiş ve araştırılmış olan bilinçdışını, yani asıl ruhsal olanı bu şekilde biyolojik bir temele oturtabiliyorsak, o zaman bu çalışmanın ikinci amacına sıra gelmiş demektir: doğum travmasının analitik yoldan belirlenmiş öneminden ve bu travmayı aşma yönündeki sonu gelmez denemelerden hareketle şekillenmiş olan bütün insanlığın gelişimini, bilinçdışı mekanizmasının bu büyük bağlamına yerleştirmek. Bunu yaparken, bilinçdışının en derin biyolojik katmanlarıyla insanın en yüksek manevi ürünlerinin apaçık sergilenen içeriği arasında ne kadar kolay bağlantı kurulabildiğine, yani temelle çatının birbirini tam bir uyumla tamamlayışına şaşmamak elde değil. Ya da Freud'un dediği gibi: "Bireylerin zihinsel yaşamının en aşağı katmanlarına ait olan şeyler, idealin oluşumuyla değişerek, değer yargılarımız açısından insan zihninin en yüce varlıkları haline gelir."[1]

Aşağıdaki bölümlerde insan gelişimindeki bu "ideal oluşturma" mekanizmasını biyolojik boyutuna kadar izlemeye çalışırken, bilinçdışının –psikanaliz sayesinde anlamayı başardığımız– bütün bu karmaşık dönüşüm süreçleri boyunca, en derindeki biyolojik içeriğin sonuç itibariyle neredeyse hiç değişmediğini, sadece bizim kendi bastırmamız nedeniyle tanınmaz olduğunu ve en yüksek zihinsel faaliyetlere varıncaya kadar hep belirgin bir biçim altında kavranabilir kaldığını göreceğiz. Burada ilk kez karşımıza çıkan normal ve evrensel geçerlilik taşıyan psikobiyolojik yasanın önemini yeterince kavramamız ve taslak niteliğindeki açıklamalarımız çerçevesinde tam olarak belirtmemiz de imkânsız. Elinizdeki çalışmanın ana amacı, *içeriği belirleyen biyolojik temelli bu biçimlendirme yasasına* dikkat çekmek ve orada burada karşılaşılan bununla ilişkili sorunları çözmekten çok sezdirmek. Ama sorunu bütün halinde ortaya koyup çözümü için hiç değilse ilk adımları atmaya cesaret edebiliyorsak, bunu Freud'un kendi psikanaliz yöntemiyle bize armağan etmiş olduğu araştırma tarzına ve düşünüş biçimine borçluyuz.

1. Freud (1923a:95).

Analitik Açıdan Durum

Bilinçdışını psikanalitik deneyim ve gözlemler temelinde inceleme işini sürdürmeye girişirken, şimdiye kadar psikanalitik araştırmayı esas itibariyle yönlendirmiş olan çalışma ilkesine dayanmak istiyorum. Freud bazen psikanalizin aslında ilk hasta tarafından bulunmuş olduğunu söylerdi. 1881 yılında Breuer'in tedavi ettiği bu hastanın (Anna O...) öyküsü yıllar sonra *Histeri Araştırmaları*'nda (1895) yayımlandı. O sırada sadece İngilizce konuşabilen genç kız, hipnoz altında içini döküp rahatlamasını sağlayan görüşmelere *talking cure* [konuşarak tedavi] adını vermişti, bazen de şaka yollu *chimney sweeping* [baca temizliği] diyordu. Aradan yıllar geçip psikanalitik deneyim ve sonuçlar şaşırtıcı ölçüde yeni oluşları nedeniyle birçok düşman edindiğinde ve genellikle yazarının hastalıklı düşgücünden fırlamış kuruntular sayıldığında, Freud bu anlayışsızca yapılan itirazlara karşı koymuştu: Hiçbir insan beyni böylesi olguları ve bağlantıları icat edecek yeteneğe sahip değildi; ancak aynı türden bir dizi gözlemin zorlamasıyla, kaçınılmaz olarak varılabilirdi bu düşüncelere. Bu anlamda, psikanalizin sadece anafikrini değil, daha sonraki gelişimini de hastalara borçlu olduğumuzu söyleyebiliriz. Dikkate değer bir çalışmayla, taş üstüne taş koyarak gerekli malzemeyi onlar sağladı. Bu düzensiz ve farklı öneme sahip parçalar, Freud'un gözlem yeteneği sayesinde genel kavrayışlar, bilgiler ve kurallar halinde toparlandı sonunda.

Freud'un bir sözü, ancak psikanalizin her türlü direnişle mücadele ederek adım adım geçtiği bu araştırma yolu göz önüne alınırsa, layıkıyla anlaşılabilir: "Hasta aslında bir bakıma her zaman haklıdır, nedenini ve nasılını bilmese bile." Analistin yapması gereken, bastırılmış bağlamları açığa çıkartıp hastalık öyküsündeki boşlukları doldurtarak ve böylece hastalığın ve semptomlarının "anlamını" ortaya koyarak, hastanın bunu anlamasını sağlamaktır. Yani psikolojik açıdan hasta haklıdır, çünkü onun ağzından –hastalıklı halde bile olsa– bilinçdışı konuşmaktadır, tıpkı öteden beri dahinin, kâhinin, peygamberin, sanatçının, filozofun ve kâşifin ağzından konuştuğu gibi. Çünkü ruhsal sezgiye dayanan psikolojik bilme, bilinçdışının adım adım kavranması ve anlaşılması olduğu gibi, aynı zamanda bilme yetisinin kendisi de bastırılmış şeylerin bir miktar giderilmesini veya aşılmasını gerektirir – ki bunların ardında aradıklarımızı "keşfedebilelim". Başkalarına uygulanan psikanalizin bilimsel değeri, kendimizde ardını göremediğimiz bastırılmış şeyleri başkalarında –tabii büyük zorluklarla– bertaraf etmeye bizi zorlamasıdır. Bilinçdışının yeni alanlarına vakıf oluruz böylece. Ben de psikanalizin bu yegâne nesnel araştırma yöntemine başvurdum, çünkü aynı türden büyük bir izlenim yığını arasında bilinçdışının hakkını, tam da ona pek inanamadan ve tereddütle baktığımız bir noktada tekrar teslim etmek zorunda kalmıştım.

Başarılı sonuçlanmış analizlerde bir şey özellikle dikkatimi çekti: Analizin son aşamasında bilinçdışının *iyileşme sürecini, düzenli olarak* bildiğimiz tipik *doğum sembolleriyle* anlatıyorduk. Bu ilginç durumu daha sonra iyileşme evresinin diğer özgül yanlarıyla (örneğin analistle özdeşleşme vb.) birlikte ele alıp "İyileşme Sürecinde Libido Gelişimini Anlamak" başlıklı, şimdiye kadar yayımlanmamış (1921/22 kışına ait) bir çalışmada kuramsal açıdan değerlendirmeyi denedim.[1] Orada bunun bildiğimiz *yeniden doğuş* fantezisiyle ilişkili olduğunu, hastanın iyileşme isteğinin bu kılığa büründüğünü belirtmiş, zaten hastaların da nekahet döneminde kendilerini "yeni doğmuş gibi" hissettiklerini söylediklerine işaret etmiştim. Vurguladığım bir nokta da, işe bir parça yüceltme işleminin karıştığıydı; hasta, Oidipus kompleksinde ifadesini bulan çocuksu libido saplantısını analiz uğruna terk etmeye hazırdı artık. Çocuksu çocuğu –annesinin yaptığı gibi– babasına armağan etme fantezisinden tamamiyle vazgeçebilecek duruma gelmişti. Kendisini (analistin) yeni doğmuş (manevi) çocuğu olarak görüyordu.

Her ne kadar bu yorum yazıda kısaca aktardığım analitik malzemeden net bir şekilde çıksa ve iyileşme süreci çerçevesinde doğru görünse de, "yeniden doğuş fantezisinin" bir yandan çocuksu diğer yandan da "içrek" yanı çıkıyordu karşıma. Jung'un bu fanteziyi değerlen-

1. Bkz. Rank (1923).

dirişi ondaki libidoyla ilgili eğilimleri çok fazla ihmal etmiş olduğundan, kuramsal açıdan yanıltıcıydı. Bu tür düşünüş yollarının var olduğu hiçbir zaman inkâr edilmemişti[2]; ama beni rahatsız eden şey, her zamankinin tersine bu kez sağlam bir temel oluşturan malzemeden yoksun bulunmamızdı.

Böyle olunca, işin ucunu bıraktım ben de; ama sonra bir gün, özellikle net bir vakayı incelerken, analizin son evresindeki libido aktarımına karşı en güçlü direncin en erken dönemdeki çocuksu *anne saplantısı* biçiminde dışavurulduğunu fark ettim. Bu son aşamada görülen pek çok rüyada, artık savuşturulamaz hale gelmiş bir gerçek durmadan baş göstermekteydi: Analitik saplantıya temel oluşturur görünen bu anne saplantısı, anne bedeniyle olan en eski salt fizyolojik ilişkiyi içeriyordu. Böylece yeniden doğuş fantezisinin düzenli olarak ortaya çıkması ve gerçek dayanakları da anlaşılır hale gelmişti. Hastanın "yeniden doğuş fantezisi" analiz sırasında kendi doğumunu tekrarlamasından başka bir şey değildi; libido nesnesi olarak analistten uzaklaşabilmesi de, göründüğü kadarıyla, ilk libido nesnesinden ilk uzaklaşmanın, yani yeni doğmuş çocuğun anneden uzaklaşmasının *tamı tamına yeniden oluşturulmasına* karşılık geliyordu.

Göründüğü kadarıyla hastalar (cinsiyet farkı olmaksızın) bu son aşamayı –durumun henüz farkında olmayan– analistin etkisinde kalmadan kendileri başlattığından, bunun çok önemli olduğu açıktır. Bütün mesele, cesaretimizi toplayıp bilinçdışını bir kez daha ciddiye almak, onu bu yeni durumda da izlemeyi sürdürmektir. Varılması gereken sonuç hiç şüphesiz şudur: Analiz işinin en önemli parçası, yani "nevrotik" şekilde analiste takılmış olan libidonun kurtarılıp serbest bırakılması, aslında hastanın bir zamanlar tam anlamıyla halledememiş olduğu anneden uzaklaşabilme girişimini analiz sırasında daha başarılı olarak tekrarlamaktan ne daha az ne de daha fazla bir şeydir. Yalnız bu hiçbir şekilde bir metafor olarak anlaşılmamalıdır (psikolojik anlamda bile); hasta analiz ortamında gebelik dönemini deyim yerindeyse biyolojik olarak tekrarlar ve analizin sonunda ikame nesnesinden ayrılırken, doğum olayını çoğu zaman bütün ayrıntılarıyla yeniden yaşar. *Sonuç itibariyle analiz, tam olarak baş edilememiş do-*

2. Krş. "Bir Çocukluk Nevrozu Öyküsünden", Freud, 1918a (*Kleine Schriften* IV, s. 691 vd.) ve buna bağlanan, bizim de son bölümde ele alıp çözüm getirmeyi deneyeceğimiz tartışma.

ğum travmasını sonradan alt etme faaliyeti olarak karşımıza çıkmaktadır.

Daha geniş bir bağlamda yayımlanmış bulunan rüyalar başta olmak üzere, çok çeşitli malzemenin kaçınılmazcasına zorlamasıyla vardığım bu sonuca, başta kendim bile itirazlar getirdim. Daha sonraki deneyimlerle kısa sürede geçersiz kılındıkları için, bunlara sadece değinip geçeceğim. Önce şöyle düşünmüştüm: Muhtemelen kendi bireyselliğim ya da Freud'un klasik yönteminde olduğu gibi "komplekslerin" çözülüp dağıtılmasından hareket eden –ama orada sona ermeyen– tekniğin belli bir uygulaması nedeniyle hastanın beni hep daha eski libido konumlarına doğru itiliyor[3], öyleyse sonunda libidoyu nihai kaçış yeri olarak ana rahmine sürüklemiş olmakta şaşıracak bir şey yok. Fazla uzatılmış analizlerin bizi bu sonuca götüreceği de düşünülebilir. Bu değerlendirmeye karşı şunu vurgulamak isterim: Söz konusu olan, analizin zaten çoktandır en eski fantezilerin tipik bir örneği saydığı, hepimizde bulunan bir "ana rahmi fantezisi"ne doğru basit anlamda bir geri gidiş değildir; ayrıca benim yaptığım analizler bildiğim kadarıyla görece kısa analizlerdendir, dört aydan en fazla sekiz aya kadar sürmektedirler.

Ama başlangıçta duymuş olduğum bu ve buna benzer kuşkular, çok geçmeden şaşırtıcı bir gözlem tarafından, tamamiyle giderildi. Analitik dikkat bu olgulara yöneltildiğinde, henüz kuram ve terapiden hiç etkilenmemiş durumdaki hastalar da *baştan itibaren* aynı eğilimi gösteriyor, analiz durumunu daha ilk anda ana rahmindeki durumla özdeşleştiriyordu. Çok farklı kişilik ya da nevroz tiplerinin söz konusu olduğu, aynı zamanda ele alınmaya başlanmış bazı vakalarda –erkek ve kadın– hastalar, daha çalışmanın başında analisti şüpheye yer bırakmayacak şekilde anneleriyle özdeşleştirmişler, rüyalarında ve diğer tepkilerinde doğum öncesi duruma dönmüşlerdi.[4] Demek ki, her iki cins için de analitik olarak çözmemiz gereken aktarım libidosu *anneyle ilgilidir* ve doğum öncesinde anneyle çocuk arasındaki fizyolojik bağda ortaya çıkar.

Bu yorumu daha yakından tanımaya başlayınca, çok geçmeden

3. İlerleyen paraliz durumunda organik parçalanma sürecine ilişkin olarak Ferenczi de benzer bir varsayımda bulunabilmişti (Ferenczi ve Hollós, 1922).

4. Gözlemden elde edilen bu kanıtları da hazırlanmakta olan "Psikanalizde Rüya Yorumu Tekniği" adlı bir yayında tanıtacağım.

insan sanki adını koymadan ya da daha doğrusu bilmeden, hep buna göre çalışmış olduğunu düşünmeye başlıyor. Ama bir yandan da, bunun aslında ne kadar çok ve apaçık kanıtı olduğunu; bu olgunun gerçek anlamını tam olarak kavradıktan sonra, analiz ve bilhassa iyileşme sırasında karanlıkta kalmış bazı noktaların nasıl bir anda aydınlanıverdiğini görüp şaşırıyorsunuz.

Tarihsel olarak hipnoz durumundan çıkıp gelişmiş olan analiz ortamı[5], önceleri bilinçdışını doğrudan ilksel durumla karşılaştırmaya girişmiş gibi görünür: yarı karanlık odanın sakin ortamı, gerçek zorluklardan neredeyse uzaklaşmış olarak fantezilere (halüsinasyonlara) dalıp gitmek, libido nesnesinin hem orada hem de görünmez oluşu, vb. Analiz ortamının farkına varmadan bu şekilde algılanıyor olması, hastanın anneyle ilişkili ilksel durumu bilinçsizce hedefleyen çağrışımlarla kendiliğinden çocukluğuna dönmesini ve analisti de çocukluğuna ait malzeme ve izlenimlerin anlamlarına yöneltmesini anlaşılır kılmaktadır. Bu tür çağrışımlar aynı zamanda, bilinçdışının baştan beri sahip olduğu o öncelikli aktarım eğilimine bilincin de giderek yaklaşmakta olduğu anlamına gelir.

Öyleyse analiz sırasında belleğin her zamankinden daha iyi işliyor olması, özellikle çocukluğun unutulmuş (bastırılmış) izlenimlerinin hatırlanması, hekimin "dayatması"yla (aktarım) teşvik gören bilinçdışının "asıl olanı", yani ilksel durumu yeniden oluşturma eğilimiyle açıklanabilir. Aynı şey hipnoz uygulamasında da görülür. Ayrıca, örneğin rüyalarda da ortaya çıkabilen aşırıbellem durumunda, bazı nevrotik durumlarda çifte vicdan ya da psikotik gerilemelerde ("arkaik düşünüş" denilen durumda) kendi kendine meydana gelmektedir. Bu anlamda bütün çocukluk anılarının bir bakıma "örtücü anılar" olduğu söylenebilir. Yeniden oluşturma becerisinin mümkün olması da tamamiyle "ilksel sahnenin" asla hatırlanamaz olması sayesindedir. Hatırlanamaz, çünkü bütün "anılar" arasında en acı verici olanı, yani doğum travması, "çağrışımsal olarak" onunla bağlantılıdır. Bu şekilde, "serbest çağrışım" tekniğinin inanmakta neredeyse güçlük çektiğimiz güvenilirliği de biyolojik bir açıklamaya kavuşmaktadır.

5. Hipnotik uyku, diğer bütün benzer durumlarda olduğu gibi, "yeniden" doğuş rüyalarında rahimdeki durumun tipik bir unsuru olarak ortaya çıkar ve hem hipnozun kendisinin hem de hipnoz durumunda etkilenmeye açık olma halinin aslında çocuğun anneyle olan ilksel ilişkisine bir geri dönüş olduğunu düşündürür. Ayrıca, yıllar önce Poul Bjerre de benzer bir düşünce ileri sürmüştür ("Hipnozun Özü").

Yine de, bunu bir Arşimet dayanağı gibi görüp bütün psikofizik bellek sorununu buradan ele almanın ve her türlü bastırma sürecini analiz yoluyla kolayca bu kaynağa döndürmenin çekiciliğine kendimizi kaptırmak istemiyoruz.[6] Burada bir tahmini belirtelim sadece: doğum travmasının ilksel bastırılması belleğin, yani kısmi hatırlama yetisinin asıl nedeni sayılmalıdır; başka bir deyişle, bazı anıların özellikle seçilmişçesine insanın aklında kalması, bir yandan bu anıların ilksel bastırma tarafından emilmiş olduğunu, öte yandan da daha sonra esas bastırılan şeyin, yani ilksel travmanın ikamesi olarak yeniden üretileceklerini gösterir.[7]

Annenin babaya (ya da baba ikamesine) terk edilmesine gösterilen analitik direnç olgusu da bir zamanlar gerçek olarak yaşanmış böyle bir anneye bağlılık aşamasının varlığıyla uyumludur. Anneden ilk kopuşa götüren itişi yapan baba, bu yüzden ilk ve kalıcı düşmandır aynı zamanda. Tedavi boyunca çocukluk dönemine ait her iki libido nesnesini de temsil eden analistin görevi, anneye yönelik ilksel saplantıdan kendi başına kurtulamamış hastanın bunu başarmasını sağlamak ve bu saplantıyı –hastanın cinsiyetine göre anne ya da baba resmine– aktarılabilir kılmaktır. İlksel direncin, yani anne saplantısının aşılmasını önce kendi kişiliğine yönelik olarak başardıktan sonra, artık analiz için bir bitiş tarihi belirleyebilir. Bu süre zarfında hasta kendiliğinden ve doğum eyleminin yeniden üretimi şeklinde, anne (ikamesi) figüründen yeni bir kopma yaşayacaktır. Böylece sık sorulan analizin ne zaman bittiği sorusu da bir bakıma yanıtlanmış oluyor: Bu sürecin gerçekleşmesi için doğal olarak belli bir süre lazımdır; bu sürenin biyolojik açıklaması ve gerekçelendirilmesi de, analizin uygun bir zaman saptayarak hastanın doğum travmasını aşmasını sağlamaya çalışmasıdır. Ancak bu zamanın ne kadar olacağı, tedavi perspektifine bağlı olarak büyük ölçüde ayarlanabilir.[8] Tabii hasta

6. Bkz. son bölüm.

7. Bu önemli konuyu burada ayrıntılarıyla ele alamıyoruz. Belleği olağanüstü iyi çalışan bir kadın hastada bu durumun ağır bir doğum travmasının yoğun şekilde bastırılmasıyla mümkün olduğu analizle kolayca saptanabilmişti. Çağrışımlarında çok sayıda *doğum tarihinden* yararlanıyordu: akrabalarının, tanıdıklarının ve tarihi kişilerin doğum tarihleri. Bunlara dayanarak başka bağlantılar kurabiliyordu. Onca sorun çıkaran *sayıları hatırlama olgusunun analizi* için bir ipucu olabilir bu; sayıların hatırlanmasında da doğum tarihleri hemen daima çağrışım merkezleri olarak görünmektedir. Aşağıda *zaman* konusunda söylenenler de bu konuyla ilişkilidir.

8. Ayrıca bkz. Ferenczi ile ortak çalışmamızdaki (1924) açıklamalarım.

bütün dirençlerinin ardında, böylesine rahatlatıcı olan analiz durumunu sonsuzca uzatma eğilimi de gösterir daima.[9] Saplantı eğiliminin bir somutlanışı olarak bu da baştan itibaren analize dahil edilmelidir.

Freud'un hastaya her gün aynı saatte tam bir saatlik zaman ayırmak gerektiğini söyleyen kuralı sıkıca uygulanırsa, aslında istenen sonuç kendiliğinden elde edilebilmektedir. Bir saatlik seansların her biri hastanın bilinçdışı açısından yeni bir saplantının oluşup yavaş yavaş çözüldüğü bir mini analiz anlamı taşır. Bilindiği gibi bu, hastaları önceleri epeyce zorlayan bir şeydir.[10] Anneden kopuş anlamında oturumu fazla "aktif bir terapi" olarak yaşarlar. Öte yandan, genel olarak analistten kaçıp uzaklaşma hevesi de, doğum travmasını fazlasıyla doğrudan bir şekilde tekrarlama eğilimi olarak anlaşılabilir. Analizin yapması gereken, bunun yerine tedrici bir uzaklaşmayı geçirmektir.

9. Bu iş için hamilelik süresinin (7-10 ay) ne kadar sık tercih edildiği malum. Ama bu sadece bildiğimiz hamilelik fantezisiyle (çocuğun babasını hamile olarak hayal etmesi) değil, en derin katmanda kişinin kendi doğumuyla da ilişkilidir.

Hastalarına mahpus gibi davranan Déjérine'in uyguladığı kürlerle ilginç bir karşılaştırma yapılabilir: Karanlık bir odada bütün dünyayla ilişkisi kesilmiş olarak tutulan hasta, yemeğini bile küçük bir delikten alır; belli bir zaman sonra serbest bırakıldığında, bu zindandan kurtulduğu için gayet memnundur.

10. Birçokları analistin oturumu bitirmesini bekleyemez, kendileri gitmek isterler, sık sık saate bakarlar; bazıları da (tabii bunlar aynı kişiler de olabilir) vedalaşabilmek için el sıkışmayı bekler, vb.

Ferenczi'nin "Analiz Saatinin Sonunda Başdönmesi Hissi" (1914) olarak betimlediği geçici semptomla karşılaştırınız. Oturum sonundaki ani ayrılış travmasına hastanın verdiği tepki, benzer bir denge bozukluğu (histerik semptom) şeklindedir.

Çocuksu Kaygı*

Analitik deneyimle tanıdığımız olgulardan ve bunların en akla uygun görünen yorumundan hareketle çıkarsamamız gereken bir başka sonuç, hastanın bilinçdışının analiz sırasındaki sağaltıcı ortamdan doğum travmasını tekrarlamak ve biraz da ondan kurtulmak için yararlandığıdır. Ancak, doğum travmasının tek tek hastalık semptomları üzerindeki etkilerini anlayabilmek için, önce onun normal bireyin gelişimi sırasındaki genel insani etkisini incelemeliyiz. Bunu yaparken, yol gösterici olarak Freud'un her türlü kaygı halini temel olarak fizyolojik doğum kaygısına (nefes alamama) bağlayan savını izlememiz gerek.

Çocuğun ruhsal gelişimine bu açıdan baktığımızda, çok genel olarak şunu görüyoruz: İnsan bu ilk travmayı normale yakın bir şekilde atlatabilmek için uzun yıllara (yani çocukluk boyunca geçen süreye) ihtiyaç duymaktadır. Normal olarak her çocuğun kaygıları vardır ve bir bakıma ortalama sağlıklı bir yetişkinin konumundan bakarak çocukluğu bireyin normal nevrozu saymak yanlış olmaz. Sadece –çocuksu kalmış olan ya da öyle kaldıkları söylenen– nevrotik kişilerde bu durum ileri yaşlarda da devam eder.

Hep aynı basit mekanizmaya sahip sayısız örnekle uğraşmak yerine, çocuk kaygısı için tipik bir durumu, *karanlık bir odada* (çoğu kez uyumadan önce yatak odasında) yalnız bırakılan çocuğun korkusunu ele alalım. Henüz ilksel travmanın yakınında bulunan çocuğa açıkça anne rahmindeki durumunu hatırlatır bu, ama önemli bir farkla: Anneden ayrılmış bulunduğunu bilmekte olan çocuk için rahim,

* Rank'ın kullandığı "Angst" kavramını "kaygı" olarak çevirdik. "Angst", gündelik dilde sık sık "korku" anlamında da kullanılır. Psikoloji dilinde ise bir ayrım yapmak gerekli görülmüştür: Somut bir tehditten kaynaklanan korkuyu ifade eden "Furcht" sözcüğünden farklı olarak, "Angst" belli bir nesne ya da durumla bağlantılı görülmeyen, nedeni belirsiz bir duygudur. Rank tarafından açıkça belli bir korkunun kastedildiği bağlamlar dışında, "Angst" daima "kaygı" sözcüğüyle karşılandı. (ç.n.)

karanlık oda ya da sıcak yatak tarafından sadece "sembolik" olarak ikame edilmiş görünür. Freud'un parlak bir gözlemle belirttiği gibi, çocuk sevilen kişinin varlığını (yakınlığını) yeniden fark ettiğinde (dokunma, ses, vb. yoluyla) korkusu geçer.[1]

Bu basit örnek, sonradan fobik kişilerde hiç değişmemiş olarak tekrar görülen (klostrofobi, demiryolu tünelinden geçerken duyulan korku vb. şeklinde) kaygı başlatıcı mekanizmayı doğum sırasındaki kaygının yeniden üretimi olarak anlamamızı mümkün kılıyor. Aynı zamanda, anneden ayrılmış olmanın anlamını ve sadece kısmi ve "sembolik" bir yeniden birleşmenin bile rahatlatıcı ve "tedavi edici" etkisi olduğunu kavrıyoruz.

Bu vaatkâr gözlemleri daha fazla inceleme işini sonraki bölümlere bırakıp yine çok tipik olan ve alabildiğine bastırılmış gerçeğe daha da çok yaklaşan başka bir çocuk kaygısına göz atalım. Evrensel bir korku bu, çocuklardaki *hayvan korkusu.* Sık sık yırtıcı hayvanlara (etçiller, örneğin kurt) yönelik olduğu halde, bu korkunun açıklaması için insandaki kalıtsal korkma içgüdüsüne başvurmamız gerekmiyor. Zaten böyle bir içgüdünün binlerce yıldır evcilleştirilmiş bulunan ev hayvanlarıyla ilişkisi olamaz; yırtıcı hayvanların tehlikeli olması gibi bunların da zararsız olduğu, kuşaklar boyunca yetişkinlerin bildiği bir şey. Bu yüzden, başlangıcı bireysel gelişmemizde bulunan tipik bir kaygı tepkisini açıklamak için insanlığın en eski zamanlarına –ya da hatta, örneğin Stanley Hall'un yaptığı gibi, biyolojik atalarına– ve dolayısıyla ev hayvanlarımızın da atalarına kadar geri gidenler olmuştur. Oysa, başlangıçta çocuğu etkileyen iri cüsseye (at, sığır, vb.) bağlı olan korku nesnelerinin seçiminde bambaşka psikolojik ("sembolik") faktörler belirleyicidir. Çocuklara özgü fobilerin şüpheye yer bırakmayacak şekilde gösterdiği gibi, korkulan hayvanın boyu ya da genişliği (gövde büyüklüğü), çocuk için karanlık bir anıdan ibaret olmadığını gösterebileceğimiz hamilelikle bağlantılıdır. Yırtıcı hayvanlar ise bir yetişkin olarak psikoloğa da –hayvan tarafından yenilerek– annenin hayvansı rahmine geri dönme isteği için görünüşte yeterli açıklamayı temin etmektedir. Hayvanların baba ikamesi anlamı taşımasını Freud nevroz psikolojisinden hareketle totemciliği anlamak için değerlendirmişti. Hayvan korkusuyla ilgili söylenenler bu anlamlandırmayı zedelemek şöyle dursun, tersine, *"kaygı"nın baba-*

1. Bkz. Freud (1905:72, dipnot).

ya kaydırılmasının (baba, kişinin yediği totem hayvanıdır) hayati bir gereklilik olan anneden vazgeçmeyi kesinleştirdiğini göstererek, biyolojik bakımdan derinleştirir. Çünkü korkulan baba anneye geri dönüşü ve dolayısıyla çok daha acı verici olan ilksel kaygının, yani doğumun gerçekleştiği yer olarak annenin cinsel organlarından duyulan korkunun yeniden serbest kalmasını engellemektedir.

Aynı derecede sık görülen ama hemen hemen düzenli bir şekilde dehşetle karışmış bulunan *küçük* hayvanlara yönelik kaygı duygusu da aynı temele sahiptir ve bu nesnelerin "tekinsiz" oluşu kaygının gerçek kökenini açığa vurur. Erkeklerde daha seyrek ama kadınlarla aynı mahiyette rastlanan bu tür fobilerin ya da kaygı rüyalarının analizi şunu açıkça göstermektedir: Fare, yılan, kurbağa, böcek vb. gibi küçük ve sürüngen hayvanların tekin bulunmayışı, bunların küçük deliklerde hiçbir iz bırakmadan kayboluşuyla ilişkilidir. Annedeki sığınağa geri dönme isteğinin tam anlamıyla yerine gelişi izlenir bu hayvanlarda; dehşet uyandırmaları da hem annenin içine geri girme eğilimini cisimleştiriyor olmalarından, hem de insanda kendi gövdesine girecekleri korkusunu yaratmalarından dolayıdır.[2] Yani *büyük* hayvanlara, bastırılmış bile olsa (kaygı), ilksel durumdaki gibi girmek mümkünken, *küçük* hayvanların yarattığı tehlike, onların bizim bedenimize girebilecek olmasından kaynaklanır. Ayrıca zaten böcek gibi çok küçük hayvanlar eskiden beri psikanaliz tarafından çocuk veya embriyonun sembolik ifadesi sayılmıştır. Sadece küçük oldukları için değil, aynı zamanda büyük bir çoğalma yeteneğine sahip olduklarından (verimlilik sembolü).[3] Ama penis "sembolü", daha doğ-

2. 3 $3/4$ yaşında bir kız çocuğu büyük hayvanlar kadar hatta daha da çok küçük hayvanlardan ve böceklerden (sinekler, arılar vb.) korkmaktadır. Annesi neden kendisine hiçbir şey yapamayacak olan bu küçücük hayvanlardan korktuğunu sorduğunda, çocuk hiç tereddüt etmeden şu cevabı verir: "Beni yutabilirler ama!" Bu arada, küçük köpeklerin yaklaştığını görünce yaptığı savunma hareketi, mesela bir fare karşısında yetişkinlerin hareketine benzemektedir: Yere çömelir, bacaklarını birbirine yapıştırır, dizlerini iyice aşağı indirip eteğini yere kadar çekerek sanki hayvanın "içeri kaçmasını" engellemek ister. Bir keresinde de, annesi arıdan korkma nedenini sorunca çelişkili cevap vermiş, önce arının karnına girmek istediğini, sonra da tersine, istemediğini söylemiştir.

3. Son olarak Freud'da (1921a:126) rastlanan bir yorum: *Kelebek*'ten duyulan korkunun kanatların açılıp kapanma hareketiyle başladığını ve bunun da yine açıkça doğum organını "hatırlattığını" gösterebilmişti Freud. (Bunu çok yaygın mitolojik motifler olan Symplagaden ve kapanan kayalar ile karşılaştırmak ilginç olacaktır şüphesiz.)

Örümcek de insanı yakalayan ağıyla, korkulan annenin en bariz sembollerindendir. "Yansıtmalı İçe Atış ve Aktarım"da Ferenczi'nin (1909:450-1, dipnot) korku krizini tas-

rusu penis ideali sayılmalarının nedeni, sadece her yere girebilme yeteneklerinin *sınır tanımaz* oluşudur. Hatta bu açıdan asıl önemli özellikleri, yani çok küçük oluşları sperm ya da dişinin yumurtaları olarak yorumlanmalarına yol açmaktadır ve doğrudan doğruya annenin karnında yer almayı hatırlatır. Demek ki (büyük) hayvanlar önce haz, sonra da kaygı yüklü olan anne sembolüdür; kaygının yani fobilerin kaydırılmasıyla ketleyici baba ikamesi haline gelirler; ve sonunda dolaylı bir yoldan, hayvanlarda cinselliğin ve hem embriyonu hem de penisi simgeleyen küçük hayvanların gözlemlenmesinden geçerek, yeniden anneye özgü libidoyla bezenirler.

Halk arasında bazı hayvanlara *ruh hayvanı* denir; inanışa göre ölen bir kişinin ruhu bunlardan birinin şeklini almaktadır. Yine aynı bağlamla ilişkili olan bu tasavvurun en bilinen örneği yılan, bir fallus sembolüdür ve kuşkusuz –topraktaki– deliklere olduğu gibi girip kayboluverme becerisi sayesinde kazanmıştır bu anlamı.[4]

Avustralya yerlileri ve Orta Asyalı bazı kabilelerde çocukların küçük hayvanlar kılığında, çoğu kez göbek deliğinden anne karnına girdiğine inanılır. Örneğin Kap Bedford yerlilerine göre "erkek çocuklar yılan şeklinde, kızlar ise nadas çulluğu kılığında anne karnına girer."[5] Çocukla fallusun böyle çok ilkel bir tarzda bütünleştirilmesi (fallus olduğu gibi kadının içine girer ve orada gelişip çocuk haline gelir) halk inanışında ve masallarda "beden ruhu" olarak hâlâ etkilidir: Uyuyan ya da ölmüş bir kişinin ruhu bu tür hayvanların (fare, yılan vb.) şeklini alarak ağızdan çıkıverir, bir süre sonra da ya aynı insanın (rüya) ya da bir başkasının (döllenme, doğum) ağzından tekrar içeri girer.[6] Burada rahmi bir hayvan zanneden çok eski bir inanç çıkıyor

vir eden bir hastanın günlüğünden aldığı "bilinçdışı doğum fantezisi" de bu konuyla ilgilidir: "Bataklık çiçekleri balçığı nasıl kaplarsa, hastalık korkusu da ruhumu öyle sarıyor. İnce bir sis gibi ya da daha doğrusu örümcek ağı gibi... Kendimi bataklığa gömülmüş hissediyorum, kafamı çıkarmam lazım ki nefes alayım. Yırtmak, evet yırtmak istiyorum bu ağı. Ama olmuyor işte! Bir yerlere sıkıca yapışmış, parçalanmıyor. Tutunduğu kolonları devirmek gerek. O da olmazsa, ağın içinde yavaş yavaş ilerleyip biraz hava almalı. İnsan bir örümcek ağı tarafından yutulmak, boğulmak, ışıksız bırakılmak için yaşamıyor ki."

4. Büyük yılanların avlarını bütün halinde ve canlı olarak yutmaları ve bunun sonucunda gövdelerinin şişmesi de açıkça bu tasavvurlara bağlanıyor bence. Deri değiştirme de öyle (yeniden doğma).

5. Bkz. "Boş İnanç", Reitzenstein, 1923:5.

6. Malay dilinde anlatılan Fanany masalında doğu Afrika'nın ölüm yılanı bir ruh kurduna dönüşmüştür; *6 ilâ 8 ay sonra* toprağa gömülmüş bulunan bir bambu kamışından geçerek mezardan çıkar. (Aktaran: H.L. Held, 1922).

karşımıza. Şimdiye kadar açıklanabilmiş değil, ama yine annenin karnına girip bir daha çıkmayan hayvan tasavvuruyla,[7] yani son tahlilde döllenmiş rahmin *içeriğiyle* ilgili olması çok muhtemel. Örneğin Braunschweig çevresinde yeni doğan çocuğun ilk 24 saat içinde annesinin yanında yatması doğru bulunmaz, "yoksa rahim dinlenemez ve büyük bir fare gibi kadını içerden tırmalar durur.[8] Uyku sırasında kadının ağzından çıkabilir, yıkanıp geri dönebilir." Panzer tarafından aktarılan, hac yolculuğu sırasında dinlenmek için çimene uzanmış kadın efsanesi de buna çok benzer (*Mitolojiye Katkılar* II, s. 195). Rahim geri dönüş yolunu şaşıracak olursa, kadın kısır kalacaktır.

Çocuklardaki tipik kaygı vakalarına ve bunun halk psikolojisindeki paralellerine işaret etmek, anlatmak istediğimiz şeyi sergilemek için yeterli olmuştur sanırım. Çocuk kaygısının ortaya çıktığı koşulları dikkatle incelediğimizde, doğum olayının yarattığı şiddetli kaygı etkisinin çocukta aşılamadan sürüp gittiğini görürüz; herhangi bir şekilde (çoğu zaman "sembolik") doğumu "hatırlatan" her vesilede bu aşılamamış etki tekrar tekrar giderilmeye çalışılmaktadır (*Pavor nocturnus* [gece ani bir korkuyla uyanma]). Freud tarafından doğum sürecinde yattığı keşfedilen kaygının kaynağını bu şekilde sözcük anlamıyla ciddiye almaya cesaret ettiğimizde (ki aktarılan deneyim yığını bizi buna zorluyor), *çocuksu kaygı ya da korkunun her dışavurumunun doğum kaygısını kısmen aşmaya tekabül ettiğini* kolayca fark ederiz. Burada kaçınılmaz bir soru geliyor akla: Böylesine şiddetli ve bezdirici bir etkiyi yineleme eğilimi nereden, nasıl ortaya çıkabiliyor? Bunu daha sonra, haz ve hoşnutsuzluk mekanizmasını açıklarken biraz daha yakından ele alacağız. Ama şimdiden, aynı derecede şüphe götürmez bir olguya işaret edelim: Her kaygı ya da korkunun temelinde doğum kaygısının yatması gibi, *her haz da son kertede rahim içindeki ilksel hazzı yeniden oluşturmaya yöneliktir*. Çocuktaki

7. Söz konusu hayvanın çoğu kez karanlık, ulaşılmaz deliklere sürünerek giriveren (adı da bu özelliğinden gelen) karakurbağa oluşu da tabii buradaki yoruma çok uygun. Bkz. "Rahmin Bir Tasviri Olarak Karakurbağa" (Karl Spieß, 1914: sütun 209 vd.). Eski Mısır'a kadar geri gittiğimizde, doğum tanrıçasının kurbağa kafalı olarak tasvir edildiğini görüyoruz (bkz. "Mısırlılarda Yeniden Doğuşun Simgesi Olarak Kurbağa", Jacoby ve Spiegelberg, 1903); diğer yandan, bizim rahim-kurbağamızın kafası da insana benzer özellikler göstermektedir (bkz. Spieß, *a.g.e.*, sütun 217, Şekil 7). Karakurbağanın Meksika'da da aynı anlamı taşıdığı konusunda bkz. Ernst Fuhrmann (1922a:20 vd.).

8. Bkz. Reitzenstein (1923).

normal sayılan ve analiz tarafından libidoyla ilişkili olarak görülen besin alma (meme emme) ve dışkı çıkarma gibi işlevler bile, doğum öncesi durumun sınırlanmamış özgürlüklerini olabildiğince sürdürme eğilimini açığa vurur. Nevrotiklerin analizinde de görüldüğü gibi bu, bilinçdışının talep ettiği şeydir; toplumsal uyum sağlayabilmek için ben tarafından geri çekilir ama hiçbir zaman vazgeçilmez, ilksel durumu andıran (rüya, nevroz, koma gibi) uygun koşullar ne zaman oluşsa, hemen öne çıkmaya hazırdır.

Libido tatmininin köken ve eğiliminin daha da belirgin bir göstergesi, bu haz kaynaklarına fazla bağlı kalmaktan doğan *"çocuk hataları"*dır. Bir taraftan emme, diğer taraftan da ıslatma ve bulaştırma, aşırı bir süre ve yoğunluğa vardığında bu hataları oluşturur (örneğin özellikle "nevrotik" bir semptom olan *eunuresis nocturna* [gece işemesi]). Bilincin denetleyemediği ve görünüşte kendiliğinden bir hareket olan idrar ve dışkı boşaltma (anneye olan "sevginin ispatı") sırasında çocuk, sanki hâlâ anne karnındaymış gibi davranmaktadır: dışkı ve idrar arasında.[9] Korku haliyle dışkı boşaltma arasıdaki malum bağlantı da benzer bir mekanizmaya sahiptir. Zaman zaman ya da sütten kesme sonrasında tamamen mahrum kalınan anne göğsünü çocuğun kendi parmağıyla ikame etmesi ise tersine, annenin bedeni yerine kendi bedenini ya da bir kısmını koyma ("özdeşleşme") yolunda ilk denemedir. Anlaşılmaz bir şekilde ayak parmaklarının tercih ediliyor oluşu da, rahim içindeki pozisyonu yeniden oluşturma eğiliminin açık bir belirtisidir.[10] Emme ve haz verici idrar bırakma (altına kaçırma) eylemlerinden "çocuk hataları"nın en büyüğü sayılan genital mastürbasyona giden yollar analiz tarafından ortaya çıkarılmıştır. Genital mastürbasyon (idrar boşaltmanın daha sonraki ikamesi olan uykuda boşalma da bununla birlikte düşünülebilir) anneyle birleşmenin en etkili ve nihai ikamesi olan cinsel eylemin başlatıcısı ve hazırlayıcısıdır. Kaygı uyandırıcı –anneye ait– genital organları cinsel olarak ele geçirme denemesi, anneyle ilişkili kaygının fobi mekanizma-

9. Rüyada görülen klozet anne karnının tipik bir tasviridir. (Stekel de [1911] buna işaret etmişti.)

10. Viyanalı çocuk doktoru J.K. Friedjung'un sözlü açıklamasına göre parmağı ağzında olarak dünyaya gelen çocuklar pek de az değildir. Bu da anneyi ikame etme eğiliminin doğrudan doğruya daha "oluşum sırasında" ortaya çıktığını gösterir. Son zamanlarda embriyonun refleksleriyle ilgili araştırmalarda, henüz 6. ya da 7. ayda emme refleksinin harekete geçirilebildiği görülmüştür.

sıyla babaya bağlanması sonucu suçluluk duygusu oluşturur. Böylece ilksel kaygı kısmen –cinsel– suçluluk duygusuna dönüşmüş olur. Aslında anneyle bağlantılı olan hayvan korkusundan açıkça cinsel bastırmaya dayanan baba korkusuna geçişi, çoğu kez mükemmelen gözlemleyebiliyoruz. Baba korkusu da haydutlara, hırsızlara (kara adam vb.) kaydırılarak fobi mekanizması halinde kusursuzca ussallaşıyor. Gerçek korku dediğimiz şey de kaydırılmış ilksel kaygının toparlanıp aktarılması olarak ortaya çıkmakta. Bu süreçte anneye ilişkin mekân korkusunun babaya ilişkin bir şeyin zorla girmesi kaygısına dönüşmesi, büyük hayvanlara (anneyle bağlantılı olarak) ve küçük hayvanlara (fallusla bağlantılı olarak) yönelik davranışa tam anlamıyla tekabül ediyor.

Tam bu noktada muhtemelen bizzat psikanaliz cephesinden bir itiraz gelecektir. Ama bunu kolayca yanıtlayabileceğimizi ummaktayız. Son zamanlarda kuvvetle vurgulanmış olan *hadım edilme kaygısı* göz önüne alınacak olursa, çocuktaki her kaygının doğum kaygısına karşılık düştüğü (her hazzın da rahimdeki ilksel hazzın yeniden oluşturulmasına yöneldiği) görüşü şüpheyle karşılanabilir. Yine de bence, gelişme sırasında çocuktaki ilksel kaygının tam da doğuma (ya da embriyon oluşumuna) yönelik olan ve kuşkusuz çok belirsizce sezilen (ya da hatırlanan) fiili biyolojik ilişki yüzünden sıkı sıkıya genital organa takılıp kaldığı açıktır. Doğum travmasının mekânı olan dişi genital organlarının çok geçmeden zaten kendisinden kaynaklanmış bulunan kaygı halinin ana nesnesi olması anlaşılabilir, hatta besbelli bir şeydir. Dolayısıyla, Stärcke'nin de ileri sürdüğü gibi[11] hadım edilme kaygısının anlamı doğumun yarattığı "ilksel hadım ediliş"te, yani çocuğun anneden ayrılışında temellenmektedir.[12] Doğum dişi genital organında gerçekleştiği halde kaygının genital organla ilişkisi bile henüz açık değilken, hadım edilmekten bahsetmek pek amaca uygun olmasa gerek.[13] Bu yorumumuzun güçlü bir kanıtı da, açıklayıcı işlevidir: "Hadım edilme kompleksi"nin esrarengiz bir şekilde her yerde bulunuyor olmasını, onu genelliği su götürmez doğum olgusuna bağlayarak, zahmetsizce açıklıyor. Diğer "ilksel fantezilerin" tam olarak

11. A. Stärcke (1921).

12. Analiz kürünün sonuna doğru görülen rüyalarda fallus, *göbek bağının* "sembolü" olarak çok sık karşıma çıkıyordu.

13. Ayrıca bkz. Freud, 1923b. (Bu çalışma tamamlandıktan sonra yayımlanmıştır.)

açıklanması ve bir temele oturtulmasında bu bakışın ne kadar önemli olduğunu göreceğiz. Şimdi artık "hadım edilme tehdidi"nin neden çocuk üzerinde düzenli olarak böylesine büyük ve uzun süreli bir etki yarattığını daha iyi anladığımızı sanıyoruz. Neden çocuksu kaygının ve doğum olayıyla "beraber gelen" ve ondan kaynaklanan suçluluk duygusunun hiçbir eğitim önlemiyle ya da alışılmış aydınlatıcı analizlerle aşılamayacağını da.[14] Tehdit sadece pek bulanıkça hatırlanan ilksel travmayla ya da aynı şeyi temsil eden, halledilememiş kaygıyla ilişkili değil; aynı zamanda çok iyi hatırlanan ama giderek arka plana itilip geriletilmiş ikinci bir karşı-haz travmasıyla da ilişkilidir: sütten kesilme. Bunun yoğunluğu ve etkisinin kalıcılığı birinciyle karşılaştırılamaz bile; hatta "travmatik" etkisinin önemli bölümünü ona borçludur. Bireyin *düzenli şekilde düşlediği genital travma*[15], yani hadım edilme kaygısı ise ancak üçüncü sırada yer alır ve olsa olsa bir tehdit olarak yaşantılanır. Ama işte tam da gerçek bir şey olmaması nedeniyle, doğum sırasındaki kaygının büyük bölümünü suçluluk duygusu halinde üstlenmeye özellikle açıktır. Suçluluk duygusu tıpkı Kutsal Kitap'taki ilk günah düşüncesinde olduğu gibi cinslerin ayrılmasıyla, cinsel organların ve işlevlerin farklı oluşuyla bağlantılıdır. Cinsiyet açısından daima tarafsız (biseksüel) kalan en derin bilinçdışının bundan haberi bile olmaz; sadece bütün insanlar için geçerli olan doğum olayına ait birincil önemdeki ilksel kaygıyı tanır o.

Acılar çekerek yaşantılanmış gerçek travmalar olan doğum ve sütten kesilmenin tersine fiili bir hadım edilme tehdidi, çocuğun yetişkinlere ait gerçek olmayan bütün diğer şeylerle birlikte bu tehdidin de ciddi olmadığını anlamasıyla, ilksel kaygının genital suçluluk bilinci haline sokulmasını kolaylaştırabilir bile. Boş bir tehdit olduğu kısa sürede ortaya çıkan hadım edilme fantezisi ilksel travma karşısında daha çok bir avunma sağlar, çünkü bu kez ayrılışın mümkün ol-

14. Bkz. Melanie Klein (1921).

15. Hadım edilmenin hem savunma hem de teselli sembolü olarak, yeri doldurulamayacak organın yitirilmesini –sık sık bir çoklukla– dengelemesi beklenen tipik ikilik, sütten kesilme travmasıyla ve *iki memeden birden* besin alma olanağıyla ilişkili görünmektedir. Bir meme, diğerinin "yitirilmesini" fiilen ikame edebilir. *Testislerin* "sembolik" kullanımı da bazen, kimi memeli hayvanlardaki süt keselerinde olduğu gibi, memelerle penis arasında bir geçiş tasavvuruna yol açabilmektedir (bkz. Stekel'in "çift organlar"ın sembolik karşılıkları hakkındaki yorumu).

Bir başka düzeyde hadım edilme savunmasındaki ikilik çocuğun bu yalana karşı geliştirdiği ironiye hizmet eder görünmektedir (aşağıda bu konu ele alınacaktır).

madığı ortadadır.[16] Buradan çocuksu cinsellik kuramlarına doğrudan bağlanan bir yol bulunur (bkz. aşağıda s. 46 vd.). Çocuk "hadım edilmeyi" (dişil genital organı) kabullenmek istemez, belli ki bu şekilde doğum travmasını (ilksel ayrılış) reddetmeye çalışmaktadır.

Burada ayrıca, trajik ilksel motiflerin oyun gibi ele alınışının her defasında –bunun gerçek olmadığı bilinciyle birlikte– haz uyandırıcı olduğunu, çünkü doğum travmasını inkâr eden bir yanılsama yarattığını görüyoruz. İlk oyunlardan biri olan "saklanma"dan (ce-ee) salıncak, tren, evcilik ve doktorculuğa[17] kadar tipik *çocuk oyunları* da, Freud'un çok erken bir dönemde fark ettiği gibi, bunlara karşılık düşen nevrotik semptomlarla aynı unsurları içerirler, ancak bu kez haz verici olumlu anlamlar yüklenmiş olarak. Çocukların bıkıp usanmadan tekrarladığı saklanma oyunu ("sihirbazlık"ta da olduğu gibi), ayrılma (ve yeniden bulma) durumunun gerçek ve ciddi olmayan bir şekilde temsilidir. Ritmik harekete dayanan oyunlar (salıncak, atçılık oyunu) embriyonun hissettiği ritmi basitçe tekrarlar. Aynı ritmik olgu, nevrotik bir semptom olan başdönmesinde ise Janus başının* öbür yüzünü göstermektedir. Çok geçmeden çocuğun bütün oyunlarında gerçekdışılık bir şekilde işin asıl önemli yanı haline gelir ve psikanaliz daha yüksek, hatta en yüksek haz verici gerçekdışılıklar olan fantezi ve sanatın bundan nasıl geliştiğini göstermeyi başarmıştır.[18] Bu sözde gerçekliğin en yüksek biçimleri (örneğin Yunan trajedileri) karşısında bile, üzerimizdeki ilksel etkileri Aristoteles'in katharsis [duygusal boşalma] kavramıyla kastettiği tarzda başımızdan atmaya çalışarak, *kaygı* ve *korkunun tadını çıkarmayı* başarıyoruz. Aynı şekilde çocuk da, saklanma oyununda kolayca geri döndürebileceği korkutucu ayrılık durumunu gönüllü saklanış yoluyla[19] istediği kadar

* Janus başı: Romalılarda kapıların ve başlangıcın tanrısı olan Janus karşıt yönlere bakan iki surata sahip olarak tasvir edilirdi ve bu şekliyle ikiliğin, çelişkinin sembolüydü. (ç.n.)

16. Aynı avunma mekanizmasına *feda* davranışları olarak tanımlanan, bir şeyi kaybetme olaylarında da rastlıyoruz: Kişi bütünüyle "ayrılmış" olmaktansa, kendi beninin değerli bir parçasından ayrılıyor (denize atılan ama bir balığın karnında yeryüzüne geri dönen "Polykrates'in Yüzüğü" gibi).

17. Son ikisi doğrudan doğruya çocuk doğumuna bağlanır (rüyalarda: oyuncak bebek = fetus)

18. Freud (1908a).

19. Masallarda da (örneğin Yedi Küçük Keçi) saklanma doğum ve kurtuluş, yani dış bir tehlike karşısında anne karnına geri dönme anlamı taşır.

tekrarlayıp durur.

Doğum travmasından kaynaklanan ve her türlü kılığa girmeye çalışan sürekli korkma eğilimi deyim yerindeyse biyolojik ve çok doğrudan bir tarzda çocuğun *ölüm*'le ilişkisinde açığa vurur kendini. Kültür tarihi açısından da önem taşıyan bu çok tipik ilişkide bizi asıl şaşırtan çocuğun bir ölüm tasavvuruna sahip olmayışı değil, cinsellikte olduğu gibi burada da uzun bir süre deneyim edinme ve bunlar hakkında kendi açıklamalarını geliştirme imkânının bulunmayışıdır. Örneğin, ölmüş kişiler sanki bir süreliğine yokmuş gibi davranır çocuk. Freud'un en büyük başarılarından biri de, çocuktaki bu negatif ölüm tasavvuruna dikkatimizi çekmiş olmasıdır. Bilinçdışının bu eğilimden hiç vazgeçmediğini de biliyoruz: Hiçbir zaman ortadan kalkmayan, farklı biçimlerde hep yeniden hayat bulan ölümsüzlük düşüncesinde ya da ölmüş kişileri yaşıyormuş gibi gördüğümüz rüyalarda çıkıveriyor karşımıza. Her şeyi akla bağlama eğilimimize uyup da çocuğun ölüm tasavvurunu acı verici ve haz karşıtı olduğu için kabullenemediğini söylemeye kalkarsak, çok hata etmiş oluruz. Bir kere, zaten çocuk ölümü daha baştan, henüz içeriğini tam olarak kavramamışken reddetmektedir. Soyut bir ölüm tasavvuru bulunmaz, hayatına giren ya da anlatılan (açıklanan) ölüm olayına, yakınındaki insanlarla bağlantı kurarak tepki verir. Çocuk için ölmüş olmak, gitmiş olmak demektir (Freud), yani *ayrılmış* olmak – ve bu da doğruca ilksel travmaya bağlanır. Yani çocuk bilince özgü ölüm tasavvurunu kabul ederken, bilinçdışında ilksel ayrılışla özdeşleştirir onu. Dolayısıyla, çocuk istemediği bir rakibin, örneğin kendisini rahatsız eden yeni bir kardeşin ölümünü dilediğinde, bu yetişkinler için kaba bir şey gibi görünebilir ama aslında bizim rahat bırakılmak istediğimizde "git başımdan" dememizden pek de farklı değildir. Hatta bu tür konuşmaların kökünde yatan anlamı çocuğun çok daha iyi kavradığını da görürüz bazen. Örneğin, kendisini rahatsız eden kardeşine nereden geldiyse oraya dönmesini söylediğinde, çocukların geldiği yer hakkındaki belirsiz hatırlayış sayesinde gayet ciddi olabilmektedir. Demek ki ölüm düşüncesi baştan itibaren bilinçdışında güçlü bir haz etkisi yaratan anne karnına dönme fikriyle örülmüştür. Bu haz arayışı bütün insanlık tarihinde, ilkel cenaze törenlerinden ruh çağırma seanslarına kadar çeşitli âdetlerde sürüp gitmektedir.

Sadece insandaki ölüm *tasavvuru* değildir libidoyla bağlantılı olan. Bilinçli olarak ve bir gerçek halinde farkına vardığımız ölümün yok ediciliği karşısında da bilinçdışı yine aynı kozu oynar: bilinçli yaşamın ötesinde deneyimlediğimiz başlıca durumu oluşturan doğum öncesi varoluş. Eğer çocuk hoşlanmadığı rekabetten kurtulmayı, yani kardeşinin ölümünü isteyecekse, bunun için bütün yapması gereken hem kendisinin hem de kardeşinin geldiği yer olan anneyi hatırlamaktır. Bu da zaten haz verici bir şeydir. Diyebiliriz ki, çocuk hiçbir şeyin onu rahatsız etmediği yere dönmek istemektedir. Çocuksu ölüm dileklerinde kişinin kendi bilinçdışı isteyişini görmek, nevrotik kişinin kendini suçladığı durumların gözlemiyle desteklenen bir yaklaşımdır ve bu suçlamalar da söz konusu isteğin tesadüf eseri gerçekleştiği durumlara karşı düzenli olarak tepki vermenin bir yoludur. Kişi, hangi cinsten olursa olsun, kendine yakın birini yitirdiğinde, bu ayrılış yeniden ilksel ayrılışı, yani anneden ayrılmayı hatırlatır. Acı verici bir çaba gerektiren libidoyu bu kişiden uzaklaştırma görevi (Freud *yas tutmanın* bu görevi yerine getirmeye yaradığı görüşündedir) ilksel travmanın ruhsal bir tekrarlanışına tekabül eder. Kısa bir süre önce Reik'ın bir konferansta gösterdiği gibi[20], çeşitli yas tutma ritüellerine bakınca, kuşkuya yer bırakmayacak şekilde şunu görüyoruz: Yas tutan kişi kendisini ölmüş olan kişiyle özdeşleştirmeye çalışır. Bu da, onun anneye dönmüş oluşunu kıskandığının bir belirtisidir. Kardeşi gerçekten de küçük yaşta ölmüş olanların (ki bunların çoğu daha sonra nevrotik olmaktadır) bilinçdışında kalan derin ve anlamlı izlenimler, ölenle özdeşleşmenin daha sonraki müthiş etkisini açıkça ortaya koyar. Bu özdeşleşmenin kendini dışavurduğu (pek de seyrek olmayan) biçimlerden biri de, yaşayan kişinin hayatını deyim yerindeyse sürekli ve bilinçsiz bir üzüntü içinde, yani ölen kişinin bulunduğu varsayılan yere şaşırtıcı derecede benzer bir halde geçirmesidir. Hatta bir bütün olarak nevroz, küçük yaşta ölen bir kardeşin çok erken kesintiye uğrayan varoluşunun embriyon halinde sürdürülmesi olarak anlaşılabilir. Çoğu kez melankoli de, aynı mekanizmanın güncel bir ölüm olayına verilen tepkide ortaya çıkmasıdır.[21]

Çocuk ölenin anneye dönüşünü kıskanır ve yeni kardeşine yönelen asıl kıskançlığını da buna uygun şekilde genellikle daha hamilelik sırasında, yani kardeşi henüz anne karnındayken oluşturur (analiz-

20. "Sidon Kralı Tabnit", Reik, 1923a.
21. Melankolik kişilerin vaka öyküsünü alırken, çocukken –aile içinde– bir ölüm olayı yaşayıp yaşamadıklarına dikkat etmek, zahmete değer bir çaba olacaktır.

ler bunu açıkça göstermiştir). Yeni bir rakibinin olduğu gerçeğiyle bilinen baş etme çabası ise, kendini anneyle özdeşleştirme (babanın çocuğu) şeklinde doğumdan hemen sonra başlar (çocuğun canlı bir oyuncak bebek sayılması). Çocuğun henüz rahimde bulunan ama geleceğinden yeterince haberdar olduğu kardeşiyle kendisini özdeşleştirme yönündeki bilinçdışı eğilimi, psikanaliz araştırmaları açısından *ikinci çocuk travması* (kardeş travması) diye adlandırabileceğimiz olgunun esasıdır: Doğacak olan kardeş çocuğun en derin arzusunu, yani anne karnında bulunmayı hem gerçekleştirmekte hem de oraya dönüş yolunu bir anlamda nihai olarak tıkamaktadır. Bu da ilk çocuğun daha sonraki tutum ve gelişimi üzerinde belirleyici olabilir (bkz. "Kahramanca Telafi" adlı bölümde en son doğan çocuğun psikolojisi konusu, s. 102-3). Yetişkinlerin cinsel hayatında anlaşılmaz görünen bazı durumlar (çocuk yapmaktan nevrotik kaçınma vb.) ve kadınlarda görülen bazı nevrotik organ rahatsızlıkları (sözde kısırlık vb.) bu açıdan bakıldığında analiz yoluyla ele alınabilir hale gelmektedir.

Ölüm olayının anne karnına geri dönüşle özdeşleştirilmesi neden ölülerin huzurunu bozmamak gerektiğini ve neden bunun tersinin en büyük ceza sayıldığını da açıklar. Aynı zamanda da başlangıçtaki durumu yeniden oluşturma dışında bir anlam taşımayan bütün o yeniden doğuş fantezisinin ikincil nitelikte olduğunu kanıtlar. Bunu gösteren çeşitli biyolojik olgular da vardır, ancak Jung tarafından hatalı bir şekilde asli sayılmış olan yeniden doğumun ahlaki-içrek unsuru bunlardan biri sayılamaz.[22] Kuluçkayı ağızda gerçekleştiren bir *Cichlidae* türü bu konuda çok öğretici bir örnek oluşturmaktadır. Dişi yumurtalarını boğazındaki bir kesede taşır.[23] Kuzey Afrika'da yaşayan *haplochromis strigigena* adlı tür ise yumurtalarını bitki ve taşlara yapıştırır. *Yavrular yumurtadan çıktıktan sonra* koruyucu organ olan annenin boğazındaki keseye sığınırlar. Tehlike anında ya da gece

22. Jung biyolojik olguları görmeden yoluna devam etmiş, çünkü "analitik" gerileme eğiliminden kaçınmak isterken, biyolojik eğilimi gözden kaçırmıştır. Böylece bunun tam tersi olan ahlaki-içrek yöne sürüklenerek sadece akla dayalı bir uzantıdan ibaret olan yeniden doğuşu merkeze yerleştirmiştir. ("Libidonun Dönüşüm ve Sembolleri", Jung, 1912:267).

23. Yumurtaların ağız kısmında saklanması birçok kılçıklı balıkta, hatta tek tük omurgalıda görülen bir durumdur. Bkz. "Anne ve Baba Bedeninin Kuluçkada Kullanılması" (S. Meisenheimer 1921:566-7). Bir başka örnek de göç eden kuş ve balıkların olağanüstü yön içgüdüsüdür; bu hayvanlar nereye gelmiş ya da getirilmiş olursa olsun, *doğdukları yere geri dönebilirler*.

olunca anne ağzını açar, bütün yavrular sürü halinde içeri dolar ve tehlike geçene ya da gün ışıyana kadar orada kalır. Bu çok ilginç bir davranış, çünkü hem onca yavru bir süreliğine anne bedenine dönüp fizyolojik bir uykuya dalıyor hem de üstelik bu yavruların kuluçka dönemi aslında anne bedeni dışında geçmiş (taşlarda ve bitkilerde); anlaşılan anne bedeninde bulunmaktan vazgeçemedikleri için bir bakıma bu eksikliği sonradan gidermiş oluyorlar.

Keseli hayvanların (örneğin kanguru) tersine, korunma amacıyla anneye kısmi bir dönüş yapmayan hayvanlar, bunu "sembolik" diyebileceğimiz bir tarzda telafi eder. Örneğin kuşların yuva yapması[24] böyledir (Jung'un da ele almış olduğu bir husus). Burada dikkatimizi çeken, hayvanların *içgüdüsü* olarak adlandırdığımız şeyin esas itibariyle doğum öncesi libidonun dış dünyaya uyumlu kılınması olduğudur, yani dış dünyayı olabildiğince daha önce yaşantılanmış ilksel duruma benzer hale getirme eğilimi. İnsan ise uzun hamilelik dönemi ve daha sonra geliştirdiği yüksek düşünme becerisi sayesinde, mümkün her türlü yolu deneyerek gerçek ilksel durumu yeniden oluşturmaya çalışır. Sanat, din, mitoloji gibi alanlardaki topluma uyumlu fantezi ürünlerinde büyük ölçüde haz sağlayarak başarılan bu girişim, nevroz vakalarında üzücü bir başarısızlığa uğrar.

Psikanaliz bunun nedenini psikobiyolojik bir gelişim ketlenmesi olarak belirlemiştir. Gelişim sorununu bir sonraki bölümde *cinsel travma* açısından ele alacağız; çünkü nevroz oluşumunda en önemli etken, cinsel tatminin başarılamamasıyla ortaya çıkmaktadır. Cinsel tatmin insanın doğum travmasını biyolojik ve kültürel olarak aşma (uyum sağlama) çabasında ilksel durumu çocuksu anlamda –yani tüm içeriğiyle– yeniden oluşturamasa bile, ona en çok yaklaştığı geçiş noktasıdır.

24. Amerikalı yuva eğitmeni bir kadın küçük çocukların plastik çamurla oynarken çoğu kez kendiliğinden kuş yuvası yapmaya giriştiklerini söylemişti bana.

Cinsel Tatmin

Bütün çocuksu cinsellik sorunu aslında o ünlü "çocuklar nereden gelir" sorusunda yatmaktadır. Çocuğun eninde sonunda kendiliğinden akıl ettiği bu sorunun tatmin edici olmayan bir düşünme süreci sonucunda ortaya çıktığını biliyoruz. Çok çeşitli biçimlere bürünebilen çocuk düşünüşü (soru baskısı) çocuğun daha önce bulunduğu yer hakkındaki yitirmiş olduğu anıyı bulmaya çalıştığını ve son derece yoğun bir bastırma nedeniyle bir türlü bulamadığını gösterir. Bu yüzden genellikle sorunun en sonunda açıkça sorulabilmesi bir dış etkiye, çoğu kez de yeni bir kardeşin doğumuna[1] bağlıdır. Yitirilmiş bilgiyi bir şekilde yeniden bulmayı başarmış görünen yetişkinlerden yardım görmek ister çocuk bu soruyla. Ama biliyoruz ki analiz yoluyla aydınlatılmış eğiticilerin bile verdiği cevaplar çocuğun pek az işine yarar – tıpkı nevrotik bir yetişkinin, daha önce farkına varmadığı ama içinde bilinçsizce işleyen bastırma mekanizmaları nedeniyle zaten kabullenemeyeceği bir bağlantı kendisine gösterildiğinde, rahatlama duyamaması gibi. Çocuğun doğru cevaba (bitkinin toprakta yetişmesi gibi çocuk da anne karnında büyür) gösterdiği tipik tepki de asıl ilgisinin neye yönelik olduğunu ele verir: *içeri nasıl girileceği* problemine! Yetişkinlerin kendilerinden yola çıkarak sandıkları gibi üremeyle değil, daha önce bulunulan yere geri dönme eğilimiyle ilişkilidir bu.[2] Doğum travması çok yoğun bir bastırmaya tabi olduğu

1. Çeşitli analiz deneyimlerinin gösterdiği kadarıyla tek çocuk ya da ilk çocuk (veya ağır bir doğum travmasını bastırması gerekmiş olan diğer çocuklar) bu soruyu o kadar doğrudan sormamaktadır.

2. Mephistopheles: "Şeytanların ve hayaletlerin yasası bu: / Nereye giriverdiyse çıkacak oradan. / Bunlardan ilki bize kalmış, ama kölesiyiz ikincinin."

Kızılderililer örgü vb. işlerde süsleme olarak yaptıkları daireleri tam kapamazlar, aksi halde kadınların çocuk doğuramayacağına inanırlar çünkü (bir gezginin şifahen verdiği bilgi).

için, çocuk büyüklerinden dinlediği açıklamaya rağmen onu hatırlayamaz ve çocukların nereden geldiği konusundaki kendi kuramlarında direnir. Açıkça doğum öncesi durumun yeniden oluşturulmasına denk düşen bu kuramlar geri dönüş olasılığı yanılsamasını yaratır; oysa çocuk yapılan açıklamayı benimseyecek olsa, böyle bir olasılıktan mahrum kalacaktır.

Her şeyden önce, şu ünlü *leylek masalı* çocuk için çok uygundur: Görünüşe bakılırsa, periyodik olarak hep aynı yere dönen göçmen kuşların çocuğu hem getirip hem de tekrar alıp götürebileceği[3] olasılığına dayanmaktadır. Bir yandan da, uçuruma doğru ani travmatik düşüş yerine kuşun uzun uzun ve yumuşak bir süzülmeyle uçuşu geçirilmiş olur. Freud'un bilinçdışından çıkarsadığı bir başka çocuksu kuram da, sindirim süreciyle olan ilişkisi nedeniyle doğrudan annenin karnıyla bağlantılıdır: Çocuk –yiyecek olarak– annenin ağzından girer ve bağırsak yoluyla dışkı halinde çıkartılır. Bunun da çocuk için haz verici bir süreç olduğu malum. Her gün olup biten bir şey ve travmanın telafisi sayılan bir tekrarlamanın ne kadar kolay olduğunu hissettiriyor. Birçok insanın epeyce uzun bir zaman inanmayı sürdürdüğü, daha geç ortaya çıkan bir diğer kurama göre, çocuklar anne kesilerek (çoğunlukla göbek kısmından) doğurulur. Çocuğun kendi çektiği doğum acısını inkâr edebilmek için, onu olduğu gibi anneye yüklemesidir bu da.[4]

Etnolojik bakımdan da (mitler ve özellikle masallar) zengin bir malzemeyle desteklenebilecek olan bütün çocuksu doğum kuramlarında[5] ortak olan yan, kadın cinsel organının inkâr edilmesidir. Bunun

3. İster başka bir ana babaya (bazı çocuk ve aile romanlarında olduğu gibi), ister gelinen yere ("ölme isteği") götürür. Bkz. benim "Lohengrin Efsanesi" üzerine çalışmam, 1911a.

4. Burada tipik bir mitolojik fanteziyi anmak gerek: Korku nedir bilmeyen kahraman hep anne karnı kesilip çıkarılmıştır. Çoğu zaman erken gelişip daha çocukken harikalar yaratır. Anlaşılan doğum kaygısı yaşamadığı gibi, bu kaygıyı yenmek için erken dönemin nevrotik zorluklarından da etkilenmemiştir (bkz. Kahramanca Telafi adlı bölüm, s. 99).

Bunun yanı sıra, eldeki tek tük araştırmalar, ameliyatla dünyaya getirilen çocukların bazı açılardan gerçekten de daha iyi geliştiği izlenimi vermektedir. Öte yandan narkoz altında doğum yapan bir kadın da o sırada bilinçsiz olduğundan, çocuk kendisinin değilmiş gibi bir hisse kapıldığını söylemiştir. Demek ki, kendi çocukluğu sırasında çocukların nereden geldiği konusuna duyduğu ilgi tatmin edilemeden kalmıştır.

5. Bkz. *Çocuksu Cinsel Kuramlar ile Halk Psikolojisi Arasında Paralellikler* adlı çalışmam (Rank, 1911b).

orada yaşanmış olan doğum travmasının bastırılmasıyla ilgili olduğu açıktır. Kadın cinsel organının doğum organı olarak işlevine yönelik bu saplantı sonuç itibariyle yetişkinlerin cinsel yaşamında ortaya çıkan bütün nevrotik rahatsızlıklarda, hem ruhsal iktidarsızlık hem de kadındaki her türlü cinsel soğuklukta görülür, ama aynı zamanda kapalı yer korkusunun –örneğin yolun daralması ve genişlemesi hissinin eşlik ettiği– belli türlerinde de (baş dönmesi krizleri) belirgindir.

Freud'a göre nevrozun olumlu yanını oluşturan *sapıklıklar* da kesin bir şekilde çocuksu ilksel duruma geri dönüşle bağlantılıdır. Başka bir yerde[6] ele alıp açıkladığım gibi sapığın ayırt edici davranışı, anal evredeki çocuğun doğum kuramını, suçluluk duygusu aracılığıyla bastırılmadan önce kısmen gerçekleşmiş olan haliyle sürdürmesidir. Daha doğum travmasının acısını yaşamamış haliyle, yani –"çokbiçimli sapıklık" niteliğindeki– ilksel haz durumuna olabildiğince yaklaşan anal çocuğu oynar sapık. *Dışkıya düşkünlük* ve *idrara düşkünlük* konularında başka bir açıklamaya gerek yok. Ağızla ilişkili her türlü sapıklık da rahim içindeki (ya da doğum sonrasında anne göğsündeki) libido tatmininin bir şekilde sürdürülmesidir.[7] *Teşhirciliğin* tipik özelliği ise cennete özgü ilksel durum olan çıplaklığa dönme isteğidir. Çıplaklık doğumdan önce yaşanmış ve bu yüzden de çocuğun çok sevdiği bir şeydir. Soyunma eyleminde, yani örtülerin kaldırılması sırasında hazzın özellikle öne çıktığını anlatılanlardan biliyoruz. Heteroseksüel gelişim aşamaları bakımından cinsel organların çıplak bırakılması bedenin bütününü temsil eden kısmın (penis – çocuk) ikame edilmesine karşılık düşer. Hadım edilme kompleksinin çeşitli gelişme biçimlerine (normal olan durum utanma duygusudur) bağlı olarak erkek birinci, kadın ise ikinci anlamı tercih etmektedir. Cinsel utanma duygusunun karakteristik belirtisi olan gözleri yumma ya da örtme[8] ve kızarma da, başın aşağıda bulunduğu ve dolayısıyla kan hücumuna uğradığı doğum öncesi konumu hatırlatır bir kez daha.

6. "Sapıklık ve Nevroz", Rank, 1922a.

7. Ağızla uyarılmayı tercih eden bir kadına yapılan analizden çıkan sonuç, haz duymanın klitorisi (penise benzer bir şekilde) sıcak bir oyuk içinde hissetmeyle bağlantılı olduğuydu.

8. Çıplaklığın "teşhirci" olarak nitelemiş bulunduğum motifleri olan *özel giysiler*, *görmeyi engelleme*, *bağlama* (aşağıda ele alınacak) arasındaki derin bağ, ilksel durumla ortak ilişkilerinden kaynaklanır. (Bkz. *Efsane ve Edebiyatta Çıplaklık* adlı eski araştırmam, Rank, 1911c).

Ayrıca, pek çok boş inanışta karşımıza çıkan, cinsel organları kötü durumlardan korunmak için çıplak bırakma şeklindeki davranış, aslında çok çeşitli beddua ve küfürlerde de dile gelen doğum organına yönelik bastırma amaçlı lanetlemeden hiç farklı bir şey değildir.

Fetişizm'de de durum hemen hemen aynı. Freud fetişizmin telafi edici ikame oluşturan kısmi bir bastırma şeklindeki mekanizmasını çok önceden saptamıştı. Travmatik kaygının sınırlandırılması anlamına gelen buradaki bastırma, daima annenin cinsel organıyla ve onun yerine bedenin haz verici bir parçasını ya da estetik açıdan daha da kusursuz olan bir örtüsünü (giysiler, ayakkabılar, korse, vb.) geçirmeyle ilgilidir.

*Mazoşizm*e gelince, bunun doğum sırasında çekilen acıları ("dövülme fantezisi") hazza dönüştürme çabası olabileceğini erken dönem analiz deneyimlerine dayanarak düşünmeye başlamıştım.[9] Mazoşist fantezinin diğer tipik unsuları da bunu doğrulamaktadır: örneğin, –bebeğin kundağa sarılmasında (Sadger)[10] sadece taklit edilmiş görünen– rahim içindeki haz verici hareketsizlik durumunun kısmen yeniden oluşturulması olarak anlayabileceğimiz, çok sık uygulanan bağlanma fantezisi (*cezalandırma* konusu daha sonra ele alınacak). Diğer yandan *sadistler*, kanla ve iç organlarla oynayan çocuk katilleri (Gilles de Ray) ya da kadın katilleri (karın deşenler) ise bedenin içinin nasıl göründüğünü soran çocuksu merakla meşguldür hep. Mazoşist, doğum travmasını bir tür duyarlılıkla değer dönüşümüne uğratmaya ve böylece başlangıçtaki haz durumunu yeniden oluşturmaya çalışır; sadist ise atılmış olanın bitmek bilmez nefretini temsil eder tamamen gelişmiş bulunan bedeniyle çocukken çıkmış olduğu yere dönmek ister, bunu yaparken kurbanını parçalıyor olmasına aldırış etmez, çünkü bu kesinlikle asıl mesele değidir onun için. (*Kurban* ko-

9. Sopayla vurmanın sihirli bir şekilde doğurganlık sağladığı inancı ("yaşam değneği") oldukça yaygındır ve mazoşizm konusuyla ilgili görünmektedir. Kendi babasının arzularına cevap vermediği için onun tarafından dövülüp cezalandırılan bakire tanrıça Bona Dea'nın öyküsü de bunun bir örneğidir. Bu, Alman düğün geleneklerinde (Mannhardt, 1905:299-303) ve Romalıların çobanların tanrısı Faunus onuruna düzenlenen kutlamalarında yeni çiftin kamçılanmasıyla ya da genç kızların doğurgan olsunlar diye küçük torbacıklarla dövüldüğü Meksikalıların kış gündönümü şenlikleriyle de karşılaştırılabilir.

10. Sadger'in "cilt, mukoza ve kas erotizmi" adını verdiği şeyin sözü geçen son iki sapıklık biçiminde (teşhircilik ve mazoşizm) belirgin bir rol oynaması, doğrudan rahim içi durumdan çıkarsanabilir görünüyor: bütün bedenin deyim yerindeyse rahatlatıcı bir sıcaklık, yumuşaklık ve akışkanlık hissiyle hoş bir şekilde "gıdıklanması".

nusu için bkz. ileride s. 92-3.)

Erkeğin doğum şokuna yönelik yoğun duygusal ilişki nedeniyle kadın cinsel organı karşısında hissettiği çekinmeyle bağlantısı açık olan *eşcinsellik* de, getirdiğimiz yoruma zorluk çıkarmadan uymaktadır. Kadında sadece doğum organını görebilen eşcinsel, bu yüzden onu haz verici bir organ olarak kavrayamaz. Ayrıca analizlerden biliyoruz ki, her iki cinsten eşcinseller sadece bilinçli davranışları itibariyle kadın ve erkektir, bilinçdışında ise aslında *düzenli olarak anne ve çocuğu* oynarlar (özellikle kadın eşcinselliğinde doğrudan görülebilen bir durum). Bu anlamda gerçekten de cinsel ilişkinin özgün bir tarzını oluştururlar ("üçüncü cins"): ilksel durumdaki cinsiyete dayanmayan ama yine de libidoyla ilişkili bağın sürdürülmesi. Vurgulanmaya değer bir nokta da, görünüşte sadece cinsiyet farklılığına dayanan eşcinselliğin aslında tamamiyle embriyondaki çiftcinselliği bilinçdışında sürdüren bir sapıklık olduğudur.[11]

Bu açıklamalarla tam da, ilksel libidonun dışavurumlarını sonradan hiç istenmeyen bir biçimde karmaşıklaştıran cinsiyet problemine gelmiş bulunuyoruz. Sanırım şimdiye kadarki yaklaşımımızı tutarlı bir şekilde sürdürürsek, normal cinsel gelişmeye biraz daha yaklaşıp görünürdeki zorlukları aşabileceğiz.

Özellikle son zamanlarda zihniyetimizin ve dünya görüşümüzün genel olarak erkek bakış açısını çok öne çıkardığı, buna karşılık kadın bakışını neredeyse tamamen ihmal ettiği çok söylendi. Aynı zamanda toplumsal ve bilimsel düşünceyi de kapsayan bu tek yanlılığın belki de en kaba ve aşırı örneği, insanın kültürel gelişiminin uzun ve önemli dönemler boyunca Bachofen tarafından "keşfedilen" ve "analık hakkı" denilen durumun, yani kadın egemenliğinin etkisi altında geçtiği olgusudur; besbelli ki "bastırılmış", geleneksel anlatılardan çıkarılmış olan bu dönemleri yeniden bulmak ve gerçek olduklarını kabul etmek, ancak büyük bir gayretle ve gösterilen direnişler aşılarak mümkün olmuştur.[12] Bu anlayışın biz psikanalizciler üzerinde etkisinin ne derece sürdüğü, cinsel süreçleri genelde adını koymadan güya basitleştirme amacıyla ya da –daha dürüst anlarımızda itiraf ettiğimiz gibi– kadın yaşamını pek az anlayabildiğimizden, hep erkek

11. Burada Adler tarafından sapıklıkları (eşcinselliği) açıklayıcı ilke olarak öne sürülen "erkeksi protesto" kavramının geçersizliği de ortaya çıkmaktadır.

12. Bkz. Vaerting, 1921.

açısından anlatıyor olmamızda kendini gösterir. Alfred Adler'in iddia ettiği gibi bu anlayışa kadının toplumsal bakımdan aşağı görülmesinin yol açtığını sanmıyorum; tersine, her ikisi de aynı ilksel bastırmanın ifadesidir ve doğum travmasıyla başlangıçtaki özel bağı nedeniyle kadın toplumsal ve entelektüel açıdan da değersiz gösterilmeye, inkâr edilmeye çalışılır. İnanıyoruz ki doğum travmasına ilişkin bastırılmış olan ilksel anıyı bilince çıkartma çabası, doğum travmasıyla birlikte bastırılmış olan kadının yüceltilmesini yeniden eski durumuna kavuşturacaktır; bu da kadın cinsel organına yönelik lanetlemeyi ortadan kaldırarak başarılabilecektir.

Freud'un analizlerinden öğrendiğimiz bir şey bizi şaşırtmıştı: Kız çocukta daha ilk bakışta görülüveren penis hasetinin erkekte de yoğun bir şekilde bastırılmış ama eşdeğer bir karşılığı vardır, erkek çocuk bilinçdışında –anal yoldan– çocuk doğurma isteği taşır. Çocuğu bilinçsizce dışkıyla (anal çocuk), daha sonra da penisle özdeşleştirerek bilinçdışında etkisini sürdüren bu fantezi de yine kişinin kendisinin bir "anal" çocuk olduğu ilksel durumu yeniden oluşturma denemesinden başka bir şey değildir. Ama bu, kadın cinsel organını tanımadan önce olan bir şeydir; kadın organının fizyolojik bakımdan algılanışı daha önce olsa da, psikolojik açıdan ancak doğum travması üzerinden temsil edilebilir. Erkek çocuğun doğumundan kısa bir süre sonra kendindeki organın bütün diğer canlılarda da olduğunu sanması, insanbiçimci yaklaşım dikkate alındığında kolayca anlaşılabilir. Yine de, kişinin pek çok karşı örneğe rastladıktan sonra bu tasavvurda ısrar etmeyi inatla sürdürmesi, bunu sadece kendi değerini narsisistçe abartma eğilimiyle bağlantılı olarak görmekten alıkoymalı bizi. Çok daha makul bir varsayım, erkek çocuğun kadın cinsel organını olabildiğince inkâr etmeye çalışmasıdır. Çünkü bu organdan geçerken yaşadığı ve bütün bedeninde kol gezen bir dehşeti hatırlamak, yani buna bağlı kaygı hissini yeniden üretmek, kesinlikle istemediği bir şeydir. Bence kesin bir kanıt da var elimizde: bir penise sahip olmaktan kaynaklanan narsisistçe hazzı yaşamadığı halde kız çocuğun da kendi cinsel organını –kadın organı olduğu için– reddeden tutumu. "Penis haseti" denen şeyde kendini gösterir bu tutum ve harekete geçmesinde –az çok bilinçli– ben (haset) duygusunun başrolü oynamadığı kesindir. Tersine, her iki cins de kadın organını aşağı görür ve inkâr etmek ister, çünkü ikisi de cinsiyetten bağımsız bir şekilde annenin cinsel organına yönelik ilksel bastırmanın etkisi altındadır. İki cinsin de penisi abartıp yüceltmesi (cinsel psikoloji konusunda akademik yaklaşımı sürdüren Adler bunu aslında ikincil bile olmayan "aşağılık" duygusu ile açıklamaktadır) son tahlilde bir zamanlar büyük acılar çekerek atıldığımız kadın cinsel organının var olmasına karşı geliştirilmiş bir tepkidir. Kadında gelişimin normal bir aşaması olan ama nevrotik erkeklerde de tipik hadım edilme isteği olarak karşımıza çıkabilen "hadım edilme"yi kabullenme, az önce sözü geçen fantastik unsur sayesinde, gerçek bir olay olan anneden ayrılmanın yerine onunla özdeşleşmenin geçirilmesine ve böylece cinsel ilişki üzerinden dolanarak yeniden ilksel duruma yaklaşmaya uygundur.

Ferenczi'nin parlak bir açıklamayla gösterdiği gibi[13], erkek için kadının vajina deliğine girmek hiç kuşkusuz anne bedenine kısmi bir dönüş anlamına gelmektedir; küçük çocuğun sembolü ("ufaklık") saydığımız penisle özdeşleşme sayesinde bu tam bir dönüş halini almakla kalmaz, çocuksuluğa da bir dönüş sağlar aynı zamanda. Analizlerden elde edilen malzeme, kadında da çok benzer ilişkilerin bulunduğunu ortaya koymuştur. Çünkü kadın da mastürbasyon yoluyla yoğun klitoris libidosu yaşantılayarak büyük ölçüde –çoğu zaman yeterli ölçüde– kendini penisle ya da erkekle özdeşleyebilir ve böylece dolaylı bir şekilde anne karnındaki duruma yakınlaşabilir. Bu süreçte öne çıkmış görünen ve bilinçdışında babayla özdeşleşmeye dayanan erkeksilik eğilimi, erkeğin önceden sahip olduğu paha biçilmez avantajı (çocuğu temsil eden penis aracılığıyla anne karnına kısmi geri dönüş olanağı) hiç olmazsa bu şekilde elde etme amacını taşımaktadır son tahlilde. Ama kadın için ilksel arzuyu tatmin etmenin anne sevgisi halinde beliren normal ve daha ötelere gidebilen bir başka yolu vardır: kendini bedeninin meyvesiyle özdeşleştirmek.

Penisle çocuğun bilinçsizce bir tutulması psikozlarda sık sık bilinçli olarak karşımıza çıkar ve analiz yoluyla saptanmış iki olguyu açıklamaya yarar. Biri, –eşcinsel ya da iktidarsız– erkeklerde çok sık görülen, Boehm'ün (1922) betimlemiş olduğu kurgusal korku: kadında canavarca "aktif" bir penisin gizli olduğu ve birdenbire (bir hortum ya da atın organı gibi) ortaya çıkarılıvereceği tasavvuru. Burada annenin cinsel organında gizlenmiş olan ve –doğum sırasında– birden ortaya çıkan çocukla yapılan özdeşleştirme belirgindir. "Penisli kadın" tasavvurunun kadınlardaki karşılığına özellikle cinsel soğuk-

13. "Bir Cinsel Organ Kuramı Denemesi", Ferenczi, 1922:479.

luğu araştırırken rastladım. Genellikle sanılanın tersine, erkek organıyla ilk karşılaşma (erkek kardeşte ya da oyun arkadaşlarında görerek) "penis haseti"ne yol açan hastalıklı bir etki yaratmaz. Asıl travmatik etki, iri bir organın (sertleşmiş penis ya da babanın organı) görülmesiyle oluşur, çünkü çocuğun boyutlarını hatırlatır, yani dişinin kendi bedeninde algıladığı (mastürbasyon yoluyla) vücuda giriş yolunun yerine çoktan içeri girmiş bir şeyin görünümünü oluşturur; bu şey varsayılan girişi kapatmaktadır ve hatta daha sonra (cinsellik aşamasında) kadının kendi bedenine girmeye kalkışacaktır (krş. küçük hayvanlardan duyulan korku). Nevrotik kadınlarda çoğu kez bilinçli olarak bulunan, böyle iri bir şeyin nasıl içeri gireceği korkusu doğrudan doğruya doğum travmasından kaynaklanan ilksel bastırmayla ilişkilidir. Diğer yandan kadın bu iriliğe yüksek bir değer de biçer, çünkü ilksel durumdakini andıran acılarla daha da artacak olan en yüksek haz olanağı bu iriliğe bağlıdır. Kadındaki cinsel soğukluğun (vajinizm) analizinden kuşkuya yer bırakmayacak şekilde çıkan sonuç, bu kadınlarda bastırılmış olarak bulunan –mazoşist– tecavüz fantezilerinin aslında kadına özgü cinsel role uyum sağlama konusundaki başarısızlıktan başka bir şey ifade etmediğidir. Aktif bir libido eylemi olarak anneye girmeyi mümkün kılması beklenen başlangıçtaki erkekle (penisle) özdeşleşme eğiliminden arta kalmış bir tortudur bu durum.[14] Erkek açısıdan geçerli modeli ise çoğu erkek için özellikle haz verici (ve "sadistçe") olan kızlık zarını yırtma eyleminde buluyoruz, yani henüz hiç kimsenin ayak basmadığı kadın cinsel organına kanlı ve acı verici bir şekilde yapılan girişte.[15]

Yani çocukluğun ilk evresinde her iki cins de libidonun ilksel nesnesi olan anne karşısında aynı davranışı gösterir. Sonradan nevrozlar-

14. Kadına özgü nesne seçiminin bu tipik biçimi hakkında bkz. daha önce sözünü ettiğim iyileşme sırasındaki libido süreçleri üzerine çalışmam (Rank, 1923).

15. Bkz. aşağıda mitolojik malzemeye yapılan göndermeler (s. 100 vd.).

Ayrıca bu bilinçsiz çabalar halkbilimde, birçok başka örnekte de görüldüğü gibi, anlaşılamamış olgular halinde varlığını sürdürmektedir. Avustralyalıların ünlü mika operasyonu çoğu kez sünnetten sonra yapılır (12-14 yaşları arasında) ve peniste yapay bir biçim bozukluğu oluşturur. Penis sertleştiğinde bez gibi yassı bir görünüm alır. Kadının vajina dudakları ve klitorisi de çocuklara zarar vermesin diye (besbelli ki doğum sırasında oluşabilecek bir zarar söz konusu) birçok kez sünnet edilir, cinsel birleşmeyi mümkün kılmak için kızlık zarı şiddetle yırtılır ve vajina girişi makata doğru kesilerek genişletilir. Bütün bunlara rağmen erkek penisini sokmakta büyük zorluk çeker, belli ki takılıp kalmaktan ya da içeri düşmekten korkmaktadır. (Bu ameliyatlar hakkında daha fazla ayrıntı için bkz. Reitzenstein, 1923:5 vd.)

da karşımıza dal budak salmış olarak çıkan çatışma, ancak cinsiyet farklılığı bilgisi edinildikten sonra şekillenmeye başlar. Her iki cins için de bu yeni bilgi daha sonraki nevroz oluşumuna temel teşkil edecek bir travmadır. Erkek çocuk için travmanın nedeni çıkmış olduğu ve daha sonra içine gireceği kadın cinsel organını tanımak, kız çocuk için ise hem sevilen nesneye girmeyi imkânsız kılar görünen hem de daha sonra kendisine girilecek olduğunu gösteren erkek organıyla karşılaşmaktır. Eğer bu travmayı da Oidipal duruma başarılı bir uyum sağlayarak aşmak mümkün olursa, daha sonraki cinsel hayatta cinsel ilişki yoluyla ilksel arzuyu kısmen tatmin etmek –hiç değilse olabilecek en kapsamlı şekilde– mümkündür. Diğer yandan, bu travma karşısında başarısız kalmak ise Oidipus ve hadım edilme komplekslerinin çok önemli bir rol oynadığı ve her iki cins için de cinsel reddedişin ön planda bulunduğu daha sonraki nevroz açısından belirleyicidir. Hem kadın hem de erkek, nevroz durumunda ilk cinsel organ çatışmasının yaşandığı aşamaya fırlatılır ve sonra daha da gerileyerek yine her iki cins için de anneye dönmek demek olan başlangıçtaki libido durumuna kadar gider.

Erkek başlangıçtan itibaren hep aynı nesneye bağlı kalabilir: anne, sevgili ve eş. Bu süreçte baba çok geçmeden anneye (annenin cinsel organına) bağlı kaygının temsilcisi haline gelir. Kadında ise tersine, başlangıçta anneye yönelik olan libidodan belirleyici önemde bir parçanın babaya aktarılması gereklidir ve bu Freud'un da dikkat çekmiş olduğu pasifliğe doğru kaymaya paraleldir. Kız çocuk aktif olarak anneye dönmekten, "erkeğe ait" bir hak kabul edilen ya da sanılan girme eyleminden vazgeçer ve ilksel durum cennetine yeniden ulaşma arzusunu pasif bir yol olan çoğalmada oynadığı rolle, yani hamile kalıp çocuk doğurarak yaşadığı annelik saadetiyle tatmin eder. Bu psikobiyolojik dönüşüm sürecinin gerçekleşememesini nevrotik kadınlarda görürüz. İstisnasız her nevrotik kadın erkek cinsel organını reddeder, "erkeksilik kompleksi" denilen şeyde olduğu gibi, onu sadece sevilen nesneye girmenin aracı olarak görmek ister. Yani her iki cins de ilksel libidoyu oluşturan ve doğum travmasını gidermesi beklenen anneye dönme isteğini kendisi için çizilmiş cinsel tatmin yoluyla değil de başlangıçtaki çocuksu tatmin biçimiyle dindirmek isteyince nevrotikleşmektedir. Böyle yapmaya kalkanın akıbeti gelip doğum travmasının kaygı sınırına çarpmak, bundan kaçınmanın en iyi yolu da cinsel tatmindir.

Böylece cinsel birleşmede doruğa ulaşan cinsler arası aşk, anneyle çocuk arasındaki ilksel durumu kısmen yeniden meydana getirmek için girişilen görkemli bir deneme olarak çıkıyor karşımıza. Tam şeklini de yeni bir ceninin oluşumuyla kazanmış oluyor. Ve Platon da aşkı doğu ülkelerinden gelen efsanelerle uyum halinde, eskiden bir olan ama sonradan ayrılmış iki parçanın birbirine duyduğu özlemle açıklarken[16], doğum travmasını aşma yolundaki en büyük biyolojik girişime, yani çocuğun annesine duyduğu gerçekten de "platonik aşk"a en güzel edebi ifadesini armağan etmişti.

Bu yaklaşıma dayanarak, libidonun aksine nihai tatminin tek yolu olarak kaçınılmazcasına "üremeye" bağlı olan cinsel güdünün gelişimini daha iyi anlayabiliriz. Cinsel güdünün ilk açık dışavurumu *Oidipus kompleksinde* görülür. Jung bu kompleksin anne bedenine geri dönme isteğiyle ilişkisini, içrek "yeniden doğuş fantezisi" açısından yorumlamış, Ferenczi (*a.g.e.*) ise birini diğerinin biyolojik temeli saymıştır. Gerçekten de Oidipus anlatısının ardında müthiş önemli bir soru, insanın nereden geldiği sorusu yatmaktadır ve Oidipus bunu bilme yoluyla değil, anne bedenine fiilen geri dönerek çözmek ister.[17] Sembolik açıdan mükemmelen başarır bunu: Kör olması en derin anlamda annenin içindeki karanlığa geri dönüştür; sonunda kayalar arasındaki bir yarıktan yeraltı dünyasına geçmesi de toprak ananın bağrında bir kez daha aynı arzuyu ifade eder.

Böylece Oidipus kompleksinin normal gelişim aşamasında kendini gösteren psikobiyolojik anlamı kavramış oluyoruz. Doğum travması açısından bakınca Oidipus kompleksinde –anneye ait– cinsel organdan duyulan kaygıyı onu libido nesnesi olarak ele geçirip haz duyarak aşma yönünde ilk tam kapsamlı denemeyi buluruz. Başka bir deyişle, başlangıçtaki (yani rahim içindeki) haz olanağını kaygı dolu olan cinsel organ *çıkışına* taşıma, yani bastırma nedeniyle yitirilmiş bir haz kaynağını geri kazanma denemesi. Bu ilk deneme başarısız kalmaya mahkûmdur. Sadece henüz tam gelişmemiş cinsel donanımla gerçekleştirilmeye kalkışıldığı için değil; daha çok ilksel travmanın yol açtığı bütün kaygı ve bastırmanın doğrudan taşıyıcısı olan ilk-

16. Bu anlatı Kutsal Kitap'taki kimi ifadelerle karşılaştırılabilir: "Erkek ve kadın aynı ettendir" vb. (*Erant duo in carne una.*)

17. Kısa süre önce Abraham (1923:124 vd.) tarafından açıkça gösterilen Oidipus efsanesindeki vadi yolu (ya da üç yol) sembolizmi babanın (ya da babanın penisinin) rahatsız edici şekilde işe karıştığı, bilinen rahim içi fantezisine dayanmaktadır.

sel nesnede uygulandığı için. Ama bu aynı zamanda, neden böyle –deyim yerindeyse– ölü doğmuş bir işe girişildiğini de açıklar: Cinselliğin daha ilk aşamasında çocuğun ilksel nesneden ayrılışı *cinsel travma* olarak tekrarlaması, sonraki normal sevgi aktarımının başarılı olmasının önkoşuludur. Ama işte bu yüzden, ilksel ayrılış travmasının üçüncü büyük tekrarlanışı olan Oidipus kompleksi doğum travmasıyla ilişkili ilksel bastırma tarafından yok edilmek zorundadır; ne var ki, libido ne zaman başarısızlığa uğrasa, tipik nüksetme sembolleriyle tepkisini gösterecektir.

Buna dayanarak, Freud'un da fark etmiş olduğu ve analizlerde tekrarlanıp duran cinsel gelişimin iki kez gerçekleşen başlangıcını bireysel geçmişten hareketle anlayabileceğimizi sanıyoruz. Cinsel gelişimde doğum travmasının derin bir uçurumla birbirinden ayırdığı, rahim içindeki haz dolu durum ve rahim dışındaki uyum sağlama meseleleri çıkıyor karşımıza. Anneden cinsel düzeyde ayrılmanın yarattığı cinsel travmayı bir "gizil dönem" izlemektedir, geri dönüş eğiliminin uyum sağlama lehine geçici olarak terk edildiği bir dönem. Buluğ çağıyla birlikte cinsel organ bölgesi öncelik kazanır. Şimdiye kadarki açıklamalarımız bağlamında bunu, bir zamanlar –anneye ait– cinsel organların bizim için sahip olduğu ilksel önceliği *yeniden kazanması* olarak anlamamız gerekiyor. Çünkü –bütün bedenin nesne olarak anneyi cinsel organlar (erkeğin) aracılığıyla nihai olarak ikame etmesi demek olan– bu öncelik, ancak başlangıçtaki cinsel organla ilişkili en büyük karşı-haz deneyimi, anne karnındayken yaşanan hazza olabildiğince yaklaşan bir deneyime dönüştürülebilirse mümkündür. Böyle bir olanağı elde etmek hiç de kolay olmaz, adına buluğ çağı dediğimiz ve belirtilerini yakından tanıdığımız şiddetli sarsıntıyı gerektirir. En yüksek noktaya ise yüzlerce ön hazırlığı, yaklaşıp uzaklaşmaları ve çeşitlemeleri bulunan sevişme eylemiyle varır. Bütün bu çabaların varacağı yer olabildiğince yakın bir temas ve bir sahip olup tüketme ("sevgiden ötürü yeme") eylemidir (*l'animal à deux dos* [çift sırtlı hayvan]). Yani, bütün dış dünyayı sevilen nesneyle özdeşleştirmeye kadar varabilen âşık olma halini (Wagner'in "Tristan ve Isolde"sinde olduğu gibi) nevrotik bir içedönüklük; anlık bilinç kaybıyla yaşanan cinsel birleşmeyi de küçük bir histeri krizi saymak boşuna değildir.

Nevrotik Yeniden Üretim

Çocukta libido gelişimini Oidipus kompleksinde görülen ve nevroz oluşumunda tayin edici geçiş aşamasını oluşturan cinsel travmaya kadar izledik. Şimdi artık analitik tedavi sürecinde kavranan nevrotik semptomun kendisinin ne ölçüde doğum travmasına tekabül ettiği sorusuna geri dönebiliriz. Bunun da formülü gayet basit görünüyor: Bilindiği gibi, analiz her türlü nevrotik rahatsızlığın temelinde *kaygının* yattığını göstermiştir ve Freud'dan beri ilksel kaygının doğum travmasından kaynaklandığını bildiğimize göre, çocuğun duygusal tepkileri konusunda olduğu gibi, nevrozun da bu travmayla ilgisini her bakımdan kolayca gösterebilmemiz beklenir. Ama mesele sadece çeşitli biçimlerde belli içeriklere sahip olarak rastlanan kaygı *duygusunun* söz konusu ilksel kaynaktan çıktığını saptamaktan ibaret değildir; hem tek tek semptomlarda hem de nevroz oluşumunun bütününde olup bitenin, gerçekten de doğuma ya da haz dolu doğum öncesi evresine ilişkin anıların yeniden üretilmesi olduğunu kesin şekilde ortaya çıkarmamız mümkündür. Ve eğer sonunda bir kez daha, çeyrek yüzyıldan uzun bir süre önce –artık klasikleşmiş olan– *Histeri Araştırmaları*'nda ortaya atılan nevrozun "travmatik" kuramına dönecek olursak, sanırım bundan ne bizim sıkıntı duymamız gerekir ne de bu kuramın. Hatta diyebiliriz ki, analitik araştırmayla geçirilen bütün bu çalışma ve başarı dolu yıllar boyunca, –diğer etkenleri ne kadar çok önemsemeye çalışırsak çalışalım– "travma"nın aslında kendimize itiraf edebildiğimizden de daha çok işin içinde olduğu hepimiz için şüphe götürmez bir gerçek olarak kaldı. Ama o görünürdeki travmaların etkililiğinden şüphe etmek için geçerli nedenlerin mevcut olduğunu da söylemeliyim. Çok geçmeden Freud bunların "ilksel fantezilerin" bir tekrarından ibaret olduğunu keşfetti. Bütün sonuçlarıyla birlikte insanın genel doğum travmasında bu fantezilerin özünü bulduğumuza inanmaktayız.

Bir süreç olarak nevrotikleşmeyi, deyim yerindeyse bu "kısa devre"yi, özellikle savaşta ortaya çıktığı şekliyle ("savaş nevrozu") gerçek *travmatik nevroz*'da izleyebiliriz: Şok etkisiyle doğrudan ilksel kaygının kendisi harekete geçer, çünkü ölüm tehlikesi karşısında, başka zaman hep bilinçsiz olarak yeniden üretilen doğum durumu gerçek bir duygu halinde yaşanır.[1] Bunun başka durumlarda şok olmadan da ortaya çıktığını gördüğümüz çeşitli semptomlara yol açması, doğum travmasının her türlü nevrotik kaygıyı ifade etme bakımından ne kadar temel nitelikte olduğunu kanıtlamaktadır. Biçim ve içeriğin bu şekilde bir araya geldiği travmatik nevroz, bir hastalık dizisinin başında yer alır. Dizinin sonunda ise içeriği cinsel travma olan belirgin psikonevrozlar bulunur, birey gerçeklik karşısında başarısızlığa uğradığında bunlar da bir savunma ve savuşturma aracı olarak aynı evrensel gerileme eğilimini gösterirler. Çok genel olarak konuşursak, nevrotik kişinin cinsellik konusunda başarısız kaldığını analiz kanıtlamıştır. Konumuz açısından bunun anlamı nevrotik kişinin alabildiğine "çocuksu" kalmış olduğu, cinsel eylemde ve çocukta görülenin tersine anneye kısmi bir dönüşle yetinmeyip *tam* bir dönüş talep ettiğidir. Dolayısıyla doğum travmasını normal yoldan, yani cinsel tatmin sayesinde kaygıdan kaçınarak alt etmeyi başaramaz ve libido tatminin ilksel biçimine geri atılır, ama bu da hiçbir zaman gerçekleşmeyen ve zaten yetişkin benin direnç gösterdiği bir yoldur.

Şimdiye kadar çocukta libido gelişiminden bahsederken, hem kaygının açıkça ortaya çıktığı bütün durumlarda hem de doğrudan cinsel işlev bozukluklarında ("güncel nevrozlar") buna karşılık düşen nevroz belirtilerine de değinmiştik. Nevrotik kaygı durumlarını daha iyi anlayabilmek için, kaygının her türlü ortaya çıkış yolunun modeli olmayı sürdüren en basit durumu, çocuğun karanlık yerde duyduğu kaygıyı ele alalım bir kez daha. Karanlık oda çocuğun bilinçdışına anne karnında bulunduğu dönemi "hatırlatır" (bu tam doğru olmasa da, başka bir ifade yolu da pek yok). Anne karnında bulunma bir zamanlar çok haz verici olmuştur (bu yüzden de yeniden oluşturulmak istenir) ama anneden korku yaratan bir ayrılışla sona ermiştir. Çocuk anne karnını özlemektedir. Yani yalnız kalmanın getirdiği korku, libi-

1. Travmatik nevrozda rüyalar tipik bir şekilde, doğum travmasını o sıradaki travmatik yaşantının kılığına girmiş olarak, ama çoğu zaman bunu açık edici herhangi bir doğum ayrıntısı da içererek "tekrarlar".

do nesnesinden ilk ayrılışı fiili bir yaşantı halinde, yeniden oluşturma ve uzaklaştırma yoluyla çocuğa *taşır, hatırlatır.** Daha sonra ele alacağımız, çok şiddetli bir hoşnutsuzluk yaşantısının zorla yeniden oluştuğu böyle bir durum, bu "hatırlama"nın sahici ve gerçek olduğunu göstermeye çok elverişli. Fobiler de dahil olmak üzere mekanizmaları analiz yoluyla ortaya çıkarılmış olan nevrotik kaygı gelişiminin bütün biçimlerinde aynı süreç izlenir. Kaygı nevrozunun güncel biçimi denilen durum da böyledir ama nevrastenide olduğu gibi doğruca cinsel işlev bozukluğuna dönüşür. Bu bozukluklara yol açan cinsel birleşmenin tamamlanamaması (*coitus interruptus*) anne cinsel organından duyulan kaygıya tekabül etmektedir (tehlikeli *vagina dentata* [dişli vagina]). Anneye yönelik bu ilksel saplantı ve çocuğun açıklamış bulunduğumuz gelişimi her türlü erkek iktidarsızlığının (penisin içeri girmekten korkması) ve kadınlardaki soğukluğun (vajinizmus) da temelinde yatar. Bu vakalarda Freud'un betimlediği histeri mekanizması devreye girmekte ve organın işlevlerinden biri, bilinçdışına ilişkin olan diğeri lehine yerine getirilemez hale gelmektedir: tür (yavrulama) ve birey (haz) arasındaki karşıtlığı barındıran haz ve doğurma işlevleri.[2]

Sözü geçen bu kaygı semptomları nevrotik kişinin doğum travmasını pek yetersiz ölçüde aşabilmiş olduğunu gösterir. Öte yandan *histerideki* bedensel semptomlar sadece görünür biçimleriyle değil en derin bilinçdışı içerikleriyle de doğum olayının –inkâr etme, yani daha önceki rahim içi haz ortamına dönme eğilimiyle birlikte– tamamen doğrudan ve fiziksel olarak yeniden üretilmesine işaret eder. Bu bağlamda öncelikle histerik *felcin* çeşitli görünüşlerinden söz edebiliriz: Örneğin yürüyememe, kapalı yer korkusunun beden tarafından ifade edilişidir ve hareketsiz kalmak hem rahimdeki haz dolu yaşamı hem de oradan çıkışın dehşetini dile getirir.[3] Kol ve bacakların göv-

* Almanca metinde hatırla(t)mak anlamındaki "erinnern" fiili "er-innert" şeklinde yazılmış (t harfi sadece çekimle ilgili). Buradaki "er" öneki fiilin anlamını genellikle bir şeyin başarıyla yerine geldiği, kişinin bir şeyi elde ettiği şeklinde etkiler; fiilin kök kısmında yer alan "inner..." ise başına geldiği sözcüğe "iç", "içinde" gibi bir anlam katar. (ç.n.)

2. Bkz. "Sapıklık ve Nevroz" adlı çalışmamda (1922a) buna ilişkin açıklamalar.

3. Federn (1914) "İki Tipik Rüya Heyecanı" adlı çalışmasında ketlenme ve uçma rüyalarını ve bunların nevrotik felç veya baş dönmesi semptomlarıyla ilişkisini ele almış, bütün bu heyecanların tekabül ettikleri doğum heyecanlarının yeniden üretilmesi olduğunu ortaya koymuştur (bkz. "Sembolik Uyum" başlıklı bölümde rüya hakkında söylenenler, s. 77 vd.).

deye doğru çekildiği tipik felç görüntüsü ve örneğin *chorea minor*'da [kore veya rakıs hastalığı] karşımıza çıkan türden koordinasyon bozuklukları rahim içi duruma daha da çok yaklaşmaktadır.[4]

Bu histeri semptomlarını rahim içindeki durumun ya da doğum olayının yeniden üretilmesi temelinde açıklamak, *döndürme* sorununa da yeni bir ışık altında bakmayı mümkün kılıyor. Açıklanması gereken, ruhsal heyecanın bedensel bir heyecana "döndürülmesi" değil, başlangıçta sadece bedensel olan ifade aracının nasıl olup da aynı zamanda ruhsal ifade olanakları elde ettiğidir. Deyim yerindeyse insanın bilincine vardığı *ilk ruhsal içerik* olan *kaygının* oluşma mekanizması, göründüğü kadarıyla bu sorunun da cevabıdır. Kaygıdan başlayan sayısız yol daha sonra ruhsal üstyapıyı oluşturmaktadır. Bu yollar arasında hem kültür tarihi hem de patoloji açısından en önemlisi olan "sembol oluşumu"nu, daha sonra konuşmanın oluşumuna dek izleyeceğiz. Şimdilik sadece bedensel histeri semptomlarının ruhsal sonuçları olan fantezi oluşumlarına ve bunların örneğin histerik rüya veya yarı uyku durumlarında (geçici bilinç kaybı dahil) tezahür edişine kısaca değinmek istiyoruz. Abraham'ın (1910) isabetli açıklamalarında da görüldüğü gibi, burada söz konusu olan "ruhsal döndürme"dir, yani ilksel durumun *ruhsal* alanda yeniden üretimi. Fiziksel olarak anne karnına dönüş yerini libidonun salt kendi içine çevrilmesine bırakır. Başka bir deyişle, dış dünyadan kendi içine çekiliş, psikozlarda gerçekleştiğine tanık olduğumuz ruhsal yalıtılma şeklinde ifadesini bulur. Kaygının gece görülen rüyaları sınırlayışı gibi, rüya durumlarının da fantezideki geriye gidişe sınır çeken bir kaygı hissinde son bulması tipiktir. Bu durumların mistik kendinden geçiş deneyimindeki kendi içine gömülmeye ne kadar benzediği, kaynağı anlaşılamadan kalmış olsa da, bilinen bir şey.[5]

Doğum travmasının bedensel olarak yeniden üretilmesinin diğer şekilleri arasında boğulma durumunu tekrarlayan bütün nevrotik soluma zorlukları (astım); doğum sırasında başın oynadığı özellikle acı verici role bağlanan ve çok çeşitli şekillerde kullanılabilen nevrotik

4. Bu yorumun *chorea minor* hareketlerini bebeğin hareketleriyle karşılaştıran Meynert'ten ne kadar yararlandığı ortadadır.

5. Cavendish Moxon (1920/21:329) "Mistik Vecit ve Histerik Rüya Durumları" adlı yazısında vecitle olan ilişkiyi ortaya koymuştur. Theodore Schroeder (1922) ise daha derine giden bir çalışmayla ("Doğum Öncesi Psişizmi ve Mistik Panteizm") doğum öncesine ait önemli hususlara dikkat çeker.

baş ağrısı (migren); ve birincil doğum travmasıyla baş etme çabasının sürdürülmesi olarak çok küçük çocuklarda, hatta yeni doğmuş bebeklerde bile gözlemlenebilen kramp krizleri de bulunmaktadır. Büyük histeri krizi de aynı mekanizmadan yararlanır, ama cinsel gelişmenin doruğunda yer aldığından, bir yandan da ceninin kıvrılmış pozisyonunun tam karşıtı olan malum çember yayı pozisyonunda tam bir savunma ortaya koyar.[6]

Psikanaliz tarafından cinsel birleşme pozisyonunun hem eşdeğeri, hem de ona karşı bir savunma olarak kavranmış bulunan histeri krizinden hareketle nevroz mekanizmasının ve nevroz seçiminin bazı problemlerine de değinebiliriz. Histeri krizinde açıkça ortaya çıkan cinselliğin şiddetle reddedilmesi, anne saplantısının bir sonucudur. Hasta "organ dili"ni kullanarak cinsel arzuyla birlikte anne karnına dönme arzusunu da inkâr etmekte, bu da normal cinsel duyarlılığı engellemektedir. Doğum olayının bu patolojik cinselleştirilişi normal cinsel amaca ulaşabilmek için gerekli olanın çarpıtılmasıdır. Daha sonraki gelişmede ortaya çıkan bütün cinsel arzu (libido), deyim yerindeyse çocuksu ilksel duruma doğru aktarılır, dolayısıyla kriz, birçok gözlemcinin saptadığı gibi, gizlice haz duyma eğilimiyle birlikte ortaya çıkar. Buna göre, histeri krizini bilinç diline çevirip bir çığlık olarak ifade edebiliriz: (Annenin) cinsel organ(ın)dan uzak dur! – hem cinsel hem de çocuksu anlamda. Öte yandan, aynı mekanizmayı analizin açıklık getirdiği diğer bütün histerik "kaydırma"larda da görmekteyiz. Kaydırmalar çoğunlukla bedenin üst yarısına doğru olma eğilimindedir ("yukarıya aktarım"). Kafanın anne bedenini ilk terk eden, yani doğum travmasını hem en yoğun yaşayan hem de ondan ilk kurtulan organ olması, bu eğilimin oluşmasında belli bir rol oynamaktadır belki de.

Tek tek analizlere bakınca edinilebilecek izlenimlerden biri de, sonradan "seçilen" nevroz *biçiminin* neredeyse tamamen doğum olayı,

6. Bütün bunlarda belki de histerinin "rahim" hastalığı olarak daha derin anlamı kendini göstermektedir. Ayrıca bkz. "Rahimde Histerik Görüntüler" (Eisler, 1922).

Tipik âdet şikâyetleri de kolayca bu şekilde anlaşılabilir; zaten doğum da bir tür kolektif âdet görme sayılır. Anne karnındaki varoluşu "periyodik" tarzda devam ettiren âdet görme, kültür ortamında yaşayan insanlarda doğum travmasının genel olarak bastırılışına dahil edilmiş görünmektedir. Aslında kadının en yüksek düzeyde haz verici olan doğurganlık özelliğinin işaretiyken, bastırılmanın etkisiyle giderek çok çeşitli nevrotik rahatsızlıkların toplandığı bir odak haline gelmiştir.

travmanın özellikle etkilemiş olduğu noktalar[7] ve bireyin gösterdiği tepkiye bağlı olduğudur. Araştırma ayrıntılarına şimdiden girmek yerine genel bir izlenimi ifade etmek istiyorum: Kaydırmalar hem yukarıya doğru (örneğin yumru – nefes darlığı) hem de aşağıya doğru (örneğin felçler – kramplar) olabilir ama ne olursa olsun cinsel organdaki merkezden bir uzaklaşma söz konusudur. Genel olarak nevrotik karakteri ve gösterdiği tepkiyi anlamakta bu bakış açısının büyük önemi vardır, çünkü doğum travmasına karşı her türlü psikobiyolojik tepkiyi kapsamaktadır. Yani bedensel semptomlar kaygı sınırıyla baş etmeye çalışırken çoğu kez doğruca doğum öncesi evreye yönelmeyi denerler; bu şekilde kaçınılmış olan kaygı kendini ya doğrudan doğruya ya da benin cinsel suçluluk duygusu halindeki savunma biçimine (bunu yukarıda, s. 37-8'de betimlemiştik) bürünmüş olarak gösterir. Bu da semptomların cinsel anlamlarını açıklamaktadır (örneğin sertlik, kızarma: ereksiyon). Ruhsal semptomlar aynı kaygı noktasından, anneye ait cinsel çıkış ve giriş organından yola çıkıp psikofizik aygıta göre ters yönde ilerleyerek yine aynı hedefe yaklaşmaya çalışırlar (fantezi oluşturma, içedönüklük, halüsinasyon ve bu dizinin son aşaması saymamız gereken uyuşuk ve katatonik bilinç bulanıklıkları). Her iki yolun da sonunda vardığı nokta, "cinsel red" denen ve aslında annenin cinsel organını reddetmekle bağlantılı olan durumdur: Bedensel kaydırma ve "döndürme" semptomları cinsel organı daha az kaygı verici cinsel organlarla ikame ederek yapar bunu; ruhsal semptomlar ise dikkati bedenden tamamiyle saptırıp böylece yüceltme süreçlerine ve tepki oluşumlarına fırsat vererek (bunların sonuçlarını da son derece gelişmiş bir şekilde sanat, felsefe ve ahlak faaliyetlerinde görürüz).

Bütün bu dal budak salmış ruhsal bağlantıları fark etmiş ve tek tek araştırmış olmak, psikanalizin tartışılmaz bir başarısı sayılıyor artık. Ama *bedensel* semptomların ruhsal "anlamını" aynı derecede kanıtlayarak ortaya koymuş durumda değiliz. Doğum travmasının psikobiyolojik önemi hakkındaki yorumumuzun işte bu boşluğu dolduracağına inanıyoruz, çünkü bu yorum deyim yerindeyse ilk defa psikofizyolojik bağlantı ve ilişkiler için gerçek bir dayanak oluşturan bir durumu ele alıyor. Bence Ferenczi'nin[8] histeri üzerine çalışmalarıyla

7. Kahramanlardaki doğuştan gelme bedensel kusurlar bunun bir örneği sayılır. Krş. s. 99.
8. Ferenczi, 1919a.

yolunu açtığı ve Groddeck'in[9] organik hastalıklarda da geçerli olduğunu gösterdiği yaklaşım, ancak kuramsal bakımdan doğum travmasının hakkını tam olarak verdiğimiz zaman gerçek biyolojik temellendirmesini kazanmış olacaktır. Doğum ve rahim içi durumunun rüyada yeniden üretilmesiyle bunun histeride yapılması arasında sadece bir adım; ve histeriden hep aynı "anlamı" taşır görünen ve aynı eğilimlere hizmet eden salt organik hastalık semptomlarına varmak için de yine sadece bir adım vardır. Bu çeşitli görüngülerin birbirine geçişi öyle akıcıdır ki, bazen ayırıcı tanıyla bunları belirlemek neredeyse imkânsızdır. Söz konusu görüngüleri psikofizik bir bütünün bulunduğu, yani henüz ayrışmaların olmadığı (Groddeck) birincil bir duruma geri götürmek, nevrotik bedensel semptomların mekanizmasını olduğu kadar biçim ve içeriğini de anlaşılabilir kılacaktır. "Ruhsal" olduğu kabul edilen vakaların yanı sıra nörolojik veya organik sayılanlar için de geçerlidir bu. Çünkü bizim yorumumuz açısından beni bilinçdışındaki başlangıçsız baskıyı bir kenara bırakıp libido tatmininin ve korunmanın ilksel kaynağına dönmeye zorlayan nedenin beyindeki anatomik bir hasar mı, toksik bir uyarı mı, yoksa salt psikojen bir yaşantı mı olduğu hiç fark etmez. Böyle çeşitli vesilelerle ortaya çıkan semptomların hep aynı türden oluşu da artık gayet anlaşılır hale gelmiş, yapay olarak yaratılan sorun çözülmüştür. Çünkü bireyin psikofizik gelişim kanallarını bireysel kaygı saplantısının ya da daha doğrusu bastırma sınırının izin verdiği ölçüde geriye doğru izlemekten başka yapabileceği bir şey yoktur zaten. Eğer semptomlar doğal olarak bekleneceği gibi bu denli birbirine benzemeselerdi, asıl o zaman bir problem çıkardı ortaya.

Bu çok verimli konuları daha yakından izleme işini deneyimli nörolog ve dahiliyecilere bırakarak burada sadece birkaç çarpıcı örnek vermekle yetinmem gerekiyor. Mesela hem hakiki hem de histerik *narkolepsi* vakaları tipik cenin uykusu durumunu sergilemektedir. Ani irade felci semptomu, yani kataplektik tutulmalar da bu durumla biyolojik bakımdan anlamlı bir bağlantı halinde görülür (eklemli duruş!). Önemsiz sayılamayacak bir nokta da, ani uyku bastırmasının hastayı çoğu kez tehlikeli durumlarda (bir caddeyi geçerken, tren yolculuklarında vb.) yakalıyor olmasıdır. Uyurgezerleri hatırlatan bir özelliktir bu: Onlar da böyle normal olarak korku yaratacak durum-

9. Groddeck, 1917. Ve en son yayımlanan çalışma: Groddeck, 1923.

larda bulunmayı sever. Paralel organik hastalık olan ansefalitte görülen malum semptomlar (gündüzle gecenin yer değiştirmesi, nefes darlığı, tikler), doğrudan doğruya doğum travmasına işaret eder. Bu kavrayışların pratik açıdan asıl önemli yanı ise böylesi durumlardaki kişilerin ruhsal bakımdan ne kadar kolay etkilenebildiğini gösteren klinik deneyimlerde ortaya çıkmaktadır.[10] Yine de şüphesiz aynı semptom her iki taraftan da oluşabiliyorsa, tedavi edici etkilerin de her iki taraftan gelebiliyor olması gerekir. Örneğin son zamanlarda astım krizlerinin (ruhsal olanlar dahil) gırtlağa yapılan müdahalelerle olumlu yönde etkilenebildiği söylenmektedir. Öyleyse burun deliklerindeki tıkanıklıkları ameliyatla açarak çocuklardaki sinir bozukluğu belirtilerinin (kaygı halleri, kaygı rüyaları vb.) giderildiğini gösteren deneyimleri kuşkuyla karşılamak da aynı derecede gereksizdir.[11] Diğer yandan, burada etkili olan psikofizik mekanizmaların bilgisine sahip olunca, narkoz verilmiş çocukların daha sonra –çoktan aşmış göründükleri– kaygı hallerine kapılmaları ya da mevcut kaygılarını (karanlık bir odada yalnız uyumak, kaygı rüyaları, korkarak uyanma vb.) çok yüksek bir dozda yaşamaları da şaşırtıcı bulunmayacaktır.[12] Bütün bu olguların açıklaması bedensel semptomun (örneğin nefes darlığı) doğuma ilişkin kaygıyı bütün ruhsal karmaşıklığıyla birlikte kendiliğinden harekete geçirdiği ya da narkoz uykusunun bir kez daha ilksel duruma geri döndürdüğüdür. Müdahalenin organik mi (ameliyat) yoksa ruhsal mı olacağına vakanın türüne ve ağırlığına bağlı olarak karar verilir. Ruhsal müdahale şimdilik alışılmamış bir şeydir ama uygun bir basitleştirmeyle eninde sonunda kabul ettirecektir kendini.

Son olarak bu bağlamda genel öneme sahip görünen bir soruna

10. Burada öğretim görevlisi Paul Schilder'in bu çalışma yazılırken (Nisan 1923) yaptığı sözlü bir açıklamayı aktarıyorum. Örneğin *chorea minor* hastası bir kadın yatakta (!) dinlenirken, fazla yaşlanmış ve yürüyemeyen tutarsız kişilerin ne kadar kolay etkilenebildiği kendisine açıklanır açıklanmaz, krizleri hemen geçmeye başlamaktadır.

11. Bkz. Dr. Stein'ın *Wiener klinische Wochenschrift*'teki (Nisan 1923) yazısı, ayrıca Eppinger'in (Wenckebach Kliniği) ve Hofer'in (Hajek Kliniği) bronşiyal astımda ameliyat tedavisi üzerine aynı tarihli açıklamaları (Viyanalı Hekimler Derneği'nde).

12. Bir İngiliz çocuk doktorundan edindiğim bilgilere göre, narkoz altında bademcik ameliyatı geçiren çocuklar yıllar boyunca gece korkuları yaşamaktadır ve bu durum bizzat anne baba (ya da başka gözlemciler) tarafından ameliyat "travma"sına bağlanmaktadır. Ayrıca bazı deneyimlerde görüldüğü kadarıyla, yetişkinler de narkozlu ameliyatlara anneye dönüş rüyaları veya semptomlarıyla tepki vermektedir.

daha değinelim. Örneğin bir zorlantılı nevrozun analizini tutarlı bir şekilde sürdürdüğümüzde, elde edebileceğimiz ilk başarı hastayı entelektüel spekülasyonlardan bunların erken dönemdeki çocuksu ve zorlantılı (hatta belki başlangıçta haz verici) aşamalarına döndürmektir. Bu arada bazı bedensel "döndürme" semptomları bile görülebilir. Analiz zorlantılı nevrozun birçok durumda –aslında düzenli olarak karşılaştığım halde deneyimim sınırlı olduğundan "daima" diyemiyorum– esas itibariyle her çocuk nevrozunda bulunduğunu düşünmemiz gereken bir "histerik" çekirdekten yayıldığını gösteriyor.

Zorlantılı nevrozun ardında neredeyse düzenli olarak doğum travmasına doğrudan bağımlı histerik bir çekirdeğin bulunmasının yanı sıra, bazı histeri vakalarının analizi de bana şunu öğretti: En erken çocukluktan beri (ağır doğum travması) mevcut olan ve nevrozda gürültü koparak ön plana çıkan bedensel semptom ("döndürme") eğilimiyle birlikte, zorlantılı nevrozun kökü de hemen her zaman histerik temel taşlarında gömülüdür ve bunu açığa çıkarmadıkça histerinin kendisi bile tam olarak analiz edilmiş, semptomlar tam olarak giderilmiş sayılmaz. Aklımda kalmış bulunan kadın histerisi vakalarından açıkça çıkan sonuç, doğum travmasında temellenen bedensel semptomların neredeyse eksiksizce –heteroseksüel– Oidipus kompleksi bağlamında kullanıldığıydı, yani libidonun babaya kaydırılmasına, hayal kırıklığına gösterilen tepkiye ve suçluluk duygusuna bağlanıyorlardı. Yani –kadın hastalardaki– bedensel nevroz semptomları patolojik şekilde babaya aktarılan libidonun (anneyle özdeşleşme) kalıntılarıydı.

Babanın hayal kırıklığına uğrattığı kızlarda bu kez de libidonun bir bölümü yeniden anneye doğru yollanır, bir zaman önce vazgeçilmiş (babaya aktarılmış) en eski libido saplantısı yeniden başlar. Ama bu arada anne Oidipus konusunda rakibe haline geldiğinden, şimdi başarı şansı daha da azalmıştır. Artık biyolojik bakımdan da gerekli bulunan anneden yeni kopuş için daha güçlü bir savunma biçimine ihtiyaç vardır. Bu durumda kız çocuğun tuttuğu, zorlantılı nevrozun tipik mekanizması olan ve analiz tarafından açığa çıkarılmış bulunan yol, sevgiyi nefrete dönüştürmektir. Ne var ki, anneden kurtulmaya yaraması gereken bu nefret ona bağımlı kalmanın başka bir tarzıdır aslında. Anne saplantısı nefret kılığında sürmektedir. İkinci dereceden uzaklaşma denemeleri çoğu kez yeni bir kardeşin gelmesinin yarattığı travmatik etki altında nefreti bu kardeşe ya da babaya, yani anneden ayrı kalmaya neden olan etkenlere kaydırmaya varır sonunda. Öte yandan, doğrudan anneye yönelik ölüm arzusunun (kadın hastalarda) kökenini de burada aramak gerekir. Anneyi bu şekilde kesinkes uzaklaştırmayı istemek, ona geri dönme özlemini aşmanın ("sevgi ölümü") bir yoludur. Bu "sadistçe" ve bene uygun olmayan ölüm dileklerinin yerine tepki oluşturmanın çok farklı başka yolları da geçebilmektedir. Ahlaki ketlenmelerden (aşırı ahlaklılık, merhamet) kişinin kendine yönelik en ağır cezalandırmalara (mazoşizm, depresyon) kadar değişebilen bu yollar analiz tarafından etraflıca araştırılıp değerlendirilmiş bulunuyor.

Böyle çok yönlü ve çelişkili olan ilksel çatışmayı zihinsel bir çabayla aşma denemeleri sonradan devleşmiş boyutlarda bir kafa yorma ve zorlantılı düşünceler halinde geri döner ve çocuğun cinsel "ilgisi"nin daha sonraki belirleyici aşamalarına aittir. Bu spekülatif ve üstyapısal fazlalıklar kaygının giderilmesi ve libidonun serbest bırakılması yoluyla bir kenara çekildiğinde, "sisteme" saklanmış olan ve kolay kolay bulunamayan ilksel kaygıyı asıl kaynaklandığı yere, yani bedene geri itebilir ve bu normal yoldan (deyim yerindeyse toprak hattından) akmasını sağlayabiliriz.

Çoktan geçilmiş bir psikobiyolojik yolda ilerleyen bu süreç artık daha az aşırı koşullarda, deyim yerindeyse normal ölçüler içinde gerçekleşebilir. Nitekim birçok bedensel şikâyetin uyandırdığı izlenim, bunların –eğer böyle bir şey söyleyebilirsek– bireye nevroz oluşturma lüksünü tanımadığıdır; ama bunun yerine şu ifade daha doğru olacaktır: aynı nedenlerden kaynaklandığı halde nevroz, sıradan bir organik rahatsızlığın daha seçmeci beklentileri olan bir ikamesidir. Nevrozun bedensel semptomları "taklit ederek" aslında aynı organda görülebilecek her türlü hastalığı ikame edebildiğini ve dolayısıyla önleyebildiğini görüp şaşırmak, pek de seyrek karşılaştığımız bir durum değildir. Dikkate değer –Freud'un da bazen değindiği– bir başka nokta da, örneğin yıllarca en ağır kaygı krizlerini yaşamış hastaların gayet iyi görünmeleri ya da yıllarca uykusuzluk çekmiş olanların başka insanlar "gerçekten" o kadar süre uyumasalar olacakları kadar yorgun düşmemeleridir. Belli ki bilinçdışı, ilksel libidodan "nevrotik" zararı dengeleyebilecek kadar çok yararlanmaktadır.

Histeride görülen ve çok tipik bir biçimde ilksel travmaya işaret eden aşırılıklar doğrudan doğruya bazı zorunlu ve törensel yatak hastalıklarına yol açabilmektedir – tıpkı küçük çocuklarda gördüğümüz gibi. Aynı şeye kendini zorla hasta eden bazı kişilerde de rastlarız. Sık görülen bir durum da, bu kişilerin hastalığın yerine giysi dolaplarında kılı kırk yaran bir düzenliliği geçirmeye başlamasıdır. Yatağa törensel bir bağlılık gösterme, uykuyu cenin ortamına geçici bir dönüş sayan yorumla tam bir uyum içindedir.

Histerik semptomlarla zorlantılı davranışlar arasındaki geçiş biçimlerini (örneğin tikler) bir kenara bırakıp[13] sadece klasik zorlantılı nevrozu ele alacağız. Bu nevroz tipinde başlangıçtaki bedensel semptomdan (zorlantılı davranış) hastalıkla salt ruhsal, hatta zihinsel olarak başa çıkma denemesine giden yol analiz tarafından didik didik edilmiş bulunuyor. Histeri için söylenenler nasıl zorlantılı nevrotik hastalardaki bedensel görüntüler (örneğin tik) için de aynen geçerliyse, tipik zorlantılı düşünceler ve kafa yorma tavrı da –analizin de gösterdiği gibi– çocuksu bir mesele olan çocukların nereden geldiği sorusuna ("anal çocuk") ve çocukluktaki ilk *doğum travmasıyla zihinsel çabayla baş etme* denemelerine bağlanır. Böylece zorlantılı nevrotik kişi "tümgüçlü düşünce" yolundan geçerken sonunda yine o özlenen ilksel duruma dönmüş olur (Ferenczi)[14], ama bu arada bireysel bir tarzda ölüm ve ölümsüzlük, öbür dünya ve cehennem azabı gibi konularda felsefi spekülasyonlara da sapmıştır. Görünüşte kaçınılmaz olan bir yansıtmayı, doğumdan önceki hayatın geleceğe, ölüm sonrasına yansıtılmasını yinelemektedir bir kez daha; yani insanlığın binlerce yıl boyunca dinsel boşinanç şeklinde en karmaşık yollardan yapageldiği, ölümsüzlük öğretilerinde zirveye çıkan ve duyu ötesine, gizli bilgilere büyük ilgi gösteren geniş kitleler arasında bütün bir ruhsal âlem halinde hâlâ yaşamakta olan bir şeyi.[15]

Zorlantılı hastada görülen çok değişken ruh hallerine siklotimik kişilik, spekülatif sistemler oluşturmasına ise dışavurulmuş psikozların belli biçimleri çok yakın düşmektedir. Bunlardan ilki melankoli

13. Bunların arasında yer alan "itki davranışları" (Stekel), çoğunlukla –histerik– bilinç bulanıklığı durumunda yapılan zorlantılı davranışlardır (yürüyüş içtepisi: sıla hasreti – geri dön!; piromani: ateş – sıcaklık – anne).

14. "Gerçeklik Duygusunun Gelişme Aşamaları", Ferenczi, 1913.

15. Schrenck-Notzing'in evinde cereyan eden bir gizli bilim oturumunda medyumdan edindiği izlenimleri aktaran Thomas Mann'a ait son derece tipik bir ifadeye yer vermeden edemeyeceğim: "Ortama mistik bir hava kazandıran tek şey medyumun *nefes nefese kalmış* oluşuydu, *apaçık bir şekilde tıpkı doğum yapma eylemini* hatırlatıyordu hali." (29.3.1923'te Viyana'da verdiği bir konferanstan).

ile mani arasındaki ani değişimlere sahne olan bir hastalıktır ve doğrudan doğruya doğum öncesi ve sonrasındaki duygu hallerinin yeniden üretimine bağlanır. Anneden ayrılmanın, ilk libido nesnesini yitirmeyle oluşan haz-hoşnutsuzluk dönüşümünün ilksel mekanizması yeniden yaşantılanır. Dolayısıyla haz-hoşnutsuzluk problemlerinin incelenmesinde bu hastalık çok önemli bir yere sahiptir. Burada ele alınmış olan libidoyu derin depresyon hallerinin analizinde deyim yerindeyse bir tortu olarak ortaya çıkarmak mümkündür, çoğu kez "bedenin bütün yüzeyindeki cinsel uyarılma" olarak gösterir kendini. Melankolik evre ise işin en derinde yatan aslını çok isabetli bir şekilde yakalayan "depresyon" terimiyle adlandırılmıştır. Hepsi de rahim içi duruma eğilim gösteren bedensel semptomlar[16] bu evrenin tipik özellikleridir; üzüntü hissi de "doğum sonrası bütün hayvanlar hüzünlüdür" [*post natum omne animal triste est*] sözünün somut bir örneğini oluşturur. Bunu izleyen manik evrede ise özellikle görülen bedensel durum doğum sonrasının canlılığı ve hareketliliğidir, yoğun mutluluk ve keyif hissi de doğum öncesinin libido tatminine denk düşer. Duygusal etkilenişle içeriğin bu olağanüstü kesişmesine yol açan ilginç mekanizmayı haz-hoşnutsuzluk mekanizmasını ele aldığımızda açıklayacağız. Şimdilik sadece yeni bakış açısını kaba bir şema halinde vurgulamaya çalıştığımızdan, semptom oluşumunun ince ayrıntılarının ya da duygusal etkilerin dağılım mekanizmasının getirdiğimiz yaklaşıma uygun olarak salt analitik şekilde nasıl anlaşılır kılınacağı konusuna giremeyiz. Doğum öncesi ve sonrasındaki libido durumunun semptomlar bakımından örtüşüyor olması pratikte daha karmaşık bir hal alır, çünkü ruhsal görüntülerini doğrudan gözlemlememize imkân bulunmayan doğum olayı esas itibariyle "travmatik" bir yaşantı olsa da, bazı haz verici anlar da içermektedir (en azından kısmen) ve muhtemelen bunlara da geri gidilebilir.[17]

Vurgulamak istediğimiz bir nokta da, melankolinin salt nevrotik semptomlardan dikkat çekici bir farklılık gösterdiğidir: İlksel durumu temsil etmek için sadece kişinin kendi bedeninden (ya da beninden) yararlanmakla kalmaz, dış dünyaya ait şeyleri de aynı amaçla

16. Bezginlik ifade eden bir duruş, yatakta büzülme, günlerce hareketsiz yatma, kendi kendine yemek yemeye, konuşmaya, hatta kıpırdamaya yanaşmama, vb.

17. Ancak, göründüğü kadarıyla burada *normal* geri gidiş olanakları söz konusudur, manik durumda ise tersine "öforik" diyebileceğimiz geri dönüşler. Bu duygu halini nitelendirmek için Hattingberg'in önerdiği "*kaygı hazzı*" kavramından yararlanılabilir.

kullanma eğilimi gösterir (örneğin odanın karartılması). "Psikotik" bir ton olarak niteleyebiliriz bunu. Melankolik kişi dış dünyadan çekilirken aynı zamanda ona uyum sağlama işini biraz olsun yeniden gerçekleştirmiş olur; oysa ilksel durumu yeniden oluşturmaya yönelik bir içeriğe sahip oldukları apaçık olan psikotik kuruntular artık libido için uygun olmaktan çıkmış bulunan dış dünyayı bütün dünyaların en iyisiyle, rahim içindeki varoluşla değiştirme girişimleridir. Ne zaman böyle bir hastalığın (*dementia praecox* denilen geniş grup) öyküsü incelense, yığınla doğum fantezisine rastlanır. İster yaşanan duygusal etkiden kopup gelen doğrudan bir dille olsun, ister psikanalitik rüya yorumlaması sayesinde anlamları kolayca kavranabilen sembolik ifadelerle, hep kişinin kendi "tarih öncesi"nin yeniden üretimine karşılık düşer bu fanteziler.

"Psikozun içeriği"ni anlamak yönünde ilk değerli adımların atılmasını Jung ve Bleuler öncülüğünde ilham dolu bir çalışma sürdüren Zürih psikiyatri okuluna borçluyuz. Zürih okulu çok erken bir aşamada psikanalitik bulguların psikiyatri açısından büyük önemini kavrayıp bunlardan yararlanmıştı.[18] Freud daha 1894'te bazı halüsinasyonlu psikozların açıklanmasında savunma mekanizmasına yer vermiş, 1896'da ise ilk kez "bastırma"nın paranoya vakalarında da bulunduğunu kanıtlamıştı.[19] Bundan sonra Zürih Kliniği'nde ilk büyük adımın atılabilmesi için tam on yıl gerekti. Kısa bir süre sonra da Freud (1911) bir paranoya vakası (Schreber) analizi olan yeni ve geniş kapsamlı çalışmasını yayımladı. Kendi hazırlık çalışmalarına dayanan ve Zürih okulunun vardığı önemli sonuçları farklı bir açıdan değerlendiren bu eser psikozun yapısını ve ruhsal mekanizmasını kavramayı mümkün kılmıştı. Erkeğin bu kadınsı libido konumuna karşı saplan-

18. Bkz. Jung'un (1910:356-88) verdiği konuyla ilgili geniş kaynakça. (Aynı konuda Alman ve Avusturyalı yazarların eserlerine Abraham [1909:546 vd.] tarafından [ayrıca bkz. Abraham, 1908] yer verilmiş, daha sonra [Abraham, 1914:343-4] bu bibliyografik çalışma devam ettirilmiş ve son olarak "1914-1919 Arası Psikanalizde Görülen Gelişmeler Hakkında Rapor" [Abraham, 1921:158-9] adlı yazıda tekrar ele alınmıştır.) Burada özellikle Jung'un ilk çalışmalarını belirtmek gerekir: Jung, 1907 ve Jung, 1908. Ayrıca bkz. *Jahrbuch*'un çeşitli ciltlerinde Honegger, Itten, Maeder, Nelken, Spielrein ve diğerlerinin kapsamlı ve temel oluşturucu çalışmaları. Ve son olarak Bleuler'in (1911) daha çok Freud'un görüşlerini *dementia praecox* konusunda uygulamaya girişen büyük ve etkili eseri: *Dementia Praecox veya Şizofreni Grubu Hastalıklar*.

19. "Savunma Nevropsikozları", Freud, 1894 ve "Savunma Nevropsikozları Üzerine Ek Açıklamalar", Freud, 1896 (*Kleine Schriften*, c. I).

dığı "eşcinsel" tavır ve gösterdiği savunma tepkisi söz konusu mekanizmanın en önemli parçasıydı ve yine en genel eğilime, –anneyle ve doğurma eylemiyle özdeşleşerek (anal çocuk)– doğum travmasını aşma[20] çabasına bağlanıyordu. Freud'un bu araştırmaları sayesinde psikoz ilk kez kuramsal bakımdan anlaşılır hale geldi ve bunu öğrencilerinin yaptığı diğer çalışmalar izledi.[21] Böyle radikal yaklaşımların genel psikiyatriye girmesi elbette ancak çok yavaş olabilirdi. Yine de son zamanlarda genç psikiyatrist kuşağını belirleyici ölçüde etkilemiş görünüyorlar.[22] En ön planda ise Zürih okulunun (Honegger, Jung) bir başarısı olan gelişim psikolojisi bulunmakta. Öte yandan, bu yaklaşımın yöntembilimsel açıdan kötüye kullanılma tehlikesine Freud önceden işaret etmiş, türe özgü malzeme ve bakış açılarını işe karıştırmadan önce ne kadar çok şeyin bireysel analizle ele alınıp anlaşılabileceğini göstermişti. Ama tabii fazla bir işe yaramadı bu uyarı. Deneyimli psikiyatristlerin bile şizofrenlerin psikolojisini ilkel topluluklarınkiyle tasvir düzeyinde karşılaştırmaya yeltendiklerini görebiliyoruz.[23] Örneğin Storch hiç kuşkusuz çok ilginç olan çalışmasında arkaik-ilkel duygu eğilimlerini "büyücü-tabucu" olanlarla karşılaştırıp "mistik birliği" sanki "kozmik özdeşleşme" gibi vurguladığında, psikanalizden geri adım atmış olmaktadır; çünkü psikanalizin ilkel yaklaşım konusuna bakışını şizofrenik kavrayışı açıklamak için kullanmayıp bunları yan yana koymakla yetinir, bireysel psikolojiye ilişkin gayet basit bir sorunun yerine karmaşık bir etnolojik problemi geçirdiğinin farkına varmaz bile.

Bizim yorumumuzda ise bireysel psikolojik kavrayışı daha da ilerleterek halk psikolojisi alanında daha başka açıklamalara ulaşma eğilimi ağır basmaktadır. Burada savunduğumuz doğum travmasının temel öneme sahip olduğu görüşünün bizi çözüme gerçekten yaklaş-

20. Klasik paranoyada semptom yığını arasından –tıpkı fobilerin koruyucu duvarları ya da zorlantılı nevrozun tepki barajlarının ardından olduğu gibi– ilksel semptom olan kaygıyı (yakalayıp!) çıkarmak kolaydır.

21. Kaynakça: Abraham, 1914:345 vd.; Abraham, 1921:158.

22. Özellikle bkz. Viyanalı öğretim görevlisi Paul Schilder'in çalışmaları ve bunları toparladığı son eseri: *Ruh ve Yaşam* (1923). Hemen hemen aynı zamanda yayımlanmış bulunan Alfred Storch'un (Tübingen) *Şizofrenlerin Arkaik-İlkel Yaşantılama ve Düşünüşü* (1922) adlı çalışması da neredeyse tamamen analitik yaklaşıma dayandığı halde bunu Schilder kadar açık sözlü bir şekilde itiraf etmemektedir. Nunberg'in *Internationale Zeitschrift für Psychoanalyse*'de yer alan değerli yazıları da tamamiyle analitiktir.

23. Bkz. ilginç bir malzeme kullanmış olan Prinzhorn (1922).

tırdığını sanıyoruz. Psikozlarda geri dönüş eğilimi o kadar gelişmiştir ki, ilksel duruma en çok onlarda yaklaşabildiğimizi düşünmek yanlış olmaz. Nitekim, kısmen apaçık ve doğrudan, kısmen de hastaya özgü düşünce ve konuşmanın parçalanıp dağılması semptomlarında izlediğimiz psikozun içeriği, baştan aşağı en geniş boyutlu doğum ve rahim içi tasavvurlarıyla örülüdür.

Psikiyatristlerin büyük bir gayretle çalışıp hastalık öykülerini olanca ayrıntısıyla aktarmaları ve bu malzemenin analitik bakış açısıyla değerlendirilmesi, nevrozlardan edindiğimiz deneyimlerin psikozlar temelinde de açık seçik ve sağlam bir şekilde doğrulanmasını mümkün kılmıştır. Belirtmiş bulunduğum kaynaklardaki bu zengin malzemeye işaret ettikten sonra, konuya somutluk kazandırmak amacıyla, elime geçmiş son eser olan Storch'un çalışmasından bazı örneklere yer vermek istiyorum. "Neredeyse uyuşmuş durumdaki bir hasta durmadan elini göbek deliğinin etrafında çevirmektedir. Nedeni sorulduğunda bir delik açarak (nereye?) özgür olmak istediğini söylemektedir. Başka bir bilgi edinilememiştir." Hastanın gövdeye geri dönüşü kastettiği bellidir, yoksa "sembol" anlaşılmaz olarak kalacaktır. Hatta açıkça konuşulan bir hadım edilme eylemi hakkında da aynı güdüyü dile getirmiştir: "Sözü edilen olaydan birkaç gün sonra hasta parmağının bir parçasını ısırıp koparttı; ancak birçok engel aşıldıktan sonra nasıl bir güdüyle hareket ettiği hakkında konuştu: 'Bir organı ısırıp kopararak başkalarını bu yana çektim, bir yerde eksiklik olduğunu göstermek için.' Ama daha sonraki sorular sonunda şunları da ekledi: 'Özgürlüğe kavuşmak istiyordum; *delikten geçip çıktım*, bir *böcek* gibi'" (s. 7). Storch burada sadece klinikten ayrılmanın değil, analitik anlamda anne karnından kurtulma (göbek doğumu) yönünde "belirsiz" bir tasavvurun da yansıdığını düşünmekte ve pek çok şizofren gibi bu hastanın da yeniden vücut bulma fikrini tamamiyle olağan bir düşünce saydığını vurgulayarak, bunu ilkel topluluklardaki yeniden doğuş fikrine benzetmektedir. – Çocukken babası tarafından tecavüz edilmiş ve bir süre önce de işini terk edip kaçmış olan genç bir şizofren kadın katatonik vaziyette bir doğum fantezisi yaşamış, kendini hem çocuk İsa hem de onun annesi sanmıştı (s. 61). Aynı kadın "'kendi gençliğiyle şimdiki kişiliği arasında bir ayrışma'dan söz ediyor, *kendi bedeni içinde iki kişinin* varlığını hissettiğini söylüyordu; bunlardan biri iğrenç bir geçmişe sahipti, diğeri ise 'çok yüce bir şey, cinsiyet üstü bir şey'di" (s. 77-78). Başka bir kadın hasta da (s. 63) kendisine bakan hemşireyi "Tanrı" sayıyor ve şöyle diyordu: "o ve hemşire her şeyi kapsar, her şeyi, 'İsa Mesih'ten en düşük varlığa kadar'". (Hemşireyle ilişkisi sorulduğunda) "*Biz tam bir bütünüz, ikimiz biriz*. O Tanrı, ben de onunla aynıyım... Ben hemşiredeyim, o da benim içimde". Bir başka sefer de "bütün dünyanın onun içinde olduğunu" söylüyor ve (sorulduğunda) tipik açıklamalar getiriyor (s. 80).

Bazı hastalarda ise geri dönüş eğiliminin yetişkin olmama isteği biçimine büründüğünü görüyoruz; çoğu kez çocuklardaki büyük olma özleminin tam karşıtı olarak rastlanan bir şey bu. "Otuzlu yaşların ortalarında bulunan bir erkek şizofren sıkıntılı ve öfkeli bir tonda konuşarak çocuğa çevrildiğinden yakınmıştı: Artık o adam değilim ben, çocuk oldum çoktan; karım beni ziyaret ettiğinde onun erkeği değildim, annesinin yanındaki bir çocuk gibi oturdum öyle." (s. 57). Storch bununla bağlantılı olarak "Kadına ya da çocuğa özgü bir yaşam durumuna geçmenin hastalar tarafından bir aşağılanma ve değer yitirme sayıldığı" diğer vakaların tersine, diyor açıklamalarında, "*çocukluk eşiğini aşıp* yetişkin yaşamına katılan genç şizofrenlere ilişkin deneyimimiz karşıt yöndeydi; bazen güçlü bir baskı ve sevgi ihtiyacının getirdiği çatışma koşullarında yaşamdan ve *yetişkin olmaktan* korku duyduklarını söylemeleri seyrek bir şey değildi. Bu çatışmadan kaçıp kendi çocukluklarına sığınmak istiyorlardı..." (s. 89). Sanırım bu eğilimde betimlenen hastalık tablosunun (*dementia praecox*) psikolojik açıdan da doğrulayacağı bir çekirdekle karşı karşıyayız. Kimileri de doğruca o eski dışkılık* kuramını, yani anne karnında bulunuşu tekrarlar. Örneğin bir kadın hasta (s. 42) "gerçi çocukların bağırsaktan doğduğuna inanmamaktadır, ama çocuğun içinde büyüdüğünü kabul ettikleri anne bedenindeki 'taşıma torbası' ile bağırsağın en alt kısmı arasında bir bağlantı bulunduğunu ve ceninin buradan dışkı boşalttığını düşünmektedir. Taşıma torbasındaki çocuk küçük beslenme kamışlarını emer (torbanın içinde memelerin yerine bu kamışlar vardır). Taşıma torbasından makata giden bir 'çıkış yolu' sayesinde 'çocuğun sütle birlikte aldığı besin atılıp temizlenmiş olur.' Doğumdan önce bu çıkış kanalı iyileşir, yok olur, sadece temizlik için vardır". Başka bir katatonik hasta ise dışkı yemektedir ve bu davranışı hak-

* *kloak*, bazı hayvanlarda bağırsak, idrar yolu ve cinsel organ çıkışının aynı yerde olması. (ç.n.)

kında "psikotik durumdayken nasıl idrar içip dışkı yemek zorunda kaldığını" anlatırken doğrudan doğruya embriyona has bir güdüyü dile getirmektedir, daha önce ölüp yok olmayı yaşantıladıktan sonra, bu maddelere kendini "*yeniden kurmak*" için ihtiyacı olduğunu düşünmüştür. Nunberg'in ayrıntılı bir çalışmayla analiz ettiği yine kasılıp kalmış bir hasta için de dışkı yutmak, kendini tohumlamak ve yenilenmek anlamı taşıyordu.[24] Storch konuyu şöyle özetliyor ("Yeniden Doğuş" adlı bölümde): "Ölmüş ve yeniden dirilmiş olma fikriyle karşılaşıyoruz, ölümün içinden geçme fikriyle, yeniden oluş ve sonunda tanrılaşma fikriyle. Aynı zamanda *ilkel-duyusal* kılıklara bürünmüş olarak yeniden doğuş fikri, *gerçekten doğurulma tasavvuru* vb. çıkıyor karşımıza. Hastaların karmaşık düşünüşü doğum ve çocukluk tasavvurlarında *doğurmayı* ve *doğurulmayı, anne olmayı* ve *çocuk olmayı* sık sık *iç içe geçiriyor*" (s.76).[25]

Ama göründüğü kadarıyla sadece *kuruntuların* içeriği değil bu yönde belirlenen; halüsinasyonlar, bilinç bulanıklıkları ve katatoniler gibi psikotik *istisna durumları* da dölüt ortamına geri dönüşler olarak anlaşılabilir. Analitik malzemeden hareketle böyle bir yorum getirme yolunda ilk cesur adımı atmayı deneyen kişi, genç yaşta hayattan ayrılan Tausk'tur. "Şizofrenide Etkileme Aygıtının Oluşumu Üzerine"[26] adlı değerli çalışmasında anne karnında cinsellik edinmiş olan bedenin yansıtılışını bir tür aygıt olarak kavrar. "Demek ki kendi bedenini yansıtma, dölüt gelişiminin sonuna ve rahim dışı gelişimin başlangıcına karşılık düşen libido konumuna karşı bir savunmadır" (*a.g.e.*, s. 23). Bu noktadan hareket eden Tausk, çeşitli şizofreni semptomlarının açıklamasına girişmiştir: "Katalepsi, yani *flexibilitas cerea* insanın organlarını kendine ait değilmiş gibi hissettiği ve onları yabancı bir iradenin gücüne teslim etmek zorunda kaldığı bir evreye tekabül ediyor olamaz mı? ... Katatonik uyuşma halindeyken dış dünyayı tamamiyle reddeder görünen kişi anne karnına geri dönmüş sayılamaz mı? Bu en ağır katatoni semptomları artık en ilkel ben işlevlerini bile terk etmiş ve kendini tamamiyle dölütün ve süt bebeğinin bakış açısına geri çekmiş bulunan bir ruhun en son sığınma noktası olsa gerek. ... Şizofrenin olumsuzlayıcı kımıldamazlığı olan katatoni semptomu

24. "Katatoni Krizi Üzerine" (Nunberg, 1920).
25. Vurgulamalar bana ait.
26. Tausk, 1919.

dış dünyayı 'organ diliyle' reddetmekten başka bir şey değildir. İlerleyen tutulmanın son evresinde görülen süt emme refleksi de, süt bebeğinin yaşamına benzer bir geri dönüş anlamı taşımaz mı? Dahası, bazı hastalar süt emme dönemine, hatta dölüt yaşamına bu dönüşün (ama bu sonuncusu sadece hastalığı artıracak bir tehdit olarak) bilincindedir. Bir hastam şöyle demişti: 'Giderek gençleştiğimi, küçüldüğümü hissediyorum. Şimdi dört yaşındayım. Daha sonra kundağa sarılacağım ve en sonunda anneme döneceğim'" (s. 23-4). Yani Tausk'a göre, atavist tarzda önceden oluşmuş bir ilksel fantezi olarak anlaşılması gereken anne karnına geri dönüş fantezisi[27] "şizofrenide geriye doğru giden ruhun *patolojik gerçekliği* olarak semptomatik şekilde ortaya çıkar".

Bütün ağır sonuçlarıyla doğum travmasının gerçekliği hesaba katıldığında Tausk'un tahminlerini doğrulayabileceğimiz gibi, bunların gerçek nedenlerini de gösterebiliriz ve akıl hastalarında görülen başka semptomları anlayabiliriz. Bu semptomlar doğum travmasına doğrudan, hastalığın hazırlık aşamasına ise ancak dolaylı olarak bağlanmaktadır. Bütün krizler böyledir, özellikle de hem içerik hem de biçim itibariyle doğum olayının kalıntılarını en açık şekilde gösteren *epileptik* dediğimiz krizler.[28] Siklotimideki gibi burada da iki zamanlı bir ayrılış vuku bulur, şu farkla ki, bu kez zamansal ters çevrilme söz konusu değildir. Çünkü büyük epilepsi krizinin hemen öncesindeki, Dostoyevski'nin çok ustaca tasvir ettiği mutluluk havasının buradaki karşılığı doğum öncesi libido tatminidir ve doğum olayı da kasılma krizinin kendisi tarafından tekrarlanmaktadır.

Psikotik hastalık semptomlarının analiz açısından ortak özelliği, nevrozlara kıyasla libidonun daha da ileri giden bir geri dönüşü olmalarıdır. Psikotik hasta kozmolojik denebilecek bir yansıtmayla, anneyi ikame eden dış dünyadan libidosunu ayırarak ilksel nesnenin yitirilmesini tamamlar; ama nesneleri kendi benine çekmekle (yansıtmalı içe atış) tekrar ancak ilksel duruma (anne ve çocuk) geri dönebilir. Esas itibariyle psikotik olan ve dış dünyayla ilişkideki bir bozukluğu içeren bu mekanizma klasik *paranoya*'nın (ve paranoid psikoz biçim-

27. Tausk "anne karnı fantezisi" ifadesinin Gustav Grüner'e ait olduğunu belirtmektedir.

28. Epilepsi krizinin geriye doğru, beden dilinin erken bir evresine kadar izlenebilir olduğunu Ferenczi de (1913) buradaki yorum açısından temel önemdeki "Gerçeklik Duygusunun Gelişme Aşamaları" adlı çalışmasında belirtmiştir.

lerinin) mitolojik dünya görüşüne en çok yakınlaştığı noktadır.[29] Göründüğü kadarıyla paranoyanın tipik özelliği, dış dünyanın normal "uyum sağlama" ölçülerini çok aşan bir yoğunlukta libidoyla dolmuş olmasıdır. Deyim yerindeyse, bütün dünya rahme dönüştürülmüştür ve hasta rahme özgü düşmansı etkilere açık bir haldedir artık (elektrik akımları vb).[30] Kültürel ve kozmolojik anlamıyla birlikte anne bedeninin bütün o koruyuculuğu, rahatsız edici babaya karşı duygu dönüşümünden (nefret) geçerek tek ve devasa bir düşman nesne haline gelmiştir, babayla özdeşleşmiş olanın (kahramanın) peşini bırakmaz, durmadan yeni savaşlar açar ona.

Psikotik hastanın yansıtma yolunda ilerlerken gösterdiği bu anneye dönüş eğilimi açısından bakınca, Freud'un da fark etmiş olduğu gibi, hastalığın seyri aslında bir iyileşme denemesi olarak anlaşılmalıdır. Hareket noktamız olan analitik iyileşme sürecinde de açıkça görürüz bunu. Ne var ki, psikoz hastası bir yeraltı labirenti olan anne karnı durumundan gün ışığına çıkan yolu bulup iyileşemez; nevrotik hasta ise analistin kendisine attığı, hatırlayışla örülmüş Ariadne ipine

29. Bkz. *Kahramanın Doğuşu Miti*'nde (Rank, 1909:75, 2. baskı 1922:123) mitsel fantezi oluşumunun "paranoid" olarak nitelenişi.

30. Paranoya hastası Strindberg ilginç bir saptamada bulunmuştur: Ona göre çocuğun ilk algıları olan korku ve açlık, doğum öncesi gelişimin etkisiyle açıklanabilir (bkz. otobiyografik eseri: *Bir Delinin Geçmişi*). Eserdeki hamile kişinin bakımıyla ilgili göndermelere burada sadece değinebiliriz. Strindberg'in bizim yorumumuzu özellikle ilgilendirebilecek bazı ifadelerini zikretmekle yetineceğim (aktaran Storch, *a.g.e.*, s. 46-47). Yabancı biri sevgilisini elinden aldığında bu onun için "bütün ruhuyla yaşadığı bir *şok*"tur, çünkü "şimdi *bir başkası tarafından alınmış* olan, onun *kendisinin bir parçasıydı*, kendi *bağrından* bir parçayla oynuyordu şimdi birileri". (*Bir Ruhun Gelişimi*, bölüm 5). "Aşk süresince sevdiği kadınla eriyip kaynaşır, ama sonra, 'kendini ve biçimini yitirdiğinde', var kalma güdüsü uyanır yeniden ve 'sevginin benzer kılan kudreti karşısında kendi benliğini yitirme' korkusuyla ondan kurtulmaya çalışır, '*kendisi için var olan*' bir şey olarak yeniden bulmak ister kendini" (*Bölünmüş*, bölüm 2/3). Psikoz geçirdikten sonra yalnızlık içinde bir köşeye çekilir, "kendi ruhunun ipeğinden bir koza örer etrafına" (*Yapayalnız*, bölüm 3). Şizofren olarak yaşadığı daha sonraki yılları anlatırken geceleri onu rahatsız eden akımlara karşı aldığı koruyucu önlemlerden söz eder: "*Bir kadından gelen akımlara* maruz kalınca, ki bu çoğunlukla *uykuda* olur, kendini yalıtabilir insan; tesadüf eseri bir akşam yünden bir *örtü çekmiştim omuzlarıma ve boynuma* doğru ve bu sayede, akımların saldırısını hissettiğim halde, korunmuş oldum o gece". Ve sonunda "izleniyor" olmasının *korkuya* bağlı olduğunu açıklar, "her şeyden önce ve çok, panik şeklindeki korkuları" huzursuzluğunun sorumlusu sayar. Strindberg'in acıklı geçen çocukluğu ve özellikle "anne kompleksi" bilinmektedir (buna dair bir değinme için bkz. Rank, 1912a:32, dipnot). Bütün gelişimi, kişiliği ve verimi bu noktadan hareketle anlaşılmalıdır.

tutunup hayata geri dönebilir.

Freud'a göre histeri sanatsal üretime, zorlantılı nevroz din kurmaya ve felsefi spekülasyona, psikozlar da mitolojik dünya görüşüne yakındır. Analitik yaklaşıma sahip psikiyatristler psikozun içeriğinin "kozmolojik" olduğunu kavradılarsa, bir sonraki adımdan, yani doğrudan doğruya kozmolojik görüşlerin kendilerini analiz etmekten geri durmamız doğru olmayacaktır. Bunu yapınca da varacağımız sonuç, kozmolojilerin kendi doğumumuzdan kalan çocuksu artıkları doğaya yansıtmaktan başka bir şey olmadığıdır. Zengin mitolojik ve kozmolojik malzemeye dayanarak bu yorumu etraflıca kanıtlama işini –uzun zamandır planlamakta olduğum, "Mikroevren ve Makroevren" adlı– başka bir çalışmaya saklıyorum; burada sadece mitoloji alanında yapmış olduğum çeşitli hazırlık çalışmalarına yer verebilirim. İnsana ait doğum sorununun gerçekten de hem mitlerde hem de çocukta ilgi merkezini oluşturduğunu ve fantezilerin içeriğini belirlediğini göstermeyi deniyor bu çalışmalar.[31]

31. Bkz. Rank, 1909; Rank, 1911a; Rank, 1912a, özellikle bölüm IX: "Dünyanın Ana Babası Miti"; ve Rank, 1922b, tufan efsanesi, yutulma mitleri, hayvan masalları vb.

Sembolik Uyum

Mitolojik kahramanlık hikâyelerinin muhteşem yaratılarında doğum travmasının nasıl telafi edildiğine bakmadan önce, hem konumuz açısından biraz daha yakın, hem de insani açıdan biraz daha önemli olan bazı olguları aktarmak istiyoruz. Temel öneme sahip doğum travmasını ve onu aşmaya yönelik hiç son bulmayan özlemi hemen hemen aynı başdöndürücü tarzda ortaya koyan biyolojik olgulardır bunlar; ve asosyal nevrotik kişilik ile aşırı değer biçilen kahramanlık arasında bulunan normal insanın sağladığı uyumu anlamaya, onun kültür adını verdiğimiz bu uyumu nasıl başarabildiğini açıklamaya elverişlidirler.

Her gece kendiliğinden gelen *uyku*, normal insanın da, yaşamının yarısını rahim içi durumla neredeyse aynı olan bir şekilde geçirdiğine göre, doğum travmasını –bekleneceği gibi– hiçbir zaman tam aşamamış olduğunu düşündürtür.[1] Hava kararır kararmaz uyku bizi kendine çekmeye başlayıverir; çocuğun karanlık oda korkusunda olduğu gibi, dış koşullar bilinçdışını ilksel durumla özdeşleşmeye yöneltmiştir. Aynı nedenle bütün halkların muhayyilesinde havanın kararması insanbiçimci bir yaklaşımla güneşin anne karnına (yeraltı dünyası) dönüşü olarak yorumlanır.[2]

1. Özellikle bkz. Freud, 1916-17 ve Ferenczi, 1913.
Nevrotik *uykusuzluk* hemen her zaman bu biyolojik zorunluluğu libidinal arayışlar (anneye yönelik) pahasına aşırı derecede bastırmaktan kaynaklanır görünmektedir (uyurgezerliğin bütün biçimlerinde olduğu gibi). Çok yaygın olan diri diri gömülme korkusu (bkz. "Rüyaların Yorumlanması", 2. baskı 1909, s.199 dipnot [Freud, 1900-1]) ve bunun "sapıkça" karşıtı olan nekrofili de bu bağlamda değerlendirilebilir.

2. Sürekli yeniden özlenen geri dönüşün mitolojik anlatımı için *periyodik* şekilde büyüyüp tekrar kaybolan *ay*, daha da uygundur. Mitlerde sadece hamile ve doğuran kadın olarak değil, kaybolan ve geri dönen çocuk olarak da yer alır. Ay tanrıçası doğumlarda hazır bulunur (ebe) ve bu da onun âdet görme üzerindeki etkisiyle ilişkili bir şeydir. "Kadının âdet görmesi ile ayın evreleri arasındaki örtüşme ve bizdeki halk inanışında da bunların bir tutulması"ndan yola çıkan Th. W. Danzel astronomik-kozmik döngüselliği

Her gün uyurken rahim içi duruma bir hayli yaklaşırız ve *rüya görürüz*. Eskilerin de iyi bildiği gibi tuhaf *sembollerden* yararlanırız rüyalarımızda, psikanalizin ampirik olarak saptadığı, ama kökenleri ve insanlık için genel anlamları bakımından henüz tam anlaşılamamış sembollerden. Yine de analizde ele alınan ve anlaşılıp iyileşme açısından değerlendirilen rüyalar şunu göstermiştir: *Arzu rüyaları* sonuç itibariyle daima *anne karnındaki varoluşu* dile getirirken, *kaygı rüyalarında* hep *doğum travması*, yani cennetten kovulma, sık sık gerçekten yaşantılanmış bedensel heyecanlar ve ayrıntılarla birlikte yeniden üretilmektedir. Rüyadaki narsisist benin halüsinasyon şeklinde gerçekleşen arzularını anlamak için Freud dölütün durumuna geri dönmüştür.[3] Gerçekten de, hiç etki altında kalmadan görülüp daha sonra analiz edilmiş rüyalardan, bunun rahim içi duruma bir geri dönüş ve bu durumun yeniden üretilmesi olduğu anlaşılmıştır. Uyku rahim içi durumu salt fizyolojik ve fizik açıdan zaten büyük ölçüde gerçekleştirir. Rüya görme ise, en azından Freud'un "bilinçdışı istekleri gerçekleştirme eğilimi" postulatı bakımından, rahim içine dönüşü fizyolojik uykuda olabilenden de fazla sağlar görünüyor.[4] Yani rüyanın çocuksu niteliği, dış dünyayı algılamak üzere biçimlendiği için en derindeki bilinçdışını kavrayamayan bilincimizle şimdiye kadar varsayabildiğimizden çok daha gerilere gitmektedir ve temelleri çok daha derinlerdedir.

Zengin analiz malzemesinin daha sonra yayımlanacağını hatırlatarak, burada sadece Freud'un ortaya attığı iki temel rüya tipi olan *arzu* ve *kaygı rüyalarının* ilksel duruma ya da doğum travmasıyla yaşanan acı dolu kopuşa[5] kolayca bağlanabildiğini belirtip Freud'un sözü-

öznel evrelerin ve ritmlerin sembolik ifadesi olarak bilince ait ve takvimin temeli saymıştır. Takvim astrolojik kültürlerde (Çin, Babil, Mısır, Meksika) bir "iyi ve kötü günler kitabı"ydı (bkz. Danzel, 1922:cilt I, 28). "Meksika takviminde özel bir rol oynayan 260 günlük *Tonal-anatl* evresi belki de astronomik zaman hesaplarının dışında *hamilelik süresinden* de kaynaklanmıştı" (Danzel, 1922:cilt II, 25). Fuhrmann (1922a:21) Meksika yılını *doğum öncesi* süreye, yeni (güneşin hareketine bağlı olmayan) zaman hesabını da bu *cenin yılına* dayandırarak, bu tahmini daha da güçlendirir.

3. Freud, 1917.

4. Analiz ortamının etkisiyle rüya yaşamının alabildiğine gelişip zenginleşmesini de herhalde bununla açıklayabiliriz.

5. *Uyanma*, özellikle kaygı rüyasından uyanma, her zaman doğum sürecini, dünyaya gelişi tekrarlar; "eşik sembolizmi" (Silberer) denilen ve mitolojik açıdan da açıkça doğuma bağlanan durumun anlamı da budur. (Bkz. "Eşiği Aşmanın Anlamı", Róheim, 1920, Bayan Sokolnicka'nın aynı yerdeki çalışmasına bağlanarak.) Ayrıca, doğum eşiği semptomu uykuya dalarken sık sık oluşan ani bacak hareketlerinde de kendini gösterir.

nü ettiği üçüncü tipe geçmek istiyorum: *ceza rüyası*. Böyle bir rüya gören –ve hayatta çoğunlukla başarılı olan– kişi daha sonra görünüşte ceza olarak kendisini utandırıcı bir duruma düşürüyorsa, Freud'un da işaret etmiş olduğu gibi bunun nedeni, "mazoşistçe" bir eğilimin yanı sıra, gençleşme arzusu ve sonuç itibariyle anne karnına dönmenin hedeflenmesidir. *Sınav rüyası* bunun tipik bir örneğidir. Hemen her insanın gördüğü neredeyse genel bir kaygı rüyası yaşantısıdır bu ve okul zamanında geçilmiş olan sınavın kaygı eşiğine kadar geri gider. Önceden sahip olunan ve rüyaya ifade gücü kazandıran avutucu düşünce, yani sınavın "o zaman" da başarılmış olduğu bilgisi, daima en derinde doğum olayıyla ilişkilidir. Takılmadan "geçmek" ve utanç duyarak "kalmak" tabirleri de* doğumla ilişkilendirildiğinde anlaşılır olmaktadır. Yine de geriye yoğun suçluluk duygusunu açıklamak kalıyor. Hep ilksel arzuyla bir arada bulunan bu duygu belli ki doğum sırasında yaşanan kaygıyla da ilişkili ve bu yüzden de onun tam olarak yeniden üretilmesini engellemesi gerekiyor. Tıpkı sınavda "takılıp kalma"nın ilksel travmaya dönüşü durdurması gibi.

Ceza rüyasının karşıtı olan *keyif rüyası*, her ne kadar açlık ya da öksürme ihtiyacı gibi gayet gerçek nedenlerin sonucu gibi görünse de, yine rahim içi durumu yeniden oluşturma denemesi olarak anlaşılmaya elverişlidir. Çünkü fizyolojik uyku durumuyla birlikte, rahim içi ortamdaki şekliyle tüm bedensel ihtiyaçları sınırsızca giderme eğilimi de canlanır (gece işemesi ve cinsel aşamada gece boşalması; bu sonuncusu ensest anlamına geldiğinden açıkça ensestle ilgili rüyalarda gece boşalması çok sık görülür ve boşalma rüyaları da hemen her zaman örtük olmayan bir ensest arzusu ifade eder). Hatta Freud'un rüyaların oluşumu açısından asli saydığı bir "keyif" arzusu olarak uyumanın kendisi de, rahim içi duruma dönme eğilimine tekabül etmektedir.

Bütün bedensel heyecan düşleri –iç uyarılardan doğan keyif rüyalarının tersine– dış uyarılar sonucu görülmüş bile olsalar,[6] ilksel duruma kolayca bağlanabilirler. Örneğin üstümüz açılıp üşüdüğümüzde bilinçdışı bunu ilk koruyucu kılıfın yitirilmesi olarak yorumlar ve bir

* Her ikisinin de Almanca'da kısaca "içinden" anlamına geldiğini söyleyebileceğimiz bir öneki var: "*durch*rutschen" ve "*durch*fallen". (ç.n.)

6. Burada *deneysel* denilen rüyalar da biraz daha aydınlanıyor. Uygulanan uyarılar yaşantılanmış ilksel durum açısından yorumlanmaktadır (organların pozisyonu vb.); deneyi yapan kişi tarafından bilinçsizce seçildiklerinde bu yorum daha da geçerlidir (yüze maske takma, burnu uyarma, ayak tabanlarını gıdıklama, vb.)

anne sembolüne geri dönüş rüyasıyla telafi eder. Birçok kez aynı rüyada yer değiştiren *ketlenme* ve *uçma heyecanlarından* ilki özellikle zor doğum geçirmiş kişilerde (sıkışma) bilinçdışı tarafından anneden dışarı hiç çıkamama isteğini gidermek için kullanılır; diğeri ise sarsıcı doğum travmasını "leylek getirdi" masalındaki gibi hafif bir süzülmeye dönüştürür, ama asıl derin bilinçdışı anlamı ilksel durumdaki o hoş ve sürekli yüzüş halini yeniden üretmektir (kanatlı meleklerde, henüz doğmamış çocukların ruhlarında vb. olduğu gibi). Doğum olayındaki kaygı ise *düşme rüyalarında* yansımasını bulur.

Geçici bir toparlamayla şunu belirtelim: Buraya kadar ele alınan rüya tipleri ve heyecanları çok genel rüya yaşantılarıydı ve tipik özellikleri insanların genel doğum yaşantısıyla açıklanıyordu.[7] Ama aynı şey analizin *örtük* içerikleri nedeniyle tipik saydığı rüyalar için de geçerlidir. Bunlardan ilkin *doğum rüyası* üzerinde durmak istiyorum. Deneyimlerimin bana gösterdiğine göre bu rüya hep kişinin kendi doğumu ya da rahim içi halini (su içinde) yeniden üreterek çocuk edinme (ya da bundan kaçınma) isteğini ifade eder. Doğumun (dışarı çıkmanın) içeri düşme (suya) şeklinde anlatılmasıyla oluşan yön değişikliği, hem travmanın (düşme) hem de onu gidermeye çalışan geri dönüş eğiliminin birlikte dışavuruluyor olmasıyla açıklanabilir. Rüya görüntüleri aracılığıyla zamansal ve konumsal geri gidiş talebini birlikte karşılama gereği,[8] rüyaların anlaşılması bakımından anahtar rolü oynar. Freud'un "biyografik rüyaları" sondan başa doğru okumak gerektiği (yani bunların arzulara uygun şekilde rahim içi durumla sona eriyor olması) yolundaki gözleminin açıkladığı gibi, rüyaların yorumlanmasında ters çevirme tekniğinden çok daha geniş çapta yararlanmayı da kolaylaştırır. İlerleyici eğilim denilen şeylerin geri gidici eğilimlerle ilişkilerinde ikincil oldukları böylece açıkça anlaşılır. En iyi şekilde doğum rüyalarında kavranan *çift katmanlılık*[9] çoğu kez iki farklı kuşağın bir araya gelmesinde ya da belli durum-

7. Aynı şey Jung'un kadınlarda doğum rüyası olarak ele aldığı "*diş uyarısı rüyaları*" için de geçerlidir (bkz. Freud, 1900-1, [3. baskı 1911, s. 200, dipnot] ve orada benim tarafımdan aktarılan rüya örneği). Buradaki yoruma göre, dişin *kolayca* düşmesi doğumun zorluğunu (sancılar) dengelemesi beklenen bir benzerliktir. Şimdiye kadar belirtilmiş diğer anlamlar (doğum, ölüm korkusu, hadım edilme, mastürbasyon vb.) kolayca bu temel anlama tabi olarak sınıflandırılabilir.

8. Bkz. Freud, 1917.

9. Ayrıca bkz. daha önceki bir çalışmam: "Uyanma Rüyasında Sembol Katmanlaşması", Rank, 1912b.

ların tekrarlanmasında (örneğin kahraman mitlerinde de olduğu gibi, doğum olayının kendisinin tekrarlanması) ortaya çıkar ve anneyle özdeşleşmenin (Oidipus kompleksinde) nasıl aynı anda hem anne hem de çocuğu ifade etmek için kullanıldığını gösterir. Çocuğun bu rüyalardaki temsil edilişi kişinin kendi doğumunun yinelenmesi aracılığıyla olmaktadır.

Bu rüyalar, rüyalardaki bilinçdışının ilksel narsisizm eğiliminin en iyi ispatıdır; aynı zamanda da onun bu ilksel narsisizmi mükemmelen tatmin eden, hatta biçimlendiren durum dışında hiçbir şeyi canlandırıyor olamayacağının ispatı.[10] Böylece Jung'un "özne aşaması"nda olarak nitelendirdiği ve pek çok içrek istismara uğramış olan yorum da gerçek bir temele oturmuş olur. Aynı şey sözde geleceğe yönelik eğilimler (rüyalar dahil) için de geçerlidir; bu tür eğilimler anne karnı durumunun geleceğe yönelik yansıtmaları olarak anlaşılmalıdır.[11]

Son olarak genel bir ilgi gördüğü için kaygı rüyasının tipik bir biçimine daha değinelim: rüya görenin de, yorumlayanın da rüyaya atfettikleri her türlü geleceğe ilişkin eğilimin aslında nasıl doğum travmasının ilksel bastırılışını ifade ettiğini görebileceğimiz *yolculuk rüyaları*. Bu rüyalara özgü ayrıntılar ilksel travmaya dayanarak kolayca anlaşılabilir. Treni kaçırma, bavul toplama işini bir türlü bitirememe, bagajın kaybedilmesi gibi rüyada çok can sıkıcı gelen şeyleri an-

10. Kişinin kendi bedenine ve kendi malzemesine bağlı olarak yeniden oluşturulan bu temsil tarzı, örneğin histerik krizde (Ferenczi'nin "beden dili" dediği şey) karşılaşılan gelişimin çok ilkel bir aşamasına aittir. Bu aşamaya Freud da işaret etmiş, histerik kişinin kendi kendisinde arzu ettiği sevgilinin eylemini de (örneğin kucaklama) ortaya koyduğunu göstermiştir (Freud, 1909 ve Freud 1908b). Buna Köhler'in (1911) insansı maymunlar üzerine ilginç gözlemleri de eklenebilir: bu maymunlar isteklerini belirtmek için istedikleri şeyi kendi vücutlarına yönelik olarak yaparak gösterirler. Örneğin bir dişi şempanze erkeği tarafından kucaklanmak istediğinde, kollarını kendi gövdesine dolayarak bunu belli etmiştir.

11. *Telepatik* denilen rüyalar kolayca ilksel durumun geleceğe yansıtılması olarak analiz edilebilir. Yeniden doğmayla ilişkili eski Hint sembolizmine dayanan bütün modern okültizm de ilksel travma ve onun yansıtmalı olarak işlenmesinden (astroloji) hareketle eksiksizce anlaşılabilir. Örneğin okültistler kişinin *önceki yaşamında* önemli olmuş şeylerin rüyada hatırlandığını kabul etmekte haklıdır, ama bu ön evreyi daha da gerilere yansıtırlar.

Diğer yandan, telepatideki temel fikir geleceğe yansıtılmış, öncelenmiş bir yaşanmışlık hissine (*déjà vu*) tekabül eder ve bu da aynı zamanda doğum öncesi varoluşla ilişkili olabilir. (Krş. Dr. Szilágyi'nin [1923] bu çalışma tamamlandıktan sonra yayımlanan "Genç İspiritizmacı" adlı yazısında sunduğu malzeme.)

lamak için yolculuğa çıkmayı *anneden ayrılma*, bagajı da (bavul) anne bedeninin ikamesi olarak yorumlamak gerekir. Anne bedeni bunun dışında her türlü araçla da (gemi, otomobil, vagon, fayton vb.) ikame edilebilir. Görünürdeki ölüm sembolleri de (Stekel[12]), geleceğe yönelik eğilimlerde olduğu gibi, önceden bilinen şeylerle ilişkilidir (hayat yolculuğu). Bilinçdışı ayrılığı, yola çıkışı, hatta ölümün kendisini ancak anne karnına dönme arzusunun yerine gelmesi olarak kavrayabilir, çünkü tanıdığı ve tasvir edebileceği başka bir arzu yoktur zaten. Rüyadaki ileriye doğru her hareketi yine de bir geri dönüş olarak kavramak zorunda olan *ters çevirme eğilimi* başka türlü anlaşılamayacak bir dizi rüya halini bir anda açıklayıvermektedir[13] (bkz. daha önce bahsi geçen doğum yönünün ters çevrilmesi) ve yine hem salt bedensel olanın (heyecanlar, duruş, konum vb) hem de biçim, yön bulma, ayrıca zamansal olan her şey[14] gibi daha yüksek görünen ruhsal işlevlerin (sadece rüyada değil) tam da en derindeki bilinçdışı istekleriyle bağlantılı olduğunu gösterir. Rüyalardaki unsurların tek tek "işlevsel"

12. Stekel, 1911. Bu çalışmada Freud'un rüya araştırmalarına dayanarak "ölüm sembolleri"nin zengin bir koleksiyonuna da yer verilmiştir. "Anne Karnı Rüyaları" başlıklı bölümde isabetli gözlemler bulunmakla birlikte, bunlar salt pratik "sembol yorumlamasının" ötesine ancak hatırlama izinin doğum rüyası için maddi temel sağladığı şeklindeki bir tahmin çerçevesinde geçebilmektedir.

13. Pek çok insanın araçlarda gidiş yönünün tersine doğru oturmak istememesi de bununla açıklanabilir: Burada da mitsel kişilere gittikleri yolda geriye doğru bakmayı yasaklayan (taş kesilme) aynı ilksel travma çıkıyor karşımıza. Aşağılanan kahramanın ata ters oturtulması (İsa!) ve "atın kuyruğuna yular vurmak" deyişi de başka örnekler. Buna karşılık düşen haz durumuna ise çocukların *yolculuk oyununda* (faytonculuk, trencilik vb.) rastlıyoruz. Yetişkinlere gülünç gelen *hareket etmeme* hali, anne karnı durumuna (araba, gemi, vagon vb.) göre düşünürsek, bu oyunun asıl arzu tatmini sağlayıcı yanıdır (bkz. Peer Gynt'ün daha sonra dünya seyahatine dönüşen, ölü annesiyle yaptığı çocuksu "yolculuk").

14. Hamilelikleri boyunca ve doğuma kısa bir süre kalana kadar analiz yapılan kadınlarda zamanla ilgili hususların, özellikle de sayıların hamilelik ve doğuma (aylar, yıllar, çocuklar, kardeşler vb.) bağlandığı görülür. Sayı hatırlamayla ilgili çoğu analizin dayandığı doğum günleri bu bakımdan belirgin bir rol oynar. Dolayısıyla, bilinçdışında güneşe bağlı zaman hesabımızdan kaynaklanan dokuz sayısının (hamilelik aylarının sayısı) "doğal takvime" (bkz. s. 76, dipnot 2) tekabül eden sayılardan daha az bulunmasına şaşmamak gerek. Benzer şekilde, mitolojideki başlıca kutsal sayılar da yedi, dokuz ve ondur. Örneğin yeraltı dünyalarının Meksika'da 9, Yeni Zelanda'da ise 10 tane olduğuna inanılır. ("En alt katman olan *meto* ya da çürüme kokusu, çürümekte olan cesedin dönüşüm sürecinin bir kurtçuk şeklini alarak tamamlandığı yerdir". Danzel, 1922:21.) Çin'de ise yeraltında "dünyanın hapisaneleri" denilen on adet cehennem bölgesi olduğu kabul edilir vb.

olarak yorumlanması Silberer tarafından önemi abartılmış bir yaklaşımdır. Analitik açıklamaya karşı hâlâ bir çeşit direnç olduğunu tahmin ettiğimiz bu yaklaşım asıl bastırılmış olandan kaçma eğiliminin doğrudan bir sonucudur. Ama muhtemelen bir yandan da bireyin ruhsal gelişimi içinde, ilksel travmanın bastırılmasından daha yüksek saydığımız işlevlere doğru giden yerleşik ruhsal yolları izlemektedir.

Rüyalardaki sembollerden genel olarak sembollere ve bunların kültürel uyum sağlamada kullanılışını anlamaya geçmeden önce, doğum travmasının etki ve anlamına ilişkin görüşümüzün, en kuvvetli desteği analitik rüya yorumundan aldığını vurgulamak istiyorum. Dolayısıyla bunu ayrıntılı bir şekilde sunma işini daha geniş bir bağlamda yapmak üzere şimdilik bırakmam gerekiyor. Burada sadece şunu belirteceğim: En başta sözünü ettiğimiz analiz deneyimleri, çok erken bir aşamada keşfedilen ve Freud'dan bu yana birçok çalışmada bahsedilen örneklerle ortaya konmuş bulunan "anne karnı fantezisi"ni gerçek bir temele oturtma imkânı tanımaktadır. Bu deneyimlerin sonuçları çok geniş çaplı göründüğünden, bununla ne kastettiğimiz hususunda şüpheye yer bırakmamak gerek. Anne bedenine *geri dönme fantezisinin* varlığı[15], Silberer tarafından gayet hoş "sperm rüyası" örneklerine dayanarak gösterilen bir eğilimden, gelişim sürecinde daha da geriye, babanın bedenine dönme isteğinden[16] daha az emin olabileceğimiz bir şey değildir. Ama yine de bunlar, adı üstünde, fantezilerdir, hatta kısmen cinsel süreçlerle ilgili duyulan ya da okunan açıklamalara bağlı fanteziler. Ancak, iyileşme rüyalarının analizinden şüpheye yer bırakmayan bir kesinlikle çıkan sonuç, rüyalarda bireysel rahim içi durumuyla ya da doğum travmasının kişiye ait özellikleriyle ilgili, çoğu zaman doğrudan ve bütünüyle bilinçsiz kalıntıların ya da yinelemelerin bulunduğu; ve bunların hiç kimse tarafından bilinmesi mümkün olmadığı için, hiçbir bilinçli hatırlama ya da fantezi oluşumunun ürünü olamayacaklarıdır. Elbette rüya kişinin kendi doğumu hakkında duyduklarına da yer verir sonradan; ama bunu çoğunlukla öyle tipik bir şekilde yapar ki, rüya görenin bilinçli hatırlayışına değil, bilinçdışı izlenimine (bu çoğu kez sözcüğün gerçek

15. Bu konuda klasik anlatım, 1795'te takma adla yayımlanmış bir kitaptır: "Doğmadan Önceki Öyküm. Gri Ceketli Adam Hakkında Edepli Bir Fars" (Edebiyat Tarihinden Nadir Eserlerin Yenibasımları No.2, Berlin, tarihsiz, Ernst Frensdorff).

16. "Sperm Rüyaları" ve "Sperm Rüyaları Sorunu Üzerine", Silberer, 1912.

anlamıyla "izlenim"dir) hak vermek zorunda hissederiz kendimizi. Babanın bedeninde bulunmanın yeniden üretilebilir bir durum olduğunu ise ileri süremeyeceğim. Tersine, görebildiğim kadarıyla "sperm rüyaları" şimdiye kadar ortaya koyduğumuz bakış açısıyla analiz edildiğinde, bunların da sonuç itibariyle yine anne bedeni rüyaları olduğu, sadece sonradan edinilmiş bilinçli bir bilgiyle değişikliğe uğratıldıkları anlaşılmaktadır.[17] "Baba bedeni rüyaları" denilen şeylerin de, annenin içine geri dönmenin tek yolu önce baba spermine girmekten geçtiği için görülen, maskelenmiş anne bedeni rüyaları olduğu yeterince saptanmıştır. Yani bu rüyalar hiç de babaya dönüş fantezilerine tekabül etmez; tersine, bu dönüş tekrar babadan *ayrılıp* anneyle kalıcı olarak birleşebilmenin aracıdır. Çünkü ceninin en azından hamileliğin son zamanlarındaki durumu ve doğum olayı birey açısından dolaysızca verili şeylerdir, bu yüzden de kuşkusuz yeniden üretilmeye elverişlidir. Kısacası, iddiamız tam da çocuksu yaşamda, nevrotik semptomlarda ve fizyolojik uyku durumunda (rüya) fiilen kendini gösterdiği şekliyle *"anne bedeni fantezisi"nin gerçek olduğudur,* ne daha az, ne de daha fazla.

Bu olgunun bir sonraki sonucunu çıkarsamaya girişeceksek, çeşitli itirazlarla karşılaşmaya hazır olmalıyız. Bu itirazlar her şeyden önce, tam da gerçeklik denen şeyi, yani dış dünyanın kendisini hatırlatarak uyaracaktır bizi; çünkü bilinçdışının gücü, bize göre ne kadar büyük olursa olsun, dış dünyada kendi doğal sınırına varmak zorundadır ne de olsa. Zaten biz de o kadar ileri gidip gerçek dış dünyayı reddetmek niyetinde değiliz. Ama şu da var ki, insanlık tarihinin en büyük düşünürleri, son olarak da idealist felsefesiyle Schopenhauer, bazen böyle bir anlayışa çok yaklaşmıştır. "Tasavvur Olarak Dünya", yani kendi benimdeki bireysel tasavvurum, çok açık ruhsal nedenlere sahiptir ve bunların analitik yoldan ortaya çıkarılması dış dünyanın gerçekliğini hiç de dışlamadan "tasavvurun" gücünü açıklayabilmektedir. Dış dünyaya ait nesne olarak bene verilmiş her şeyi, doğanın getirdikleri ve insanın yaptıkları şeklinde ayırırsak, kısaca doğa ve kültür diye bahsedebileceğimiz iki grup olur elimizde. Ateş ve basit araçlar gibi ilkel buluşlardan en karmaşık teknolojilere kadar kültüre baktığımızda görürüz ki, bunlar sadece insan tarafından değil, aynı

17. Bu daha önce Winterstein (1913:219) tarafından doğru bir şekilde tahmin edilmiştir.

zamanda insana göre yapılmıştır[18] ve insanbiçimci dünya görüşümüz de asıl bu açıdan geçerlidir. Hem en eski tarih ve kültür tarihi hem de analiz tarafından çok güçlü kanıtlarla desteklenen bu görüşü ayrıntılarıyla ispatlamaya kalkışmak çalışmamızın sınırlarını aşacaktır. Konumuz açısından önemli olan, psikolojik mekanizmanın anlaşılmasıdır: Buna göre her türlü "buluş" aslında zaten örtük olarak var olan bir şeyin açığa çıkarılmasıdır ve kendi yaratılışını örnek alarak insanın dünyayı yaratışını anlatan mitlerde yansıyan kültürel yaratı da bu şekilde gerçekleşir.

Rüya sembollerinin incelenip anlaşılması kültürel yaratıcılık faaliyetini en derin bilinçdışındaki başlangıç noktasına kadar izlememizi mümkün kılmıştır. İnsanlığın binlerce yıllık gelişimi boyunca hep o eski ilksel özlemden hareketle ürettiği başdöndürücü kültürel olgular yığınından sadece bir tek örnek üzerinde duracağız. Bizi kültür dünyasının tam ortasına yerleştiren ama bir yandan da gelişim tarihine bakmamıza izin veren, çocuksu kaygıyı anlamak için de yararlanmış bulunduğumuz bir örnek bu: bilinçdışı açısından düzenli olarak kadın cinsel organını temsil eden şu karanlık oda (dilimizdeki "kadın odası*"[19] tabirinin de ortaya koyduğu gibi). Esas itibariyle burada söz konusu olan, annenin doğum travması öncesinde bizi koruyup ısıtan bedenindeki, bilinçdışının tanıdığı tek cinsel organdır. Kültür tarihi araştırmaları şunu kesinlikle göstermiştir: Gerek tabutta, gerekse onun ilkel öncüleri olan ağaç ve toprak mezarlar ile ölünün dizleri göğsüne doğru çekili olarak yerleştirildiği (cenin pozisyonu) küp biçimli lahitlerde hep ölümden sonra dönülmek istenen anne karnındaki durum taklit edilmektedir; aynı şey ister mağaralar[20] ister ağaç

* Almanca'da düşünmeden, beceriksizce hareket eden kadın anlamında aşağılayıcı bir kullanım da dahil olmak üzere genel olarak kadından bahsederken seçilebilen bir ifade tarzı. (ç.n.)

18. Bkz. "Mekaniğin Ruhsal Oluşumu", Ferenczi, 1919b ve Mach, E. Kapp ve başkalarının orada belirtilen çalışmaları; ayrıca bkz. Mühendis H. Wettich, *Karikatürde Makine* (260 resim), Berlin 1916 ve Dr. Anton Klima, *Karikatür Gözüyle Teknoloji* (139 resim), Viyana 1913.

19. Bachofen (1861:53) *Analık Hakkı* adlı çalışmasında bunun Yunan kültüründeki paraleline işaret eder.

20. Doğum mağarası üzerine Amerika'da elde edilmiş malzeme için bkz. "İlkel İnsan ve Çevre", Róheim, 1921a:170 vd. Burada adı verilen çok sayıdaki kaynaktan, doğum sembollerini ilgili mitlerde saptayan bir tanesi kayda değer: "Hamilelik ve Doğurma", Mathews, 1902:737.

kovukları[21] olsun, koruyucu ve sıcak tutucu anne bedeni içgüdüsel şekilde hatırlanarak seçilen ya da yapılan ilkel konutlar için de geçerlidir, kuş yuvalarının yumurta kabuğunu ikame etmesi gibi. Yüceltici ikame yolları bulup ilksel travmadan giderek uzaklaşan ilksel bastırmanın daha sonraki gelişiminde nelerin ortaya çıkacağı, besbelli ki daima bir gerçek olan o ilksel duruma derinden bağlı kalmaktadır. Modern dönem çocuğunun karanlık odadaki korkusu bunu gösteriyor. Her tarafta rüyalardaki ya da hatta sanattaki katıksız "sembol oluşturma"yı aşan bir yeniden üretimle, yani ilksel duruma yakınlaşmış ikame biçimleri ortaya çıkaran yaratıcı çabayla karşılaşıyoruz: ağaç dallarıyla örtülü kulübede (kuş yuvası) ya da ocak ateşinden (anne sıcaklığı) çıkıp gelişmiş ilk "sunak"ta ya da bu ateşi korumak için düşünülmüş bir çatıyı veya evi temsil eden ilksel "tapınak" tasarımında (örneğin Hindistan'daki mağara-tapınaklar); ya da Şark'a özgü ve oradaki insani yörelerin göksel ve kozmik projeksiyonu sayılabilecek dev boyutlu mabetlerde (Babil Kulesi), ilkel ağaç gövdesinin yerini alan ve insan bacağını temsil eden sütunları, büyük biçim zenginliğine sahip sütun başlıklarıyla (kafa) –Neşideler Neşidesi'nde naif sembolünü bulmuş görünen– insan kökeninin en yüksek sanatsal idealleştirmesi olan Yunan tapınaklarında; ya da ortaçağın olabildiğince yükselen ama yine de bunaltıcı olan tonozlara geri dönmüş gotik kiliselerinde; ya da nihayet, düz cepheleri ve içlerindeki asansör boşluklarıyla Amerikan gökdelenlerinde.

"Sembolik" uyum sağlamanın bu en basit şeklinden, insanlığın bütün kültürel gelişimini anlamak için en geniş perspektiflere varabiliyoruz: kanguru cebi ve kuş yuvasından başlayan çocuk odasının kundak ve beşik üzerinden ilerleyip içgüdüsel olarak anne bedenine benzetilmiş olan eve,[22] koruyucu mekân olan kente,[23] müstahkem ka-

21. 1922'de ayrıca genişletip yayımladığı "Politik Mit, Kültür Mitolojisine Katkılar" adlı yazısında Emil Lorenz (1920) Jung'un mitolojik ve Ferenczi'nin biyolojik bakış açılarına dayanarak bu sembolik anlamı ikna edici şekilde vurgular ve "ben bütünlüğünün dünyayla anne imgesi aracılığıyla girdiği ilk çatışmanın ilksel tipinin belirleyici etkisi altında gerçekliğin arzu ve ihtiyaçlarımıza uyduruluşu"nu anlayabilmek için "ruhsal bütün" kavramını önerir (1922 baskısında s. 57).

22. Başlangıçtaki şekliyle bir çocuğun canlı olarak yeni bir evin temeline gömüldüğü *inşaat kurbanı* yapının anne bedenini ikame etme özelliğini ortaya koyar.

Ernst Fuhrmann ilginç çalışmalarında insan bedeninin koruyucu mekânlar olan dinsel ve dindışı yapılarda model alınmasına işaret etmiştir; insan bu binalara geceleri sığınır (ev) ya da yeniden doğumu bekler onlardan (tapınak). Fuhrmann ayrıca bazı dilsel ör-

leye[24] varması ve oradan da önceden oluşmuş bulunan doğanın (yeryüzü, kozmos) mitsel ele geçirilişine (yansıtma veya içe atış) bağlanarak vatan, ulus, devlet gibi kavramsal nitelikteki toplumsal kaydırmalara ve ikamelere geçmesi. Bu sonuncular, Freud'un rekonstrüksiyonunu yaptığı[25] ilksel ordu öyküsüyle ve daha sonraki toplumsal ortamda ilksel anneden ortaklaşa vazgeçme ve ona ortaklaşa sahip olmayla bağlantılıdır.

Freud'un göstermiş olduğu gibi, ilksel baba, anneye sahip olmak yani ona geri dönmek isteyen oğulları tarafından öldürülür ve bu durum ilksel orduda "güçlü erkeğin", yani "babanın" bir dış direnç unsuru ve "korkunun" (anneden) taşıyıcısı olmasını engeller. Vazgeçmenin nedeni ise, hepsi de anneye –orji benzeri ilkel cenaze törenlerinde de görüldüğü gibi– cinsel açıdan sahip olabileceği halde (rasgele cinsel ilişki) hep birden anneye geri dönemeyecek olmalarıdır. "Kahramanlık yalanı"nın, yani efsane ve masalda daima sadece bir kişinin, anne açısından ardılı bulunmayan *en genç oğulun* ilksel eylemi gerçekleştirebiliyor olmasının ruhsal gerçeklikte yatan ilham kaynağı işte budur.

İnsanlık tarihi için ağır sonuçları olan erkeksi devlet kurma pratiği de bu psikolojik itkiden kaynaklanmakta, yine tek bir kişinin babayla özdeşleşerek onun yerini alması ve böylece "anaerki" teriminde sosyolojik ifadesini bulan annenin ulaşılmazlığının kırılması bir

tüşmelere de dikkat çeker: "Yani ev [*Haus*] cilde [*Haut*] karşılık düşer ve güneşin içine battığı suya [*Wasser*]; ayrıca köy vb.yle ilgili bütün bir sözcük kümesi de bunun bir batış kavramıyla ilişkili olduğunu göstermektedir. Cilt [*Haut*] sözcüğünden şapka [*Hut*], baraka [*Hütte*], ev [*Haus*] vb.; post [*Fell*] sözcüğünden köy [*Ville*], boğa [*Büll*] vb. çıkmıştır; koyun [*Schaf*] sözcüğünden ise samanlık [*Schuppen*], Rusça'da kürk anlamına gelen *şuba*. Su demek olan *Wat* sözcüğünden yatak [*Bett*], İbranice'de ev demek olan *Beth*, İsveççe'de orman anlamına gelen *Ved*, odun [*Holz*] vb. oluşmuştur. ... Bir insan yatağa yattığında suya girmiş oluyordu. Üstüne çektiği örtüler sudaki dalgalardı ve içlerinde yattığı örtüler bu işe uygun yumuşak bir malzemeden yapılmaydı. Yatağın bacaklarında genellikle yeraltı dünyasının canavarlarını gösteren oymalar olurdu, ama aynı zamanda bedene yeniden can veren melekler ve ruhlar da bulunmalıydı..." (Fuhrmann, 1923a ve Fuhrmann, 1923b, özellikle s. 43 vd.)

23. Anne sembolü olarak kent konusunda bkz. Rank, 1913a. Roma'nın yedi tepesi, dişi kurdun meme uçlarına tekabül eder.

24. "Burg" [kale] "Berg"den [dağ] gelir ve "verbergen" [saklamak] sözcüğüyle bağlantılıdır. İlk kullanılışı "Fluchtburg" [kaçıp sığınılan –iç– kale] anlamındaydı (Lorenz, 1920, 1922 baskısında s. 87).

25. "Totem ve Tabu", Freud, 1912a. "Kitle Psikolojisi ve Ben Analizi", Freud, 1921a.

toplumsal gereklilik haline gelmektedir.[26] Yani baba iktidarının kurulup güçlenmesi, yumuşayıp huşuya dönüşmüş bulunan anne karşısındaki korkunun baba konumunu zorla çekip almış olan kişiye (reis, önder, kral) aktarılmasıyla gerçekleşir. Bu kişi ilksel suçun tekrar işlenmesine (yani bu kez de kendisinin ortadan kaldırılmasına) karşı "haklar" (sözleşmeler) sayesinde korunur; bu durumu annenin yerini almış olmaya, yani anneyle özdeşleşerek ona gönüllü olarak tanınmış "haklardan" yararlanmaya borçludur. Dolayısıyla baba hakkının egemenliği dediğimiz durumdaki "*hak*", yani karşılıklı (sözleşmeye dayanan) korunma, ötekinin toplumsal olarak sakınılması ve sayılması, doğal bir evre olan ve bir yandan anne tarafından korunmaya (anne karnı), bir yandan da doğum travması nedeniyle ondan duyulan korkuya dayanan anneye bağlanmadan kaynaklanmaktadır. Hükümdar karşısındaki ikircikli tutumun açıklaması da burada yatar: Anneyi temsil ettiği ölçüde sevilir, korunur ve sakınılır hükümdar, yani tabudur[27]; buna karşılık annenin yakınındaki ilksel düşmanın temsilcisi olarak nefret edilir ondan, eziyet edilir, öldürülür. Hükümdarın kendisine gelince: Sanki "haklarını" tamamiyle ortadan kaldırıyormuş görünen bütün kısıtlamalarda (törenler vb) kısmen haz dolu ilksel duruma dönmektedir o da – kralın bile refakatçileri olmadan ve yürüyerek gitmek zorunda olduğu yere.*

Bunun en açık örneklerinden birini "güneş kültü"nde görüyoruz. Kudretli babayla bilinçli olarak özdeşleşme, bu inancın taşıdığı anlamın ancak bir kısmıdır; daha derindeki bilinçsiz haz kaynağını oluşturan ilksel doğum tasavvuru her gün doğup yeniden batan güneşi yeni doğan çocuğun geceleri annesine dönmesi olarak kavrar (güneş-oğul). Resmen güneşle özdeşleştirilen eski Perulu hükümdarların yaşamında iyice belirgindir bu: İnka "asla yürümez, hep bir tahtırevanda taşınır. Yemeğini kendi yemez, karıları tarafından beslenir. Elbiselerini sadece bir günlüğüne giyer, sonra çıkarıp bir kenara koyar, altı ay öylece kalan elbise günün birinde yakılır. Yemeğini yediği kap da bir kereliktir İnka'nın, her şeyi sadece bir kez kullanır... Yani her gün

* Burada Almanca'daki bir deyiş kullanılıyor: "tuvalette olmak" anlamında "imparatorun bile yürüyerek gittiği yer". (ç.n.)

26. Bachofen, 1861 (değiştirilmemiş ikinci baskı: 1897).

27. İlksel tabu baştan beri ikircikli şekilde kavranan (kutsal ve utanç verici) annenin cinsel organıdır.

yeni bir varlıktır İnka, aynı zamanda kendisini beslemesi gereken kadınların süt bebeğidir."[28] Demek ki tam bir "günübirlikçi"dir İnka. Fuhrmann'ın isabetli bir özetlemeyle söylediği gibi sürekli oluşum halindedir. Ama aslında her hükümdar az çok buna benzer doğum seremonilerine mahkûmdur. Örneğin Yeni Gineli rahip-kral yerinden kıpırdayamaz, hatta oturarak uyumak zorundadır (atmosferin dengesi korunsun diye). Eski Japonya'da da Mikado her sabah birkaç saat başında tacıyla tahtta oturmak zorundaydı (bugün hâlâ çocuklarımız "hükmetmeyi" ve mutlak iktidarı bu şekilde tasavvur ediyor), üstelik bir heykel gibi dimdik, ellerini, ayaklarını, başını, gözlerini hiç kıpırdatmadan; yoksa ülkeye uğursuzluk geleceğine inanılıyordu (bkz. Kämpfer, *Japonya Tarihi*).[29]

Yani kral başlangıçta "baba" değil *oğul*'dur, hem de küçük oğul, küçük çocuk, reşit olmayan biri. Ancak annesinin lütfuyla yönetebilen "Majesteleri Bebek".[30] Bir toplumsal örgütlenmenin bu en erken hazırlık aşamasının, henüz "oyuncaklarıyla oynayan" devletin nasıl olup da ortaya çıktığına kısaca değinmiştik. Kadının (cinsel organının) yüceltilmesi eski tanrıça kültlerinde hâlâ görülen bir şeydi ve izlerini daha sonraki "anaerki"ne de aktarmıştı. Ama daha sonra yerini –Freud'un ilkel ordudan türeterek açıkladığı– toplumsal baba örgütüne bırakmak zorunda kaldı. Otoriter ama haktanır olan ve artık şiddete başvurmayan babanın yeniden "ensestin engeli" olarak anneye dönme eğiliminin karşısına dikilmesi gerekti; böylece o da başlangıçtaki biyolojik işleve, oğulları anneden ayırma işlevine dönmüş oluyordu. Bu durumda anneyle bağlantılı kaygı da krala ve onun temsil ettiği ketleyici ben (ideali) mercilerine (hukuk, devlet) yönelik bir huşuya dönüşmüştür. Oğulların (yurttaşlar, teba) onun karşısındaki

28. "İnka İmparatorluğu", Fuhrmann, 1922b:32.

29. Aslında kral ya da tanrı "bir heykel gibi" durmaz, tersine "heykel" bu ruhani kıpırtısız duruşu ebedileştirir (bkz. sanatla ilgili bölüm). Başa konan en yüce şey olarak *taç* da son tahlilde ceninin "mutluluk başlığına" bağlanır; rüyada şapkamızı *kaybetmenin* anlamı ise benin bir parçasından *ayrılmaktır*.

Fallus anlamı taşıdığı şüphe götürmez olan *asa*, anne egemenliğinin en ilkel evresinden (penisli kadın) kalmadır. Eski rahipler gibi hadım edilmiş olan (=anne) erkek hükümdar için asanın başlangıçtaki anlamı penisi ikame edip onu yeniden erkek yapmaktan ibarettir (Osiris'in yitirilen fallusundan Isis'in kendisi için ahşap taklit yaptırması gibi. Bkz. Rank, 1913b).

30. Belki de "Kaiser" [imparator] sözcüğünün Latincesi olan *caesar* kesmekle ilgili: kesip çıkarılmış olan ("sezaryen" teriminde olduğu gibi).

konumu bildiğimiz çift taraflı Oidipus libidosudur. Kadının sistematik olarak toplumsal değerini yitirmesi ise başlangıçtaki yüceltilmesinden ve çocukluktaki anneye bağımlı oluşa (artık baba olmuş bulunan oğul buna uzun süre tahammül edemez) gösterilen tepkiden kaynaklanmaktadır.[31]

Bu yüzden her güç sahibi, başarılı ve fatih ruhlu kişi anneyi tek başına ele geçirmeye (babayla özdeşleşme) çalışır sonuçta[32] ve erkeksi egemenliği devirmek isteyen her devrim anneye dönme eğilimi taşır. Baba egemenliğine karşı bu kanlı başkaldırının yolunu açan ve mümkün kılan, sonuç itibariyle kadındır – tam da mitlerdeki "kahramanlık yalanı" anlamında. Fransız Devrimi de göstermişti bunu: Hem kitlenin öfkesini kabartan hem de devrimci eylemlerde kadının olağanüstü rolünü belirleyen, Kraldan çok Kraliçe'nin (hakkında oğluyla ensest ilişkisi olduğu söylenmiş olması çok tipiktir) aşırılıkları, metreslerin ve genelde kadınların idareyi ele alması olmuştur.[33] Kadın, sahip olduğu cinsellikten kaynaklanan güç nedeniyle, iç düzeni babaya kaydırılmış korkuya dayanan toplum için tehlikeli olur (Sırp Kraliçesi Draga Maşin örneği düşünülebilir). Kral öldürülür ama boyunduruktan kurtulmak için değil, daha güçlü, anneye karşı koruma sağlayacak birini başa geçirmek için:[34] *Le roi est mort, vive le roi* [kral öldü, yaşasın kral].[35]

31. "Anaerkilliğin" bu biyolojik kökeni hakkında çok öğretici bir örnek Leo Frobenius (1923:23) tarafından yayımlanıp s. 41 ve devamında açıklanmış olan Cezayir'deki Tiut kaya resmidir. Resimde *göbek bağıyla –dua eden– anneye bağlı bir avcı* tasvir edilmiştir.

32. Bkz. "Napoleon I'in Yaşamındaki Dönüm Noktası" (Jekels, 1914) ve "Büyük İskender" (Boven, 1922).

Ayrıca genç Napoleon'un 26 Ekim 1798'de yazdığı tipik itiraf da dikkate değer: "Kolay kolay hiç kimse, bir askeri plan yaparken benim olduğum kadar güvensiz ve cesaretsiz olamaz ... *doğum yapmayı bekleyen bir kız gibiyimdir*. Ama bir kez karar verdim mi, başarı getirecek şeyler dışında ne varsa, unutulur gider." (*Napoleon Seçkisi*, yay. haz. Hans F. Helmolt, Görlitz, 1923).

33. Bu konuda bkz. Beate Rank'ın (1923) "İnsan Toplumunun Gelişiminde Kadının Rolü" konulu konuşması.

34. Bachofen (s. 31) başlangıçta kral ya da baba katli anlamına gelen ve Roma hukukunda özgür bir yurttaşın öldürülmesi için kullanılan *parricidium* sözcüğünü doğurmak anlamındaki *pareo* sözcüğünden türetir: "*Parricidum* sözcüğünde doğum olayı özellikle vurgulanmaktadır ... Herhangi bir doğum sırasında rahimde oluşan yaradır *parricidium*." (Ayrıca bkz. Storfer, 1911).

35. *Babasız Toplum. Devrim Psikolojisi Üzerine* adlı yapıtında Paul Federn (1919) insanlığın babasız bir toplumu uzun süre kaldıramayacağı sonucuna varır.

Çünkü kadın antisosyal bir etki yaratır,[36] bu da onun gerek fazla gelişmemiş (klüp lokalleri) gerekse çok gelişmiş kültürlerde toplumsal ve politik yaşamdan dışlanmasının psikolojik gerekçesini oluşturur.[37] Erkeğin onu aşağı görmesi sadece bilinçli bir tutumdur, bilinçdışında ise korkar kadından. Bu nedenle eski Yunan'da Zeus'un kafasından doğan Athena'da görüldüğü gibi, Fransız Devrimi'nde de kadın Akıl Tanrıçası olarak idealleştirilip cinsellikten arındırılmıştır. "Özgürlük" de (*la liberté*) her zaman dişil bir nitelik göstermiştir zaten ve sonuçta yine sadece anneye özgü hapisaneden kurtulma anlamı taşır (Bastille'in ele geçirilmesi).

Giderek daha çok erkeksi nitelik verilen devlet sistemlerinde babaerkil düzenin kurulması da, demek ki, ilksel bastırmanın etkisinin bir devamıdır[38] ve vardığı yer –tam da doğum travmasını hatırlamanın verdiği acı yüzünden– kadının sürekli dışlanmasıdır. Üstelik, kökeni hiçbir zaman kesin olmayan (*semper incertus*) babayı bütün hukukun temeli yapmayı (isimler, miras, vb) göze alarak.[39] Aynı eğilimi, yani kendi oluşumumuzda kadının acı verici payını tamamiyle dışarıda bırakma tavrını ilk kadının erkek tarafından yaratıldığı bütün mitlerde de buluyoruz, örneğin Kutsal Kitap'taki yaratılış öyküsünde.

36. Napoleon Bonaparte teğmenken sevgi hakkında kaleme aldığı bir yazıda şöyle demişti: "*Sevgiyi* birey ve *toplum için zararlı buluyorum.* Bence iyilikten çok kötülük getiriyor. Tanrı dünyayı sevgiden kurtarsa daha iyi olurdu!"

37. "Vahşilerde Ergenlik Ritüelleri" üzerine değerli çalışmasında Th. Reik (1915/16) tam anlamıyla erkek olmanın doğum olayı ve anneden ayrılmanın sembolik bir tekrarıyla temsil edildiğini göstermiştir.

38. Bachofen'dan yararlanan Winterstein (1913:194 ve 208) bu hususu felsefi sistemlerin oluşumunu anlamak için ele almıştı.

39. Bugün de yemin etme biçimimizin (parmak pozisyonu) temelini oluşturan babanın testisleri üzerine edilen yemin, bilinçdışının gözünde bir yalandır; çünkü hep kaba bir şekilde anne karnından bahseden halk dilindeki yemin ve küfürlerin yeterince gösterdiği gibi, bilinçdışı sadece annedeki kökeni tanır.

Hukuk anlamına gelen "Rechts" [aynı zamanda "sağ" demek] sözcüğünün, adını bedenin fizyolojik olarak doğum travmasından az etkilenen ve daha güçlü olan yanından alması, bu biyolojik temellerin insanın oluşumunu nasıl belirlediğini göstermektedir. Bachofen'ın "anneye özgü" saydığı ve doğum rüyalarında sık sık tehlikede görünen *sol* yanımız, baştan itibaren anatomik nedenlerle zayıf kalmaya mahkûmdur (sola yatık doğum pozisyonu) ve bu bireyoluşla ilgili bir şeydir. Stekel'in işaret ettiği gibi, sağ ve sol (=kötü) sembolleri (ahlaki anlamda) doğum travmasına, hatta rahim içi duruma bağlıdır. Ayrıca bkz. solakların ruhsal özellikleri (Fließ ve başka yazarlar) ve Ferenczi'nin (1919a) histerik yarı baygınlık üzerine açıklaması: "Bazı Histerik Belirtileri Açıklama Denemesi". Buna Yahudi mistisizmindeki sağın (eril) çekici, solun ise (dişil) itici olduğu inancı ve Çin mistisizmindeki benzer tasavvurlar eklenebilir (Langer, 1923:125).

Deyim yerindeyse, sanki tavuktan önce yumurta varmış gibi.

Baba iktidarının sağlamlaştırılmasında, annenin sağladığı korumanın genişletilmesine yarayan kültürel yaratılarda olduğu gibi, bir dizi *buluş* da rol oynamış görünüyor. Hepsi de her türlü kültürden çok önce, biyolojik gelişme sırasında katı dişil malzemeye (anne) girebilecek şekilde belirlenmiş erkek cinsel organını doğrudan taklit eden[40] *aletler* ve *silahları* kastediyoruz. Bu biyolojik faaliyet bilinçdışını tatmin edecek ölçüye nadiren varabildiği için, doğal ikame malzemeleri (*materia*) üzerinde yapılan denemeler daha gelişmiş araçlarla, yani aletlerle sürdürülür. Bilindiği gibi, aletler doğal araçlarımızın (eller, ayaklar, dişler vb) mükemmelleştirilmiş hali olarak kabul edilir. Ama bu mükemmellik bilinçdışı itkisini anne libidosundan almaktadır aslında, yani hiçbir zaman tatmin olamayan tam anlamıyla annenin içine girme eğiliminden. Bu bağlamda dikkat çekici bir olgu da, penisin "uzatılmasının" ilksel korku yüzünden hiç de diğer organları temsil eden aletler ölçüsünde olmadığıdır.[41] Annenin başka malzemeyle ikame edilmesi gibi, söz konusu eğilim de bu aletlere yönelmiştir. Bu istenmeden yapılan ve ilk kültürel uyum faaliyetini oluşturan ikame (*yeryüzü*)[42] sırasında, başa çıkma libidosunun ilksel nesnesi olan kadından kesin bir kararlılıkla ve salt bedensel anlamda uzaklaşma da gerçekleşmiş görünüyor. *İnsanın yerden kalkıp doğrulmasında* (ki son zamanlarda alet icadıyla bağlantısı kuruluyor bunun[43]) asıl insan olma sürecinin, yani kadın cinsel organından uzak durup cinselleştirilmiş dış dünyaya uyum sağlayarak doğum travmasını "kütürel" yoldan aşmanın en önemli adımıyla karşılaşıyoruz. Bu da yine sadece anneyle ilgili bir anlama sahip.

Silahlar, ilk ortaya çıkış ve gelişimleri bakımından aletlerle yakın akraba sayılır. Hatta muhtemelen, başlangıçta aynı şeydi bunlar, hem malzeme işlemekte hem de avda (öldürme eyleminde) kullanılıyorlardı. Av doğrudan doğruya anneden alınan besinin yerine geçmekte-

40. "Basit İcatlarda Cinsel Modeller", Fritz Giese, 1914.

41. Buna karşılık, ilkel toplulukların daha önce yutulma korkusu nedeniyle "koruyucu" olarak nitelendirdiğimiz törenlerinde olduğu gibi (s. 52, dipnot 15), cinsel birleşme sırasındaki hazzı artırmak söz konusu olduğunda durum farklıdır.

42. Ferenczi'nin henüz yayımlanmamış biyoanalitik araştırmalarına göre dünya bütün canlıların anası olan deniz suyunun (anne sembolü olarak *deniz*) ikamesidir.

43. Paul Alsberg, 1922. Ancak Alsberg insanın oluşumunu alet kullanmanın bir sonucu saymakta, ilk kullanılan alet olarak elle fırlatılan taşı belirtmektedir.

dir, hem de anne tarafından beslenme olayında ne kadar geriye gidersek, o kadar doğrudan. Rahim içi beslenmeyi aynen devam ettiren bir davranışla öldürülen hayvanın sıcak kanı içilirdi bir zamanlar, çiğ et yutulurdu telaşla. Bunun belirgin yankılarını yutulma mitlerinde buluyoruz: kahramanın hayvanın içindeki yumuşak yerleri kemirmesi. Hayvan etinin "alınması" (anneyle ilişkili anlamı kısa süre önce Róheim tarafından belirtilmiştir[44]) totemci baba kurbanı aşamasında, rahim içi durumla ilişkili olarak, yenilen canlının sahip olduğu kuvvetleri edinme anlamına geliyordu hâlâ. Benzer bir şekilde, Herakles'in sarındığı aslan postu ona hayvanın erkeksi (babaya özgü) gücünü vermekle kalmıyor, aynı zamanda rahim içinde korunan çocuktaki yaralanmama özelliğini de sağlıyordu (göbek bağının "koruması" altında ava çıkan Afrikalılarla karşılaştırılabilir). Ayrıca şunu hatırlatalım: Asli nitelikteki tehlikeler ya da insanlardan gelen –silahlı– saldırılara karşı in ya da ağaç kovuğundan hareket ettirilebilen kalkana ya da savaş arabasına, denizaltıya ve tanka kadar her korunma, son tahlilde annenin koruyucu kabuğuna sığınma anlamına gelmektedir.[45] Soğuğa karşı ilk koruyucu örtü olarak kullanılmış olan hayvanın henüz sıcak kürkü (deri) bu bakımdan mitlerdeki hayvanın sıcak bedenine dalma öyküsünün gerçeklikteki karşılığıdır.[46] Daha sonraki hayvan kurban etme uygulamasındaki belirsizlik (tek başına "kurban" kavramı bile bu belirsizliği taşır) bir ölçüde işte bu anneye yönelik libido boyutuyla açıklanabilir ve ilksel durumun kısmen gerçekleştirilebilmesinin anneyi öldürmeye bağlı oluşundan ("sadizm") duyulan üzüntüyü ifade eder. Bu yüzden daha sonra, totemciliğin görkemli bir uygulaması olan ilksel babanın kurban edilmesi anneyi öldürmenin yerine geçecektir. Bu da daha önce belirttiğimiz libido

44. "İlksel Babanın Ölümünden Sonra", Róheim, 1923.

45. Klasik bir anlatı da bunu gösterir: Pers kadınları panik içinde Medlerden kaçmakta olan erkeklerini ve oğullarını cinsel organlarını açarak durdurmuşlardı: "Rahmin ya da karılarımızın içine kaçsak mı diye soruyorlar kendilerine." Plutarkhos, *De virt. Mulierum* [Evliliğin Özellikleri], 5.

46. Bedeni yeni kesilmiş hayvanın sıcak derisiyle sarma, doğum öncesi durumu oluşturduğu için, bugün de halk arasında bir tedavi yolu olarak kabul edilir.

Cenini saran zardan Empedokles "koyun derisi" adı altında bahsetmiştir (bkz. Schultz, 1910:22 ve 128).

Bugünkü giysilerin daha çok hayvani malzemeden yapılması da, bedeni soğuktan (doğum sırasında ilk duyumsanan şey) koruma ve sıcak anne bedenine kısmi bir geri dönüş olarak libido tatmini anlamı taşır.

nesnesi olarak annenin babaya özgü ben idealiyle ikame edilmesiyle gayet uyumludur.

Bu geçişin çok açık bir örneği Meksika'da kutlanan büyük ilkbahar bayramıdır (*ochpaniztli* = süpürüp atma). *Tlazolteotl* adlı tanrıçayı temsil eden bir kadın, başı kesilerek öldürülürdü bu törende. "Sonra kurbanın *derisi yüzülüyor* ve *daha sonraki törenlerde bu tanrıçayı temsil edecek bir rahibin üstüne örtülüyordu.* Kurbanın baldır derisinden yapılan bir maske ("baldır maskesi") de aynı tanrıçanın oğlu olan mısır tanrısı *Cinteotl*'a giydiriliyordu." (Danzel, *Mexiko I*, s. 43). Bu garip âdetlerde de karşımıza çıkan, bir doğumun (mısır tanrısının) temsilidir. Tanrıça tasvirlerinde bacağın doğal görünmeyen duruşu bunu betimliyor (ve herhalde oğulun kafasına geçirilen baldır maskesiyle de ilişkili). Bir kez daha, annenin kurban edilmesinden (Tanrıça) babanın kurban edilmesine (rahip) geçişin *bu kurban sayesinde yeniden anneye giren* oğul üzerinden gerçekleştiği görülüyor. Çünkü Meksika kültünde en saf şekliyle korunmuş bulunan eski insan kurban etme uygulamaları şüpheye yer bırakmadan şunu göstermektedir: Kurban edilen, anneye geri gönderilenle özdeşti ve kurban etme eyleminin kendisi de doğum olayını geri çevirmeye yarıyordu.[47] "Esirleri kurban etme düşüncesi Meksikalıların muhayyilesine öyle egemen olmuştu ki, çocuk doğurmakla esir ele geçirmek neredeyse bir tutulmaktaydı. Çocuk doğuran kadın esir almış bir savaşçıdır, lohusa yatağında ölen kadın ise düşmana esir düşüp sunaklarda öldürülmüş bir savaşçı." (Danzel, *Mexiko I*, s. 29).[48] Buna uygun bir şekilde *Toxcatl* bayramında da bir yıl boyunca tanrı sayılıp saygı görmüş bir erkek çocuğun tanrının temsilcisi olarak kurban edildiğini görüyoruz. Burada söz konusu olan bir yıl, yukarıda değinmiş bulunduğumuz, cenin olarak geçirilen 260 günlük süredir. Çocuk bu süreyi sekiz genç hizmetkârla birlikte geçiriyordu; son yirmi günde bir de kız (*dokuzuncu* refakatçi olarak) veriliyordu yanına (kaynak: Fuhrmann, *Mexiko III*, s.15).

"Sembol kullanımını" gerçekliğe uyum sağlamanın en önemli aracı olarak anlayabileceğimizi sanıyoruz: Uygarlık ve tekniğin gide-

47. Meksika resim yazısında kurban edilen kişi çoğu kez *kol ve bacakları içeri çekilmiş halde başaşağı düşerken* gösterilir (bkz. Danzel, 1922, cilt I).

48. Bu yorumun psikanalitik açıklaması için bkz. "Meksika Savaş Hiyeroglifi *atltlachinolli*", Alice Bálint, 1923.

rek yükseltmeye çalıştığı bütün o "konfor" ilksel hedefin hiç durmadan ikame edilmesidir ve ilerleme denilen süreçle aslında ondan sürekli uzaklaşmaktadır. Sembolün olağandışı bir özelliği ve insanların ona gösterdiği olağandışı tepki, yani belli bir bağlamda kolayca kabul ettikleri sembolleştirmeyi başka bir bağlamda öfkeyle reddetmeleri de açıklanmış oluyor böylece. Çünkü insanın yarattığı gerçek dünya zaten durmadan yenilenen bir sembolleştirmeler dizisi olarak çıkıyor karşımıza; ama sadece olabildiğince aslına sadık kalarak tasvir ettikleri yitirilmiş ilksel gerçekliğin ikamesi değil bu semboller, bir yandan da ilksel travmayı olabildiğince az hatırlatmaları gerek. Bu aynı zamanda modern bir buluşun, örneğin "zeplin"in neden bir *bilinçdışı* sembolü olarak kullanılabildiği sorusuna da ışık tutuyor: çünkü zaten buluşun kendisi bilinçdışındaki ilksel resme göre şekillenmiştir ve bu resim de o buluşta kendini görüp tanıyabilmektedir. Bütün pratik buluşlarda esas meselenin libidoyu cömertçe tatmin ederek ilksel duruma olabildiğince yaklaşmayı engelleyen dış etkenleri azaltmak olduğunu, mucit kuruntusunun analiziyle görebiliriz. Kielholz ilginç bir çalışmasında böyle bir analize girişmiştir.[49] Ele aldığı vakalardan bazılarında, devridaim makinesi yapmaya ya da daireyi kareye dönüştürmeye kalkan hastaların anne karnında sürekli kalabilme sorununu (ve belki büyüklük farklarının yarattığı zorluğu) çözmek istedikleri bellidir. Elektrikle ilgili buluşların (örneğin, içinden sıcak ve görünmez akımlar geçen bir araç) ya da benzerlerinin söz konusu olduğu vakalarda ise hastanın sistematik kuruntusu yakından incelendiğinde, bunun doğum travmasına bir tepki anlamı taşıdığı anlaşılmaktadır.[50]

Böylece "sembol oluşturma"yı *insana özgü*, asli ve ilksel olgu olarak kavramış olduk. Bu insanı, hayvandan (örneğin "yukarıya" yani yiyeceğe doğru uzayan zürafadan) farklı olarak, kendi bedenini değiştirmek (kendine yönelik uyum)[51] yerine dış dünyayı bilinçdışının kusursuz bir kopyası halinde şekillendirmeye (dışa yönelik uyum) muktedir kılar. Sembolleştirmenin önemini böyle vurguladıktan son-

49. "Mucit Kuruntusunun Doğuşu ve Dinamiği", Kielholz, 1922.

50. Tausk şizofrenlerdeki "elektrik akımları" fikrinin yeni doğmuş bebek tarafından sinir ve kas işlevlerinin ilk kez algılanışını yansıtıyor olabileceği görüşündedir (*a.g.e.*, s. 28, dipnot).

51. "Histerik Maddileştirme Olguları", Ferenczi, 1919a:24; aynı eserde "ruhsal sembolleştirmenin üzerinde kurulmuş bulunduğu organik temelin bir parçası da histeride ön plana çıkar" denilmektedir (s. 29).

ra, artık insanın asıl zihinsel ifade aracını ve hayvandan –dik durmanın yanı sıra– temel farkını bir sözcükle belirtmek kalıyor geriye: *dil* ve dilin gelişimi. Garip bir bilgi elde ediyoruz analiz sonuçlarından: Hem sessiz bir evrensel dil[52] olarak sembolleştirme dilin sınırlarını çok aşıyor, hem de birbirlerini doğrudan etkilemesi olanaksız halklar arasında şaşırtıcı dilsel örtüşmeler ve benzerlikler var. Ama sembolleştirmeyi dil gelişiminin bir tortusu olarak değil de, tersine dili "ilksel sembolleştirme"nin bir devamı olarak gördüğümüzde anlaşılır hale geliveriyor bu durum. Cenin aşamasından geçen hayvanların da rüyalarında anne karnı durumunu yeniden ürettikleri varsayılabilir; ama tabii bu rüyaların dışavurumunda insana özgü dilsel ifade biçimi söz konusu olamıyor. Neden sadece insanın bu yeteneğe sahip olduğu elbette yüksek düzeydeki merkez ve işlevlerin türoluşsal gelişimiyle ilgili; yine de hayvan bağırışının oluşum ve işlevi bir ölçüde konuşulan dilin ilk aşamasıyla paralellik gösteriyor (kişinin bireysel gelişimi için de geçerli bu). Doğum olayından sonraki ilk tepki bir çığlık. Muhtemelen nefessiz kalmış olmaktan kurtuluşu sağlayan bu çığlıkla birlikte aynı zamanda kaygının da bir kısmı çıkıp gider (rahatlama).[53] Aynı çığlık daha sonra anneyi istemek için tekrarlanır ve meme emerken dudakların aldığı şekil, insanın kullandığı genel bir hece olan *ma* sesine yol açar.[54] Çıkarılan sesin sembolden oluştuğu bir süreç olarak anlamak gerekiyor bunu;[55] çünkü dudakların emme faaliyeti için aldığı şekil, deyim yerindeyse kendine yönelik bir tarzda ilk anne ikamesini oluşturmaktadır ve bu girişimdeki başarısızlık olsa olsa anneden ayrılışı ifade eden, karşı-hazla yüklü ilk kaygı çığlığının tekrarlanmasıyla sonuçlanacaktır. Cinsel davet anlamına gelen ve nesneyle yeniden birleşme isteğini cinsellik aşamasında yineleyen bağırışlarla ilgili kuram da bu yoruma uygun bir yaklaşımdır. Tabii bu arada, giderek cinsel boyut kazanan sözcük ve dil oluşumun-

52. Schelling daha gençlik dönemine ait bir çalışmada "dünyanın en eski dilinde kavramların sadece duyumsal işaretleri bulunduğunu" vurgulamıştı. Ayrıca bkz. Hans Apfelbach (1922).

53. Pfeifer'in türoluşsal gelişim kuramına göre, ilk çığlıktan doğruca ses oluşumuna ve şarkı söylemeye uzanan bir yol vardır (kongre konuşması, Berlin, Eylül 1922). Analiz sonuçları da *müziğe* giden yolun doğum travmasından değil, doğrudan doğruya rahim içi yaşamdan kaynaklandığını göstermektedir.

54. Bkz. "Çocukta Baba ve Anne Sözcüklerinin Oluşumu", Spielrein, 1922.

55. Amerikan *davranışçılık* okuluna göre sözcükler önce gırtlaktaki şekillenmelerle oluşur.

da ilksel sembolleştirmenin hatırı sayılır izlerini bulup göstermek her zaman mümkündür.[56] Aynı şekilde, sözü ikame eden bir sonraki aşamada, yani yazıda ve onun ön evresi olan çizimde de (resim yazısı) sembolleştirme büyük bir rol oynar. Sanatçı onu yeniden keşfedip belli bir tarzda yeniden üreterek estetik bir haz imkânı sağlar. Diğer yandan, konuşma bozukluklarının (kekeleme - tutulma) ve akıl hastalarında rastladığımız neolojizmlerin ve dil parçalanmalarının analizinde ise, acı verici kaygı etkileri nedeniyle sembollerin başlangıçtaki anlamına bir geri dönüş görürüz.[57]

Böylece, gece görülen arzu rüyalarından gerçeklere uyum sağlamaya kadar baştan sona insan yaratıcılığını, bir ilksel durumu gerçekleştirme, yani ilksel travmayı geçersiz kılma deneyi olarak değerlendirmiş olduk. Bunu yaparken, kültürel ilerleme denilen sürecin aslında bir güdü gibi olan anneye dönüş eğilimi ile ondan zorunlu olarak uzaklaşma arasında sürekli tekrarlanan uyum sağlama girişimlerinden ibaret olduğunu gördük. Şimdi de kültürel gelişimin yürüdüğü yoldan geçerek ilksel travmaya böyle apaçık yaklaşılan bu noktada "doğaya dön!" çağrısını izlemek istiyoruz. Ama insanın doğayla ilişkisine yakından bakınca gördüğümüz, insanbiçimci yakıştırmanın daha da belirgin bir tarzıdır. Bunun vardığı yer de, evrende karşımıza çıkan her şeyi kültürün yeniden üretmeye çalıştığı bilinçdışı anlamıyla kavramaktır. Doğa mitolojisinde, bu belki de en ilkel (hem türe hem de bireye özgü gelişim anlamında) uyum sağlama çabasının görkemli kalıntılarına rastlıyoruz. Çünkü eğer yeni doğmuş bebek hemen dış dünyanın en yakındaki kısmını (önce belki ebenin elleri ya da ılık su, daha sonra kundak, bebek yatağı, oda vb.) ve dolayısıyla bu dünyanın kendisini anne ikamesi haline getirmese, hayatta kalamayacaktı. Türoluşsal gelişim açısından mitlere baktığımızda ise önce elle tutulabilir olan yeryüzünün, sonra da tersine, ulaşılamaz olduğu için gökyüzünün bizi sarmalayan koruyucu anne yerine konduğunu görüyoruz. Topraktan da önce su rahim içi yaşamın eşdeğerini oluşturma konusunda anneye özgü ilksel kaynağı temsil eder. Güneşin payına düşen anlam da ısı kaynağı olmaktır ve bu, ateşe ilişkin "sembolleştirme"de de sürüp gider. Mağaraları, inleri ve ormanlarıy-

56. Bkz. "Dilin Oluşumu ve Gelişmesinde Cinsel Uğrakların Etkisi", Hans Sperber, 1912; ve "Dilin Kaynağının Cinsellikte Olduğu Hipotezi Üzerine", Berny, 1913.
57. Bkz. Freud, 1915 (*Kleine Schriften IV*, s. 329 vd.).

la (saç) dağlar, devasa ilksel anne sayılır ve koruyucu nitelikleri özellikle vurgulanır. Bütün bu hazır verilmiş ikamelerin yetersizliği giderek anlaşıldıkça, kısmen mükemmele olabildiğince daha yakın kültür ürünleri çıkar ortaya; ve bunlar da yetmeyince, paralel bir şekilde, denge sağlayıcı görkemli fanteziler: naif cennet tasavvurları, ölümden sonra göklerde süren yaşam, daha gerçekçi tembeller cenneti ya da idealistçe özlenen ülkeler.

Konumuz insanın yaratıları, yani hem en dar hem de en geniş anlamıyla kültür olduğunda, biyolojik-içgüdüsel davranışlardan bilinçli toplumsal eylemlere kadar varan ve *gerçekliğin bilinçdışına uydurulmasını insanın asıl gelişim ilkesi* sayan bir bakışla ele alınmayı hak eden gerçek uyum sağlama çabaları ve tamamlayıcı fantezilerle ilgileniyoruz demektir.[58] Doğayı da insanın uzun süren cenin evresi tarafından verilmiş "sembol çemberine" dahil etmeye kalkıştığımızda, mitsel yansıtmanın mekanizması çıkar karşımıza. Bu mekanizma sayesinde insan, verili olan "doğayı" doğuştan olan ilksel biçimlere uygun bir tarzda bilince çıkarır. Kozmik denkleştirme sürecinde ilksel travmayı geri çevirme, anneden ayrılmış olmayı inkâr etme deneylerinin en görkemlisini içeren dünyanın yaratılışı ve "dünyanın ana-babası" mitlerini bu şekilde açıklayabiliriz.[59] Anneden ayrılışın ilk bilinçli kabulü, felsefi spekülasyon son tahlilde anneyle çocuk arasındaki ilişkiden kaynaklanan o çok eski "kimlik" sorunuyla uğraşıp tıkandıktan sonra, ben ve ben-değil arasındaki karşıtlığın epistemolojik olarak kavranmasına kalmıştır.

58. Bunun hayvanlar dünyasındaki biyolojik ön aşamalarını Brun (1923) göstermiştir: "Ayıklama Kuramı ve Haz İlkesi". Konuyla ilgili katkılar daha önce Ferenczi'den de ("Histerik Maddileştirme Olguları", 1919a:31) gelmişti.

59. Kıyamet fantezileri ve mitleri de (Schreber) buna benzer: En radikal "ayrılık" sayesinde yeniden birleşmenin en içsel biçimine (evrende yok olma) ulaşırlar. Yeni bir çağ başlatan *tufan* doğum travmasına karşı evrensel bir tepkiden başka bir şey değildir. Dünyanın ya da denizlerin oluşumunu anlatan "doğa efsaneleri" de bunu göstermektedir. Burada yeni bir çağın başlamasıyla ilgili anlatıların anahtarını da buluyoruz. Bunu başka bir çalışmada ele alacağım.

Kahramanca Telafi

Yeni edindiğimiz bakış açısıyla psikanalizin mitoloji araştırmalarına dönüp baktığımızda, nevroz ve psikozlardan daha evrensel bir ifade tarzına sahip bu malzemenin bizi doğum travmasının anlamına yaklaştırmış bulunduğunu görürüz. Sadece Freud'un keskin bir görüşle mit oluşumunda çekirdek sorun saydığı "kahramanın doğuşu miti" bile bunu açıkça kavramamızı sağlayabilirdi; bu "çocuk masallarında" aslında sanılandan daha çok doğruluk ve gerçeklik yattığını kabul etmeye teşvik eden analitik deneyime sahip olmamız ve Freud'un[1] tavsiyesine uyarak bütün bu yansıtma olgularını psikoloji diline çevirmemiz yeterliydi. Bunun yerine, insandaki ilksel travma bilgisine açıkça yaklaşan her şeyi bastırma eğilimi yüzünden, bu kavrayış sonradan sulanıp Jung'un içrek ve ahlaki mit yorumlarına yol açtı.

Bilindiği gibi kahramanın doğuşu miti çocuk henüz annenin koruyucu bedenindeyken başlar. Daha o zaman bile çocuğun peşindedir baba, dünyaya gelmesini –ilksel arzu tatmini anlamında– engellemeye çalışmaktadır. Kahramanın kaderi hep bu durumun sürüp giden etkisine bağlıdır, yani başta annenin geri alınması olmak üzere ancak büyük başarılarla aşılabilecek çok ağır bir doğum travmasına.

Çünkü kahramanlık öykülerinde anlatılan bu başarılar, tıpkı nevrozda ve bilinçdışının diğer bütün yaratılarında olduğu gibi mitlerde de, annenin içindeki ilksel durumu yeniden ele geçirmeye yaramaktadır ve tabii bir yandan da buna karşı en büyük direnci gösteren babayla mücadele edilir. Nevrotik kişinin doğum travmasıyla yaşanan ilksel kaygıyı zarara uğramadan aşamadığını görmüştük; kahraman ise görünüşte özellikle ağır bir doğum travmasını eylemleriyle tekrar-

1. Bkz. Freud, 1904 (son bölüm).

layarak aşmaya çalışan kaygı tanımaz biri olarak çıkar karşımıza. Buna uygun bir şekilde, sonradan oluşturulan (çocuksu) fantezide daima anne karnı kesilerek çıkarılmış, yani baştaki kaygı travmasını yaşamamıştır. Diğer yandan, kahramanın doğuşu miti açısından aynı motif, koruyucu anne bedenini terk etmenin ne kadar zor olduğunu da ortaya koymaktadır. Reformlar ve fetihler gerçekleştiren kahramanın taşıdığı cesaret maskesinin ardında, hep anne bedenine dönmek isteyen biri vardır. Öldürülemeyen, *hiç yaralanmayan* kahraman motifi de doğuştan gelme bir zırh, nasırlaşmış deri ya da miğfer (takanı görünmez kılan başlık) halinde koruma işini sürdüren bir tür kalıcı rahim tasavvuru olarak anlaşılabilir;[2] ama yine de hep öldürülebildiği tek bir noktanın, bir "Aşil topuğu"nun bulunması, bir zamanlar kahramanın da salt bedensel anlamda ne kadar anneye bağlı olduğunu belli eder.[3] İşte bu yüzden, hem anneye dönüşü hem de doğum travmasını temsil eden uzak bir yere bırakılma motifi (içeri düşme), ilksel durumu fantezi yoluyla yeniden üreterek anneden ikinci ve daha az acı verici bir ayrılış oluşturmaya çalışır. Jung'un yeniden doğuş sembolü olarak anladığı iki anneli oluş motifi ise, bunlar anne ve süt annesi (bir hayvan tarafından emzirilme) olarak anlaşıldığında doğruca ikinci travmaya, yani çocuğun sütten kesilmesine bağlanmaktadır. Nevrozlar gibi mitlerin de temelinde bu iki yaşanmış ilksel travmaya ait *çok gerçek* kalıntılar yattığını göstermek için Herakles mitine bir göz atmak yeterlidir. Efsane *Herakles'in doğumunun ne kadar zor olduğunu* açıkça dile getirir. Annenin terk etmiş, yani kendi bedeninden dışarı çıkartmış olduğu bebeğe *emzirilme döneminde* bizzat tanrıların anası Hera'nın süt verdiği de bütün ayrıntısıyla anlatılmaktadır. Ama öyküye göre bu güçlü kuvvetli oğlanı emzirmek öyle acı

2. Troyalı kahramanları tehlike anında saran "bulutlar" ya da Athena'nın "sisi" de böyledir. Bazen de kahraman zırhlar kuşanmış olarak dünyaya gelir – örneğin Azteklerin kahramanı Uitzilopochtli.

3. Anne bedeninden ilk ayrılan "korunmuş" kafanın (mutluluk başlığı, taç) tersine, en son çıkan ayaklar çoğunlukla zayıf noktayı oluşturur. Aşil topuğunun yanı sıra, Oidipus'un şişmiş ayakları da annenin cinsel organından en son ayrılan vücut parçasının bu özelliğine işaret etmektedir. Bu ayrıca, söz konusu zayıf noktanın nasıl olup da daha sonra kahramanın kendi cinsel organını "sembolik olarak" temsil edebildiğini de (ayak = penis; hadım edilme korkusu!) açıklamaktadır.

Adler'in kalıtıma ve ceninin gelişme sürecine dayandırdığı organ eksikliği ve bunun aşırı telafisi kuramı da, bireysel düzeyde doğum travmasına gösterilen tepkiyle bağlantılı görünmektedir.

vericiymiş ki, Hera fırlatıp atmış onu sonunda.[4] Kendini zaten kahramanca aşırı telafi şeklinde dışavuran nevrotik yeniden üretimleri saymazsak, bu en eski travmaların analiz sırasında bile daha net bir şekilde hatırlanması pek beklenemez.

İlksel travmaya gösterilen tipik tepkiyi mitsel telafi anlatılarındaki kahramanlıklardan çok daha naif bir şekilde açığa vuran *çocuk masallarında* kahraman çocuktur ve çoğunlukla acı çeken biridir. Analizin öteden beri çok önem verdiği "Kırmızı Başlıklı Kız" masalı, kurdun karnından kurtarılan çocuktaki boğulma belirtisini ve başa kan dolmasını (kırmızı başlık) bile unutmamıştır. Bunun (ve "Yedi Küçük Keçi" gibi çeşitlemelerinin)[5] yanı sıra, doğum konusunu en açık biçimde dile getiren masallardan biri olarak belirtebileceğimiz "Hänsel ve Gretel" ise çocukları yutan hayvanın yerine tekrar kötü büyükanneyi (cadı) geçirir ve doğum sonrası evredeki hayatta kalma zorluğunun[6] (açlık), zahmetsizce beslendiğimiz anne bedeni tasavvurlarının durmadan yenilenmesiyle nasıl ikame edildiğini gösterir: yenilebilir ev şeklini alan tembeller cenneti motifi; kafes içinde tıka basa doyurulma; sonra dışarı çıkma mecburiyeti, ama sonunda yine sıcak fırına dönmek üzere.[7]

Masalların diğer bir tipi çocuğun doğruca doğum travmasına gösterdiği tepkiler yerine erişkin gencin aşk hayatını anlatmaktadır. Bu

4. Benzer anlatılar için bkz. Rank, 1909 (2. baskı 1922, s. 58-9).

Eolyalı göçmenlerin kahramanı Achilleos'un adı da sütten kesmeyle ilişkilidir: Annesi onu ateşte ölümsüz yapmaya çalışırken bir dudağı yandığı için kahramanın adı "dudaksız" (*a-cheilos*) olmuştur.

5. Bkz. Rank, 1922b:67.

6. Tufan efsanesinde anlatıldığı söylenen *buzul çağında* yaşanmış zorlukların *bireysel* tarihöncesiyle ne ölçüde açıklanabileceğini sadece sormakla yetineceğim. Bilinçdışı ani ısı değişikliklerini, sıcak ile soğuk arasındaki karşıtlığı rüyalarda ve soğuktan titreme, kızarma gibi belli nevrotik (vazomotor) rahatsızlıklarda doğum travmasının tipik yeniden üretilişi olarak tanır. Bu bireysel deneyim en azından "buzul çağı"nı *tasavvur etme* tarzımızı etkilemiş görünüyor. Zaten bu hususta henüz kapsamlı bir bilimsel araştırma yapılamadı. Muhtemelen sadece bir değil, kişinin tek başına algılayamayacağı kadar yavaş ilerleyen birçok soğuma dönemi söz konusudur. Ayrıca, her iki yaklaşım da Ferenczi'nin biyoanalitik felaket kuramı aracılığıyla birleştirilebilir.

Fuhrmann çok yerinde bir saptamayla masalların köken itibariyle *kış* masalları olduğunu, yani eskiden sadece, uzun ve karanlık kış aylarında oyalanmak için anlatıldıklarını belirtmiştir (Fuhrmann, 1912:53). Ayrıca krş. aynı eserde bir Danimarka efsanesi olan Ejderha Kral'ın doğum süreci açısından yorumlanışı (s. 51 vd.).

7. Doğum sembolleri olarak ekmek ve fırın son olarak Fuhrmann tarafından ele alındı (bkz. Fuhrmann, 1923a:6).

sevilen hikâyelerdeki çok başarılı masal prensinin[8] baştan itibaren kendisine ayrılmış bulunan genç kızı kurtarıp bütün erkek kardeşlere ve rakiplere rağmen elde edişini cinsel travma, yani ilksel libidonun cinsel organların gelişimine tepkisi hakkındaki açıklamalarımız bağlamında anlayabiliriz.

Doğuş mitinde kahraman anne tarafından kurtarılır, yani anne bedeni içinde –babadan– saklanır;[9] daha sonra sosyal ve ahlaki reformlarla kültürel gelişmeyi babaların kuşağına rağmen gerçekleştirecektir.[10] Buna karşılık aile romansları ise masal prensinin anneyi (ya da kız evladı) kötü tiranın elinden kurtararak öç alışını anlatır bize. Ama tipik *kurtuluş masallarından* asıl öğrendiğimiz, bunu nasıl başardığı ve insanın dudağını uçuklatan bütün o maceraların son tahlilde ne anlama geldiğidir. Kurtuluş olayının tipik ayrıntıları şunu açıkça göstermektedir: Kadının *ölüm uykusundan* uyandırılışı, "kahramanlık yalanı" aracılığıyla kişinin kendi doğumunu farklı bir şekilde değerlendirmesini dile getirir aslında. Dışarı çıkmanın zorluğu içeri dalmanın zorluğuyla yer değiştirir (Uyuyan Güzel, ateş duvarı, kaygan Billur Dağ, kapanan kayalar); koruyucu örtünün nihai olarak delinmesi ise genç kızın içinde kapalı kalmış göründüğü zırhın kesilmesi, lahdin açılması veya gömleğin yırtılması şeklinde ifade edilir. Bütün bu eylemlerde genç kızlığı giderme sembollerinin besbelli oluşu, cinsel birleşmede anneye giriş düşüncesinin haz dolu bir dönüştürülmesini gören yaklaşımı olsa olsa doğrulamaktadır. Fizyolojik anlamdaki bakirelik ideali bu bağlamda sadece bir inkâr anlamı taşımaz, aynı zamanda anneye yönelik idealleştirmeyi de doğrudan doğruya ikame eder.[11] Masalların anlaşılması bakımından çok önemli bir olgu, sem-

8. Kahraman mitlerinin temelinde yatan ve masalda da çok naif bir şekilde karşımıza çıkan "*aile romansı*", bilinçli yüceltme eğilimi ve babayı bilinçdışı reddedişin yanında bir de kişinin kendi doğumunu geri döndürme anlamı taşır.

9. İnsan yiyen canavar mitleri. Bunların analizine yönelik yaklaşımlar "Don Juan Tiplemesi" adlı çalışmamda bulunabilir (Rank, 1922c).

10. "Kent kurucusu" olarak annenin koruması altındaki ilksel durumu yeniden oluşturmaya çalışır.

Manevi bir reformcu olan ve en belirgin şekilde herhalde Nietzsche tarafından temsil edilen enetelektüel kahramanın psikolojik bakımdan oluşumundaki her türlü gelenek ve uzlaşmadan "serbest kalış" da aynı sıyrılıp uzaklaşma eğilimini yansıtmaktadır.

11. Giriş, dışarı çıkmanın zorluklarını ne kadar hatırlatırsa, o kadar çok haz vericidir. Öte yandan bakirelik de ilksel korkuyu hafifletir, çünkü hiçbir erkeğin aşıp geçemeyeceği yerde hiç kimse bulunmuş olamaz (Hebbel, *Maria Magdalena*). Ayrıca krş. "Bakirelik Tabusu", Freud, 1918b (*Kleine Schriften IV*).

bollerin cinsel anlamının ardında her zaman doğumla ilgili bir anlamın bulunuyor olmasıdır.[12] Bir kez daha doğum olayının ikili niteliğine (haz ve hoşnutsuzluk) işaret eder bu olgu ve doğum travmasından kaynaklanan kaygının "kurtarıcı" sevgiyle nasıl aşılabileceğini gösterir. Dolayısıyla, uyuyan kadının korkusuz kahraman tarafından kurtarılışının temeli, doğum kaygısının inkârıdır. Bunun özellikle belirgin olduğu öykülerde, ejderhayı öldürüp kadını kurtaran[13] kahramanın kendisi de daha sonra ölüm benzeri bir uykuya dalar, uyurken kafası kesilip ters şekilde yerine konur[14] (doğum durumu). Hipnoz ve donup kalma (taş kesilme) gibi durumlarda, ama aynı zamanda rüyada, nevrotik ve psikotik vakaların tümünde hep rahim içi durumunun tipik bir ayrıntısı olarak yeniden üretilir ölüm uykusu.[15]

Neden hep *en genç* kardeşin diğerlerini aşarak kahraman olması gerektiği de anlaşılıyor böylece: Onun anneye bağlılığı sadece yumuşaklığa ve şımartılmaya (anasının kuzusu), yani psikolojik motiflere dayanmıyor, bu motiflerin de biyolojik nedenleri var ayrıca. Deyim yerindeyse, küçük çocuk salt bedensel olarak da hep anneye bağlı kalmakta, çünkü sonradan onun annedeki yerini almış başka kimse yok (bakirelik motifi). Yani anne bedenine dönme ve orada kalma bir tek onun için mümkün olabilir ve deyim yerindeyse yapmaya değer. Ne var ki, onun bütün o tipik budalalığına rağmen kazanıp sahip çıktığı bu yeri[16] kapmak için diğer kardeşler de –boşuna– uğraşıp dururlar. Küçük kardeşin üstünlüğü son gelen olmasından kaynaklanmak-

12. Deyim yerindeyse bu "türoluşsal " sembolleştirmenin bir örneği olarak *kral olan kurbağa* masalına işaret edebiliriz. Burada kurbağa hem penisi hem de cenini temsil eder.

13. Babil kozmolojisine göre dünya, kesilerek ikiye bölünen canavar *Tiamat*'ın gövdesinden yapılmıştır.

14. Örneğin "Kardeşler Masalı"nda. Bkz. Rank, 1922b: Bölüm VI, 119 vd.

15. Fıkra ve öykülerde anlatılan uyku sırasında cinsel birleşme de bu bağlama ait bir konudur. (Bkz. Heinrich von Kleist, *Die Marquise von O... Die Dichtung und ihre Quellen*, bir tanıtma yazısıyla yayımlayan: Alfred Klaar.)

16. Kendini daima cinsel deneyimsizlikte de dışavuran bu budalalık (Parsifal birkaç gece sevgilisinin yanında yattığı halde ona dokunmaz), başlangıçtaki libido tatmini durumuna tekabül eder gibi görünüyor. Örneğin Frobenius (1923:77) Nil civarında yaşayan Hamiler hakkında şunları aktarmaktadır: Kralın oğullarından biri sık sık bir prensesle birlikte yatar, her gece "bacaklarıyla sararlar birbirlerini" ve "şiddetle dudaklarını emerler". Aylar sonra keşif gerçekleşir. Prensin bir saç teli kurban edilir. Böylece unvanı da anlaşılmış olur ve düğün yapılıp cinsel birleşme kutlanır. Ve düğün gecesinde prens "hiç dokunulmamış bir vajina buldu, çarşaf kanla ıslandı".

tadır: Diğerlerini dışarı atmıştır bir bakıma. Bu açıdan babaya benzer ve onunla özdeşleşebilecek olan tek çocuktur aslında.

Kurtuluş mitleri arasında Kutsal Kitap'ta anlatılan *cennet efsanesini* de saymamız gerek. Gerçek süreç tam tersine çevrilmiştir burada, kadın erkekten kesilip çıkarılmıştır. "Kahramanca" doğurulmuş olan ise erkektir, çünkü yine o ölüm uykusuna dalmaktadır.[17] Bunu izleyen ve hepimiz için başlangıçtaki saadet ortamına dönmenin simgesi olan cennetten kovulma, yine acı dolu doğum sürecinin bir tekrarını, anneden –babanın girişimiyle– ayrılışı dile getirir ve hem erkek hem de kadının aynı derecede maruz kaldığı bir şeydir. İlk günahın yol açtığı lanet ("acılar içinde doğuracaksın çocuklarını") ise bütün mit oluşumlarının temelinde yatan motifi açıkça ortaya sermekte: ilksel travmayı geçersiz kılma. Ama bir yandan da, meyve öyküsü bunun kaçınılmazca tekrarlanıp duracağını belli ediyor. Doğum travması açısından bakınca cennet meyvesini koparma yasağı, olgunlaşmış meyveyi anne gövdesinden ayırmama isteğiyle aynı anlama sahip – tıpkı kahramanın doğumundan önce düşmanca tutum içinde bulunan babanın doğumu engellemeye çalışmasında olduğu gibi. Aynı şekilde, yasağa uymamanın ölümle cezalandırılması da açıkça gösteriyor ki, kadının asıl suçu meyvenin ayrılışı, yani doğum. Burada da ölüm bir geri dönüş eğilimi anlamında, doğum travmasına gösterilen arzu dolu bir tepki olarak çıkıyor karşımıza.

Kahramanın Doğuşu Miti ve *Lohengrin Efsanesi*'nde uzun uzun açıkladığım gibi, bu durum kahramanın ölümünü anlatan bütün mitsel aktarımlar için geçerlidir ve gerek ölümün gerçekleşme biçiminde gerekse bütün halkların ve bütün zamanların cenaze geleneklerinde, ilk bakışta şaşırtıcı gelen ama aslında bilinçdışımızın çok aşina olduğu bir tarzda kendini gösterir.[18] Ama hiç de Jung'un görünüşe bakarak

17. Burundan üflenen soluk da yine yeni doğan bebeğin havasız kalışına işaret eder. Yunan düşünüşünde rastlanan doğanın özü olarak hava görüşünün ve Yeni Ahit'teki Kutsal Ruh fikrinin kökü de buradadır.

18. Kutup bölgesinde ölü, dizleri kıvrılıp bacakları gövdeye doğru çekilmiş olarak, deriyle kaplı prizma şeklinde bir kaba yerleştirilir. Mısır'da da, mumyalama dönemi öncesinde benzer bir uygulama vardı: yine çömelme pozisyonunda bulunan ölünün üstüne bir deri geçiriliyordu (Fuhrmann, 1923b). Yeni Gine'de ise mezarlıklar kadınlara ayrılmış evlerin altında yer alır. Daha geç dönemlerdeki halklarda ölüyle birlikte karısı da mezara konuyor, eğer ölen erkek evli değilse bir dul ya da genç kız kurban ediliyordu. Sonraları bunların yerini "ölü eşlikçileri" (pişmiş topraktan yapılma çıplak kadın figürleri) aldı (bkz. Reitzenstein, 1923).

iddia ettiği gibi daha baştan ölüm lanetini yüklenmiş olan yeniden doğuş (ruh göçü) fikriyle yapmaz bunu. Asıl söz konusu olan, bilinçdışında ölümün sürekli ve kalıcı şekilde anne karnına geri dönüş olarak tasarlanmasıdır. "Bir zamanlar erkeğin eylemiyle harekete geçip dışarı, gün ışığına çıkmış olan her türlü doğum ana kucağına düşer yeniden. Hatta eskiler ölümle yeniden haşır neşir olmada anne sevgisinin en yüksek dışavurumunu görürlerdi, yapmış olduğu doğuma, diğer herkes onu terk ettiği anda bile sadık kalan annenin sevgisini..." (Bachofen).[19] Hem (kuş) yumurta(sın)dan çıkan[20] Nemesis'i hem de birçok başka antik yeraltı ve ölüm tanrıçasını anlatan Bachofen, bu hususu çok güzel sergiliyor. "Bu bakış tarzının mutlaka bir dişi eşek ve (Oknos mitinde) bir dişi Typhon gerektirdiğini görüyoruz. Aynı zamanda da dişi eşeği Likya'daki Harpyalar anıtında karşımıza çıkan yumurta biçimli ölüm analarına; Mısırlı kral kızının özel olarak hazırlanmış bir ineğin gövdesine gömülmesine (Herodotos 2,131); ölümün verimsiz doğasına sahip Gorgona başlı Minerva'ya; ulu mezar anaları tasavvuruna; ve ölülerin Demeter'le ilişki kurularak adlandırılmasına bağlayan içsel anlam bütünlüğünü fark ediyoruz. Kadın her tarafta ölüm yasasının taşıyıcısı olarak çıkıyor karşımıza ve bu özdeşleştirme bağlamında hem sevgi dolu bir varlık hem de karanlık ve tehditkâr bir güç, en yüksek sevginin ama aynı zamanda en ciddi tehlikenin temsilcisi olarak. Anne kılığına bürünmüş Harpyalar ve maddi yaşamın yasasını kendi içinde taşıyan Mısır-Finike Sfenksi hep bunun örnekleri" ("Oknos", s. 83). Bachofen'a göre bu, antik yas tutma âdetlerinde neden erkeklere yer verilmediğini (örneğin Hektor'un ölüsü başında duran "ağlayıcı kadınlar" ve haçın dibinde ağlaşanlar) ve anlaşılamamış tek tük Alman boşinançlarında sürüp giden "dişil" ölüm törenlerini de açıklamaktadır. Örneğin güney Almanya'da görülen ölü taşıma levhalarının ölünün anneyi çağrıştıran tahtayla temasını sağlama dışında bir amacı yoktu. Ölü taşınırken önce ayaklarının evden çıkarılması (yani doğum sırasındaki pozisyonun tersi) ve ar-

19. "İp Ören Oknos", Bachofen, 1923:81. *Oknos motifi*, bundan sonraki bölümde ilksel haz durumunun acı dolu cezalandırılma durumuna dönüşümleri olarak kavrayacağımız yeraltı dünyasına ait işlerden birini gösterir: Oknos'un örüp durduğu *ip* bir dişi eşek tarafından sürekli yutulmaktadır (göbek bağı saplantısı!).

20. Likya'daki Harpya anıtında yumurta kuş bedeninin kendisini oluşturur. Bu durumda yumurta ile tavuk aynı şeydir. Mitte kız çocuk (Leda) ve anne ilişkisiyle yan yana getirilen şey, sanatta tamamen iç içe geçmiştir (Bachofen, 1861:70 vd.).

dından su (meyve suyu) dökülmesi de diğer örneklerdir.[21]

Bachofen doğa mitlerindeki bu basit anne sembolünün dinlerde nasıl tipik bir şekil değişikliği geçirip sonsuz cezayı temsil eder hale geldiğini Danaidler mitine dayanarak güzel bir anlatımla göstermiştir ("Oknos", s. 89 vd.). Eğer Kutsal Kitap'taki cennetten kovulma öyküsünü tekrarlayıp keskinleştiren ölüm cezası bile son tahlilde bilinçdışının en kesin arzu tatmini olarak görünüyorsa, bu ölümü gelinen yere bir geri dönüş sayan çocuksu kavrayışa tamamiyle uygun bir şeydir. Cennet ve altın çağ mitlerinde bu ilksel durumun haz yönü vurgulanarak tasvir edildiğini görüyoruz; düalist bir yaklaşım sergileyen büyük din sistemleri ise, baskıcı nevrozdaki belirsizlikte de olduğu gibi, korku dolu geri dönme özlemine karşı ahlaki tepkileri ve bu özlemi yüceltme denemeleri olarak beliriyor.

21. Aktaran: Lorenz (1920:77). Aynı yazı Rigveda'da (X 18, 49 ve 50) geçen şekliyle mezar başında ölüye ve toprağa hitaben yapılan konuşmaya da yer veriyor: "Şimdi sürünerek gir burada toprak ananın geniş, ferah, sağlık verici bağrına. Kurban bağışlayana yün gibi yumuşaktır toprak. Yolculuğunda korusun seni." "Yüksel yerinden, genişle, *aşağılara doğru bastırma onu, yolunu açık tut ve geçirgen ol. Annenin oğlunu sarması gibi* örtüstünü onun, ey toprak."

Dinsel Yüceltme

Bütün din oluşumlarının nihai eğilimi, yardım edici ve koruyucu bir ilksel varlığı yaratmaktır. İnsan her türlü zorluk ve tehlike karşısında onun kucağına sığınabilir ve sonunda ona geri dönerek öte taraftaki bir yaşama, bir zamanlar ayrılmış olduğu cennetin sadık ve yüceltilmiş kopyası olan bir hayata kavuşabilir. Bu eğilimin en tam ve tutarlı haline, bütün antik dünyayı toparlayarak kapsayan Hıristiyan mitolojisinde rastlıyoruz. Ama Hıristiyanlığın dolup taşan gökleri de zaten eski Şark'ın gökyüzü mitolojilerinin yeniden insancıllaştırılmış halidir; buna daha sonraki bir başka bastırma girişimi olarak *doğum* horoskoplarıyla[1] birlikte ortaçağ *astrolojisi* katılmış ve sonunda hâlâ bilinçdışının fantezi unsurlarıyla dolu olan bilimsel astronomiye varılmıştır.

İlkçağın erken dönemlerindeki dünya tasavvurunun nasıl bir gelişmeyle Babillilerin dünya görüşüne vardığını bize ancak psikolojik analiz öğretebilir, çünkü aktarılan bilgi ve öyküleri (resimler, çizimler vb. dahil) ne kadar gerilere doğru izlersek izleyelim, hep tamamlanmış bir astrolojik dünya tablosuyla karşılaşıyoruz ve Babil kültürü de bunun nereden, nasıl çıktığına dair hiçbir ipucu vermiyor. Kısa bir süre önce Hermann Schneider'in giriştiği "Eski Babil ve Mısır'da Neolitik Güneş Dini"[2] araştırması da bu açıdan bana pek başarılı olmuş görünmüyor; çünkü yazar çok bilgi sahibi olsa da, aradığını mutlaka bulma eğilimi biraz aşırı ve bu yüzden de birçok kez elindeki malzemeyi zorlamaktan geri duramıyor. Ne olursa olsun, ele aldığı başlıca malzemeyi oluşturan Babil öncesi mühür baskıları MÖ 4000 tarihine ait ve o dönemde "kuzeyin kaya resimlerinden tanıdığımız bütün o neolitik güneş dini sembolleştirmesi" çoktan hazır bir ürün

1. Aslında astrolojiyi doğum travmasının ilk öğretisi sayabiliriz: İnsanın bütün varlığı ve kaderi, *doğduğu anda* –gökyüzünde– ne olduğuna göre belirlenmektedir.
2. Schneider, 1923.

olarak çıkıyor karşımıza (*a.g.e.*, s. 11). Neolitik güneş dininin *gelişmesi meselesini* bütün olarak kavrayabilmek, ancak tarihsel belirlenme kadar ruhsal oluşumla da ilgilenirsek mümkün.

Görünüşte hazır bulduğumuz astrolojik dünya resmi –başka bir yerde ayrıntılı olarak göstereceğim gibi– uzun bir ruhsal gelişme süreci olan yansıtmanın daha sonra ortaya çıkan ürünüdür. Bunu aşağıda biraz daha ayrıntılı ele alacağız. Şimdilik şunu belirtmek yeterli: Schneider'e göre de bütün bu gelişme "ateşe yüklenen anlamdan çıkmış" olabilir, ateş aynı zamanda "Güneş olarak gökyüzünde bulunur", tıpkı "sıcak insan ve hayvan bedeninde de bulunduğu" gibi (*a.g.e.*, s. 4). Güneş kültünün anneye bağlanan kaynağı açıkça görülüyor. İlkel halklarda, örneğin Cora yerlilerinde rastlanan "yıldız kültü" bununla karşılaştırıldığında, böyle "dini" tasavvurların ne kadar derin bir şekilde çocuğun anneyle ilişkisine bağlı olduğu iyice belirginlik kazanır. Yıldızlı gökyüzü yeraltı dünyasıyla özdeşleştirilir bu inanışlarda, çünkü ikisinde de gece hüküm sürmektedir. Yani o da ölüm diyarıdır. Bu bağlamda yıldızların ölmüş bulunan atalar olduğu kabul edilir, öldüklerinde hem yeraltı dünyasına geçmiş hem de gökyüzünde ortaya çıkmışlardır. Ama her türlü bitki de yeraltından çıktığı için, onun aynadaki yansıması gibi düşünülen gece göğü, aynı zamanda verimli bir yerdir.[3] Eski Meksika mitolojisinde yıldızlar batan güneşin beslenmesine yarayan kurbanlar olarak görülür. Bunlar olmadan gerekli besini alamaz güneş. Preuß'a göre yeryüzünde kurban edilen insanlar, büyük ölçüde bu yıldız tanrılar katındaki kurbanların taklidinden ibarettir (*a.g.e.*, s. XXXV).

Eski Şark'taki dinsel gelişmenin diğer büyük dalı olan eski Hindistan'a ait mistik derinleşme öğretisi makrokozmosa doğru yapılan bu antik yansıtmadan çok farklı, hatta onun tam tersi bir eğilim gösterir: İnsandaki mikrokozmosa dalarak orada doğum travmasını aşmanın en derin noktası olan ruh göçü fikrine ulaşır. Dini tonlarla bezenmiş bir felsefe ve ahlak olan "yoga pratiği"nin bariz "tedavi edici" özelliği ilk kez kısa süre önce F. Alexander tarafından fevkalade bir çalışmayla[4] (Heiler'in anlatımına[5] dayanarak) ortaya konmuş ve ana-

3. Preuß, *Nayarit-Expedition*, s. XXVII ve XXX (aktaran Storch, *a.g.e.*)
4. "Ruhsal Süreçlerin Biyolojik Anlamı. Buda'nın Derinleşme Öğretisi Üzerine Psikanalitik Bir İnceleme", Alexander, 1923.
5. Heiler, 1922.

litik yöntemle benzerliğine işaret edilmiştir.[6] Bütün bu alıştırmalarda hedef Nirvana'dır, yani haz dolu hiçlik, anne rahmindeki durum. Sadece Schopenhauer'in yarı metafizik istenç kavramı buna geri dönmeyi hâlâ arzulayabiliyor. Oraya götüren yol da, analitik yolun bir benzeridir: ceninkine yaklaşan bir duruma doğru kendinden geçerek sürdürülen meditasyon. Sonucu da, Alexander'ın açıklamasına göre, rahim içi durumu hatırlamanın giderek gerçekten mümkün olmasıdır.

Hauer'in kısa süre önce yayımlanan çalışması[7] sayesinde, bütün bu çabaların anlamını tanımamızı sağlayan mistik kendinden geçme yaşantılarına dair eski Hint anlatılarına ulaşabilmiş bulunuyoruz. Kutsanmış Brahman öğrencisi Brahmacarin Hintliler için varlığın en temel nedenini oluşturan gizli büyülü güçle dolmak istemişti. Kutsallığa kabulü (*Upanayana*) sırasında üç gün süreyle hipnotik bir uykuda kalması gerekiyordu. Bu üç gün boyunca öğretmeninin anne karnında uyuduğu anlatılır: "Öğrencisine yol gösteren öğretmen onu kendi içinde cenin haline getirir. Üç gece boyunca *anne karnında* taşır onu. Sonra da tanrıların görmeye geldiği kişiyi doğurur" (Atharvaveda XI, 5; aktaran: Hauer, s. 86). Oldenburg'un *Diksa* (kurban adama) denilen uygulamaya ilişkin olarak saptadığı gibi, burada da genç öğrenci üç günlük süreyi yumruklarını sıkmış, bacaklarını yukarı kıvırmış ve çeşitli sargılara (*amniyon*) bürünmüş şekilde bir kulübede geçirmiştir muhtemelen (Hauer, s. 98): "Rahipler Diksa'yı uyguladıkları kişiyi yeniden cenin haline getirir ... Diksita kulübesi Diksita için anne karnıdır: yani onun anne karnına girmesini sağlarlar ... giysi parçalarıyla sarıp sarmalarlar onu. Bu sargı da Diksita için amniyon sıvısıdır; yani onu amniyonla sarmış olurlar. Üstüne bir de siyah antilop kürkü serilir ve amniyon da bir zar içinde bulunur: yani onu zarla sararlar. Ellerini yumruk yapar. Sıkılı ellerle cenin içerde yatmaktadır. Çocuk ellerini yumruk yapmış halde doğar ... siyah antilop kürkü üstünden itip Avabhrtha banyosuna iner: bu yüzden ceninler de

6. Psikanalizle yogayı birleştirmeye yönelik daha yeni girişimler (örneğin Oscar A.H. Schmitz'inki) birbirini ancak kısmen ikame edebilecek bu iki olgunun da psikolojik bakımdan yeterince kavranamamış olduğunu gösteriyor olsa olsa. Doğum travmasını aşmanın eski biçimlerini modernleştirme eğilimi, yaşanan geri dönme baskısının hiç ortadan kalkamayacağının bir göstergesi. Aslında Schmitz de (1923:89) çalışmasının bir yerinde psikanalitik düşünüşe dayanarak bu baskının kaynaklarına yaklaşıyor.

7. Hauer, 1922.

zarsız olarak doğar. Örtülerini çıkarmadan iner: bu yüzden çocuk da amniyonla doğar".[8] Rigveda'da açıkça betimlenen ve bugünkü yoga pratiğinde de hâlâ yeri olan *uttana* adlı bir duruş vardır. Storch'un belirttiğine göre (*a.g.e.*, s.78) bu duruş "katatonik hastalarda sıkça rastladığımız stereotipik duruşlarda da olduğu gibi, belli cenin pozisyonlarının aynısıdır." Ayrıca Rigveda'nın başka yerlerinde bahsedilen kafa ve gözlerin döndürülüşü, salıncak hareketi, titremeler ve salınımlar da yine hep doğum travmasıyla bağlantılı görünmektedir.

Burada ele aldığımız ilkel başlangıç olgusu haz verici ve koruyucu olan durumdur; anneden ayrılış ve babaya yapılan aktarımla birlikte daha sonra bu durum yansıtma yoluyla her şeye gücü yeten, her iyiliğin kaynağı ama aynı zamanda da cezalandırıcı olan Tanrı şeklindeki dinsel yüceltmeye yol açar. Rudolf Otto'ya[9] göre bütün din tarihinin başlangıcında, her türlü iblis ve tanrı tiplerinin biçimlenmesinden önce, belli "huşu dolu ilksel duygular" bulunur: tekin olmayanı izlerken doğan duygular, kavranamayan karşısındaki şaşkınlık. İlkel topluluklarda önce "iblislerden korkma" olarak şekillenir bu duygular.[10] Freud'un açıklamaları[11] sayesinde artık biliyoruz ki, "iblisler" aslında ölülerden duyulan korkuyla ilgilidir, yani dışarıya yansıtılmış suçluluk duygusuna karşılık düşerler; diğer yandan, belirsiz kaygının kendisi ise (örneğin çocukta) ilksel travmanın sürmesi şeklinde açıklanabilir. Bireysel gelişmeye bakınca, ilksel kaygının doğrudan doğruya ilksel durumu temsil eden ölülere bağlandığı anlaşılmaktadır. İblislere inanmaktan tanrı inancına giden yol, mitolojik ve folklorik araştırmalarla bir hayli aydınlatılmıştır. Ama bütün bu gelişmeleri harekete geçiren psikolojik etken, kaygı yüklü olan annenin (iblisler) yerine, giderek "yüceltilmiş" kaygıya, yani suçluluk duygusuna seslenen baba figürünün geçirilmesinde yatar. Bu dinsel gelişme süreci daha önce anlattığımız (s. 86-9) toplumsal süreçle kesinkes paraleldir. Asya'nın büyük ana tanrıça kültü "bazen cinsel aşkın yırtıcı tanrıçası ve doğal yaşamın bereketi" olmuştur, "bazen de göklerin kraliçe-

o. Oldenburg, 1917:405. 9. Otto, 1923.

10. *Orenda, Wakondo, Mana* gibi adlarla anılan ve insanların ve nesnelerin hem arasında hem de içinde etkili olduğu kabul edilen "mistik güç alanı", yani ilksel dini duygunun pozitif yanı, Lorenz (*a.g.e.*, s. 58 vd.) tarafından anne ve çocuk ilişkisinin yansıtılması olarak açıklanmıştır.

11. Freud, 1912a:13.

si ya da bakire tanrıça".[12] Bunlar Havva ve Meryem'le geri gelmiş, daha sonra da Irenaeus'un Charis'i, Simon Magnus'un Helena'sı, Sophia, vb. olarak devam etmiştir. "Ana tanrıça inancının gösterdiği esneklik muhteşemdir," diyor günümüzün bir "tanrısal sırlar" araştırıcısı,[13] "herhangi bir anlamda dinsel olan ne varsa, kesinlikle kendi yurdunu bulmuştur onda, dini orjilerden sanata ve güzellik arayışına, *συνουσία* sırlarından astrolojiye ve Beytlehem yıldızına kadar. Ana tanrıça dünyanın ruhu, zihni, gelişimi, hazzı, acısı, kurtuluşu, ışığı, tohumu, günahı olabiliyordu – sebzeye varıncaya kadar varlıklar düzeninin her basamağındaki her şeyin ışımasıydı; gülebilir, ağlayabilirdi; hem ruhtu hem beden; hem tanrıça, hem şeytan; cennet, dünya ve cehennem; her şey olabilirdi!" Dünyanın erkek Tanrı tarafından yaratılışına dair daha sonraki dini ve felsefi tasavvurlar, Winterstein'ın da fark ettiği gibi ve Kutsal Kitap'taki insanın yaratılış öyküsüne çok benzer bir şekilde, ilksel annenin inkârına varmaktadır.[14] Bu-

12. Bkz. Bousset, *Realenzyklopädie*, yay. haz. Pauly-Wissowa-Kroll, VII, 1513 vd.
13. Dr. Leonhard Fendt, 1922:41.
14. Hıristiyanlıkta tanrı hâlâ bir rahimle birlikte tasavvur edilir. Örneğin Petavius, *de Trinitate* V, c. 7, § 4'te şöyle yazmıştır: "Aynı şekilde, Oğulun Babanın rahminden ortaya çıktığı yazılmıştır: Çünkü her ne kadar Tanrı'da rahim ve bedensel başka hiçbir şey bulunmasa da, yine de onda gerçek bir oluşum, gerçek doğum vardır ve bu 'rahim' sözcüğüyle ifade edilmektedir" (aktaran Winterstein, *a.g.e.*, s. 194).

Bu konuyla ilgili çok ilginç malzeme içeren bir kaynak da şudur: Wolfgang Schultz, 1910.

"Küçük Midraschim"de aktarıldığı şekliyle görkemli "Çocuğun Yaratılması Kitabı"nın anafikrini belirtip birkaç cümlesine yer vermeden geçemeyeceğim. Anne babanın cinsel ilişkisi ve bir melek tarafından korunan "damlanın" başına gelenlerle başlar bu metin. Damlaya "ruh" katıldıktan sonra gündüz meleği onu "*cennete*", akşam meleği de "*cehenneme*" götürüp dünyada oturacağı yeri ve *gömüleceği yeri* gösterir. "Ama melek onu hep annesinin bedenine geri götürür ve Kutsallık, ki bütün övgümüz onadır, sürgülenmiş kapılar çıkarır önüne. Ve Kutsallık, ki bütün övgümüz onadır, der ki: Buraya kadar gelebilirsin, daha fazla değil. Ve çocuk dokuz ay boyunca annesinin kucağında yatar. İlk üç ay en alttaki odada kalır, ortadaki üç ayı orta katta, son üç ayı da en üstteki odada geçirir. Ve annesinin yediğinden yer, içtiğinden içer. Hiç dışkı çıkarmaz; çünkü çıkaracak olsa, ölürdü annesi. Ve dışarı çıkma zamanı geldiğinde yine aynı melek görünüp şöyle der: Dışarı git, çünkü dünyaya çıkma zamanın geldi. Ve çocuğun ruhu cevap verir: Ben dünyayı yapmış ve benimle konuşmuş olana demiştim ki, *içinde yaşadığım dünyayla yetiniyorum ben*. Ve melek yanıtlar: Seni götüreceğim dünya çok güzel. Ve ekler: Sen kendi isteğinle konmadın annenin bedenine ve *istemesen de doğurulacaksın*, dünyaya çıkasın diye. Çocuk hemen *ağlamaya başlar*. Peki neden ağlar? İçinde bulunduğu ve şimdi ayrılması gereken dünya için ağlar. Ve nasıl *dışarı gideceğini zorla belletti melek*, sonra da başının üstündeki ışığı söndürdü. *İstemediği halde dışarı çıkarttı onu ve o da bütün bu gördüklerini unuttu*. Ve ağladı çıkar çıkmaz."

na uygun bir şekilde, hem Yahudi hem de Hıristiyan inancında rastlanan sapkın tarikatların ortak özelliği, ana tanrıçaya cinsel yanı vurgulanarak yapılmak istenen bir geri dönüştür. Yani dinin içinden çıkan devrimci hareketler, toplumsal hareketlerle tamamen aynı tarzda oluşmaktadır: anneye dönüş olarak.

Fibyonitler tarikatının (ykş. M 200-300) gnostik Son Akşam Yemeği töreninde uygulanan ünlü sperm kültü de Asya ve Mısır'ın ana tanrıçasına sunulan hizmetle bağlantılı görünüyor. Pek çok kimliği var bu ana tanrıçanın: Sümerler'de Mami, Babil'de İştar, Anadolu'da Magna Mater, Kibele, Ma, Amnas, Kartaca'da Ulu Ana, Mısır'da İsis, Yunanlılar'da Demeter, Suriye'de Astarte, Persler'de Anahita, Nabatlılar'da Alilat, Hint Budizmi'nde Kwannyin, Japon Budizmi'nde Kwannon ve Çin Taoculuğu'nda "İlk Ana". Bir tür libidinal dinsellik olan Fibyonit yemekleri "içerdikleri bütün gerçek sapkınlığa rağmen, her zaman Hıristiyanlık'taki Son Akşam Yemeği'nin zor anlaşılan eski yorumlarını ve ondan türemiş olan ayini andırırlar[15] ve Fendt'in isabetle belirttiği gibi (*a.g.e.*, s. 4), bunların asli özelliği çok sık suçlama konusu yapılan karışık bir cinsel pratik değil,[16] cinsel salgıların tadılması, yenip içilmesidir. "Kadınlar ve erkekler erkek spermlerini ellerine alır ... Ve onu yerler, bir yandan kendi ayıplarını birbirleriyle paylaşırken derler ki: Bu İsa Mesih'in etidir... Ama aynı şey kadınınkiyle de, kadın kanama dönemindeyken (yapılır)... ve onu da hep birlikte yerler. Ve derler ki: *Bu İsa Mesih'in kanıdır.*"[17] Buna tamamen uygun biçimde Fendt (*a.g.e.*, s. 5), "mükemmel paşa" adı verilen üçüncü şenlikte ilk ikisinin tamamlanışını ve açıklamasını görmektedir: Cinsel eylem sadece arzunun arkhonunun* aracı olan tohumların büyük miktarlarda tüketilmesi için kullanılmıştır. "Eğer her şeye rağmen bir çocuk rahme düşerse, üçüncü yemeğin kutsal besini işte bu çocuk olacaktır! Böyle tesadüf eseri anne olan her kadından cenin

* Antik kentlerdeki en yüksek görevlilere verilen ünvan. (ç.n.)

15. Bkz. Fendt, 1922:8.

16. Özellikle ensest içeren orjiler. Bu uygulamalar hem Asya'ya özgü anne kültünde (bkz. Rank, 1912a) hem de yeniden kadına tapınılan Şeytan Ayini'nde ("Şeytan Ayinlerinin Psikolojisi Üzerine", Löwenstein, 1923) görülür.

Minucius Felix (MS 200 sonrası) Fibyonitleri şöyle suçlamıştır: Tıka basa yiyip içildikten sonra ziyafette hava iyice ısınıp ensest arzularının yakıcı susuzluğu tutuşunca (Fendt, *a.g.e.*, 12).

17. Benzer bir şekilde Büyük Ana da Logos olarak İsa'yla bir tutulmuştur. Bkz. Fendt, s. 80.

ameliyatla çıkarılır, parçalanır, bal, karabiber, yağ ve güzel kokularla hazırlanır ve herkes bir parça yer ondan. Sonra da şükran duası okunur: 'Arzunun arkhonu aklımızı almasın, hayır, kardeşimizin günahını biz yanımıza aldık.' – Şimdi artık arkhonlarla mücadelenin bir buyruğun ortadan kaldırılması biçimini aldığını biliyoruz" diye sürdürüyor Fendt açıklamalarını (s. 5). "İskenderiyeli Aziz Clemens Antitaktlar ve Nikolaitlerden bahsederken anlatıyor bunu: *Tanrı Baba*'nın yarattığı her şey iyiydi; ama daha alt bir tanrı kötülüğü karıştırdı işin içine. İşte o alt tanrıdan kaynaklandı bu emirler ... arzunun arkonu çocuk yapılmasını ister – onun için çocuk doğurulmasını önleyecek her şey yapılacaktır."

Bu kültü bütün yorumlarıyla birlikte etraflıca tanıtmamızın nedeni, onda bütün dinsel yüceltme, yani din oluşumunun asıl mekanizmasının apaçık ortada oluşudur. Çocukları dünyaya getirerek doğum travmasını tekrar tekrar yaşatmak isteyen kötü yeraltı tanrısı, annenin ta kendisidir. Gnostiklerin ahlak kurallarına aykırı (ensest içeren) cinsel pratiği de, doğum travmasını yinelemeden anne karnına dönmeyi amaçlıyor: tohumun ağız yoluyla alınması (yenmesi) bu yüzden. Ancak, bu yaklaşım sürdürüldüğünde yapılması gereken, travmanın engellenmesi için ceninin kesilip çıkartılması ve ağız yoluyla tekrar gövdeye sokulması. Fendt şöyle diyor: "Dünyada olup biten gelişme korkunç bir başarısızlık sayılıyor, *kurtuluş* evrende etkin olanın *geri alınmasıyla* mümkün."[18]

Tam da Freud'un sözünü ettiği "totemcilik" anlamında toplumsal örgütlenmeyi sağlamak ve korumak için, kaygı ve haz yüklü olan ilksel annenin yerine Tanrı Baba geçirilmiştir. İşte bu nedenle, ancak cinsel yoldan yürütülebilecek olan anneye tapınma pratiğine her geri dönüş, toplum karşıtı olarak görülür ve bütün dehşetiyle "dinsel fanatizm"in hedefi haline gelir.[19] Ama toplumsal devrim gibi dinsel fanatizm de sonuçta toplumsal birlikteliği korumak için babaya özgü ikti-

18. Sperm yitiren Brahman öğrencisi de şöyle dua eder: "Duyarlılık, yaşam ve rahmet *geri dönsün* bana, Brahmanlık ve hâkimiyet geri dönsün. Bugün yitirmiş olduğum, otlara, sulara karışan tohumu *yeniden içime alıyorum*, uzun ve parlak bir yaşam için" (Oldenburg, *a.g.e.*, s. 430). Yogilerin ise *annenin kucağına dönmek isteyen damlayı geri dönmeye* zorlayıp sakladığı anlatılır. Damlayı saklayan bir yogi, *ölümü yenecektir*. Çünkü düşen damla ölüm anlamına gelirken, tutulan damla hayat demektir." (Schmidt, 1908).

19. Bu konuda bkz. Reik, 1923b.

darın sürdürülmesine ve güçlendirilmesine varır. Dolayısıyla, böyle geri dönüş hareketlerini hep kuvvetli bir püriten tepki izler. Yahudilik tarihinde de örnekleri görülen bu tür hareketlerden en tanınmışı, yaklaşık 300 yıl önceki "Sabetaycılar"dır. Hareketi başlatan İzmirli sözde mesih Sabetay Sevi İspanyol kökenli bir Yahudiydi.[20] Gnostikler gibi o da buyrukları geçersiz ilan etti ve taraftarları –özellikle ölümünden sonra– Yahudiliğin geleneğe çok bağlı düzenlemelerinden tamamiyle uzaklaştılar. Bu hareketin farklı yanı *kadının Tanrı kabul edilmesi* ve ensest dahil yasaklanmış cinsel pratiklerin ibadet yerine geçmesiydi. "Selanik yakınlarındaki mağaralarda dini amaçlarla sınır tanımaz orjiler düzenlediler. Sabbata başlarken çıplak bir genç kızı ortalarına alıp kendileri de çıplak olarak etrafında dans ederlerdi. İbadetin yerini orjiler almıştı. Çok geçmeden benzer uygulamalar neredeyse dünyanın her yerindeki Yahudiler arasında görülür oldu ... Tabii bu yüzden hahamların sıkı takibine uğradılar ... Yine de iki yüz yıl boyunca hareketi kurutmak mümkün olmadı. Türkiye'de bugün bile izlerine rastlanmaktadır." (Langer, *a.g.e.*, s. 39). Buna gösterilen doğrudan bir tepki olarak Hasidilik ünlü haham Israel ben Eliezer ya da bilinen adıyla Baal Şem Tov'un (1700-1760) öncülüğünde gelişmiş, ama Langer'in de güzel bir anlatımla belirttiği gibi sadece kadının sofuca dışlanmasına yol açmakla kalmayıp aynı zamanda –toplumsal bakımdan etkili– eşcinsellik bağlarını da güçlendirmiştir.[21] Langer'in vardığı sonuç şöyledir: "Yani ezeli halkın bütün iç tarihi aslında bu iki eğilimin az veya çok bilinçli savaşlarından oluşmuş bir zincir gibi görünmektedir. Savaş genellikle bir uzlaşmayla son buluyor ve tarihöncesi dönemde bu uzlaşmalar mevcut yasa ve sembollere yenilerini ekliyordu. Freud'un Oidipus kompleksi dediği şey ile ölüm düşüncesinin de bu durumdaki etkisi büyüktür ve bütün Yahudi yasallığı vahiy yoluyla tanrısal düzenlemeye kavuşmadan önce, aslında Eros tarafından biçimlendirilmiştir" (*a.g.e.*, s. 93).

Bu fevkalade formülasyona psikanalitik din araştırmasıyla da ilgisi bulunan metodolojik bir nokta katmak istiyoruz. Şüphesiz gerileyiş görüntüleri sunan bu anneye yönelik tarikatlarda ve kültlerde

20. Aktaran M.D. Georg Langer (1923).

21. "Tesniye"de (13,7) [Kitabı Mukaddes'te Musa'nın beşinci kitabı] "sana ruhun gibi yakın arkadaş"ın ve bunun hemen ardından da "*kucağındaki kadın*"ın genellikle bilinen bir şey olarak sözü geçmektedir (Langer, s. 91).

"bastırılmışın geri dönüşü"yle karşı karşıyayız. Ama biyolojik alanda olduğu gibi burada da kaçınmamız gereken bir şey, türoluşsal bakış açısını gereğinden önce işe karıştırmak, ruhsal bir temelin bulunduğu yerde tamamiyle tarihi nitelikte bir temeli de bulmaya ya da kurmaya kalkışmaktır. Görünüşe bakılırsa, modern Yahudi tarikat mensupları Asya'ya has anne kültüne yönelmekteler; tabii bunu bilerek yapmaları gerekmiyor, bireysel bilinçdışı yaşantılarından aynı tepkilerin ortaya çıkabiliyor olması yeterli. Ama doğrudan bir etkilenme ve devralma mümkün hatta muhtemel olsa bile (Yahudilerdeki "yeni doğmuş" olanı oğul Tanrı olarak betimler görünen "altın dana" örneğinde olduğu gibi[22]), işin psikolojik yanı her zaman biraz mekanik kaçan "aktarım" sürecinden daha önemli ve daha ilginçtir. Diğer taraftan, aktarılan baba dinlerinin kendilerinde anneyle ilişkili bastırılmış ön aşamaların izlerine rastlıyor ve bunları yeniden kurabiliyorsak, yine gelip dayanacağımız nokta, sözün gerçek anlamıyla *din oluşumunun ön aşamalarının* söz konusu olduğudur. Din oluşumunu da ancak Freud'la birlikte[23] anne uğruna ve anneye karşı girişilen ilksel savaşların nihai sonucu ve toplumsal baba iktidarının zaferi olarak kavrayabiliriz.

Bu bakış açısıyla, Freud'un anlattığı "kardeşler ordusu"nun toplumsal bir gelişmeyle cemaate dönüşmesinin yanı sıra, dinsel gelişmesini de bir ölçüde izleyebiliriz. Üstelik toplumsal gelişimi (majesteleri bebek) anne kültüyle başlayıp Hıristiyanlık'ta en arı ifade biçimini bulmuş olan *Oğul Tanrı* aşaması üzerinden baba dinine varış olarak kavrayan varsayımımızla uyum halinde yapabiliriz bunu. Belki de Hıristiyanlığın dünya tarihi açısından önemi, ilk kez annenin başlangıçtan itibaren geçerli haklarıyla babanın ikincil haklarına dokunmadan Oğul Tanrı'yı merkeze koymaya cesaret edebilmiş olmasından kaynaklanıyor. İncil metinlerinde aktarıldığı kadarıyla, İsa'nın *çocuğa* yüksek değer vermiş olması da buna tamamen uygundur. Zaten İsa'nın kendisi de hep çocuk kalmış, sanat eserleri –hatta öldükten sonra bile– onu hep öyle göstermiştir (*Pietà*).

Antik dönemin gizli kültlerinde *tek tek her gizemci, doğrudan*

22. Göründüğü kadarıyla "putlara tapma" doğrudan doğruya ana tanrıçaya bağlanma olarak kabul edilmektedir. Örneğin Fenikeliler ve başka halklarda Baal'e (Kaanan dilinde anlamı: yumurta) tapınma sırasında küçük çocuklar akkor halindeki bir ağızdan içeri atılırdı.

23. Freud, 1912a.

doğruya Tanrı sayılıyordu. Dine bağlılık duasının anne bedenine geri dönüşle (ve yeniden dönüşle) bağlantısı açıktır: "Orucumu tuttum, kikeon (bir içecek karışımı) içtim, onu sandıktan çıkardım, çalışmamı bitirince onu sepete koydum, sonra da sepetten alıp sandığa." Artık *cysta mystica* da [gizemli kutu] arkeologlar tarafından anne karnı olarak yorumlanıyor. "Gizli güç kutsal *χιογη*'dan [sandık] anne kucağının bir kopyasını alıp onu kendi vücudundan kaydırmakla, toprak ananın kucağından yeniden doğduğuna, onun sevgili çocuğu olduğuna dair güvence edinir."[24] Bazı Hıristiyan yazarlarda karşımıza çıkan Eleusis metinlerine* ilişkin daha da karanlık ifadeler yine aynı şekilde açıklanabilir: "İşte orada *karanlık iniş*, hierofant [Demeter kültünün başrahibi] ile rahibenin coşkuyla bir araya gelişi, sadece ikisinin; ve karanlıkta yaptıkları rahibenin mutluluğu için sayıp dökülemeyecek kadar iyi!"[25] Sadece "sayıp dökülemeyecek kadar" iyi olana dahil edebileceğimiz basit ya da "kutsanmış" cinsel birleşme değil söz konusu olan, aynı zamanda anneyle birleşme; ve bunun kanıtı da, hem gizemli kutu sembolü hem de daha belirgin olarak Frigyalılara ait gerçekçi bir gizli kült: Gizli güç bir mezara iner bu inanışa göre, "orada kesilmiş bir boğanın *kanı akar üzerine*. Yeniden doğduğunda *sütle beslenir*, çünkü Tanrı onda ya da o *Tanrı'da bir çocuktur hâlâ*. Sonra yukarı çıkar ve cemaat tarafından Tanrı sayılıp tapınılır."[26] Hindistan'a özgü yoga pratiği de *tek tek herkese* mistik derinleşme yoluyla, yani anne karnına girip Tanrı'nın mutlak gücünden pay alan ceninin durumuna geri dönerek *bizzat Tanrı olma* olanağı tanır (bkz. Ferenczi, 1913).

Çocuk (aslında son tahlilde doğmamış olan) böylece Tanrı olarak, Tanrı'nın yeryüzündeki temsilcisi gibi belirince (ister kral olsun isterse daha da kısıtlanmış bulunan Papa), varılacak sonuç şudur: Herkes bir zamanlar bizzat Tanrı'ydı ve ilksel duruma geri dönerek ya da döndüğü oranda yeniden Tanrı olabilir ve dolayısıyla, daha sonra

* Eski Yunan'da tarım tanrıçası Demeter'le ilgili metinler. (ç.n.)

24. A. Körte, 1915.

25. De Jong, 1909:22.

26. Reitzenstein, 1920:32. Hermetik bir yeniden doğuş metninde gizemci şöyle seslenmektedir: "Göklerdeyim ben, toprağın içindeyim, sudayım, havadayım, hayvanlarda ve bitkilerdeyim, *anne karnındayım, anne karnından geliyor, anne karnına gidiyorum*, heryerdeyim" (*a.g.e.*, s. 29 ve 35). Krş. İran'ın Mitras dinine ait gizli metinler ve boğa kurbanı (Cumont, 1923; Dietrich, 1923).

kendini "tek ve mutlak Tanrı"yla kolayca özdeşleştirebilir.[27] Ama nasıl herkes anneye geri dönemezse, kral ya da Tanrı olmak da herkese düşmez. İşte bu yüzden, birçokları arasından seçilmiş olan rahipler daha baştan hadım edilmiştir, yani anneye girme hakkından *tek bir kişi* lehine vaz geçerler: Bu kişi *en son doğmuş olandır*, gerçekten babanın yerini alabilir ve dinsel yüceltme yoluyla kitlenin kendisi için bir cezalandırma sandığı ama aslında haz verici olan eylemi başkaları için gönüllü bir *fedaya* dönüştürebilir.[28] Böylece toplumsal varoluşu yıkılmaktan kurtarmış olur. Anne ise bu arada kısmen gökyüzü kraliçeliğine yükseltilir, kısmen de her türlü doğurmanın kötücül ve baştan çıkarıcı ilksel ilkesi olarak antik yeraltı dünyası kavramının dini ve ahlaki kuruluşu için kullanılır. Gökyüzü mitolojisinden (öbür dünya) kaynaklanan bu kavram Yuhanna'nın Kıyamet metninde hazırlanan dinsel yüceltmeden geçerek ta karşı uca, ortaçağın cehennem tasavvuruna varmıştır.

Cehennem tasavvurundaki bedenle ilgili aşırıya kaçan ayrıntılar, rahim içine bağlanan gökyüzü ve cennet fantezisinin korku dolu karşıtı olarak gösterir kendini. Özellikle Yunan kültüründeki yeraltı dünyası cezalarına karşılık düşen *cehennem cezaları*, bütün incelikleriyle rahim içi durumunun yeniden üretimini ifade etmektedir (bağlama, ateş vb). Böyle olunca, ortaçağdaki histerilerin bu hazır malzemeden yararlanarak aynı bilinçdışı eğilimleri ifade etmekten hoşlanmış olmalarına şaşmamak gerek.[29] Bir yandan da bilinçdışının analizinden, bu "cehennemin" daha sonraki efendisinin neden kötü ilksel babaya benzediğini anlıyoruz: başlangıçtaki bütün coşkulu haz yaşantılarını tersine çeviren kendisi olduğu için. Şeytan başlangıçta dişil bir anlama sahipti, cehennem çukuruna vücut kazandırıyordu; şimdi belki hâlâ eski ve tehlikeli ilksel anne olarak cadılarda (sadece masallardaki değil) yaşamayı sürdüren yarı komik büyükanne tiplemesinde yer alıyor. Ortaçağın kaçıklığa varan cadı takıntısını ve engizisyonun acımasızca yürüttüğü kovalamayı ancak cehennem durumunun cezala-

27. Aynı yaklaşım için bkz. Rank, 1909: Her birey bir "kahramandır" ve asıl büyük işi doğum olayıdır. Örneğin bir şizofren kadın (Storch, 1922:60) bir ahırda doğduğu için kendini İsa sayıyorsa, tamamiyle haklıdır: Çünkü o da doğal bir yoldan dünyaya gelmiştir ve doğum travmasını yadsımak ister.

28. Bu şekilde Muhammet de epileptik halleri sırasında (Vecit?) bütün yüce mutluluklarıyla (huriler) İslami cennet kavramını getirmiş görünüyor.

29. Bkz. "Sembolleştirme Zorlaması", Groddeck, 1922.

rıyla birlikte gerçekliğe aktarılması olarak görebiliriz; ve bu da, Freud'un sözlü olarak belirttiği bir tahmine göre, cinsel travmayla ve dolayısıyla doğum travmasıyla az da olsa ilişkili görünen gerçek bir travmaya bağlı olabilir.

Cehennem cezalarını rahim içi durumun olumsuz değerlere çevrilmiş olarak ifade edilmesi şeklinde yorumlamak, birçok kez değinmiş bulunduğumuz bir konuya yaklaştırdı bizi. Bunu son kısımda doğum travmasının merkezi psikolojik problemi olarak ele alacağız. Bu ilkel yansıtmalardan çok değerli tepkilere uzanıp *etik* fikirlerde doruğa varan ve zorlantılı nevroz araştırmalarıyla ortaya çıkarılmış bulunan karmaşık yolu da burada daha fazla izleyemeyiz. Sadece ilerleyip tamamlanmakta olan içselleştirme sürecine işaret etmekle yetineceğiz. Son tahlilde bilinçdışı suçluluk duygusunda temellenen etik oluşumların ruhsal kaynağının giderek daha çok kavranmasıyla paralel bir süreçtir bu. Bizi cezalandırıp ödüllendiren ve gücendirilmemesi gereken yüce güçler sonuçta yeniden bene geri dönerler. Zaten narsisistçe bir tümgüçlülük duygusuyla oradan üst ve alt dünyaya yansıtılmışlardı daha önce. Orada ya anneye has (koruma, yardım, esirgeme) ya da babaya has temsilciler olarak (kişinin kendi tümgüçlülük duygusu) rol oynarlar. İçimizdeki ahlak yasasını üzerimizdeki yıldızlı gökten tekrar ayırmak, ancak bütün ahlak filozoflarının en katısı olan Kant'ın devasa girişimiyle mümkün olmuş, ama o da çok zor vazgeçilen bütünlüğü o ünlü cümlede* en azından metaforik olarak yeniden kurarak yapabilmiştir bunu.

Ceza kavramının gelişimi açısından önemli bir nokta, sadece insan fantezisindeki değil, uygulanmış olan cezaların da hoşnutsuzluk boyutunu özellikle vurgulayarak anne karnındaki ilksel durumu ortaya koyuyor olmasıdır. Yunan inanışındaki yeraltı dünyası cezalarının ayrıntılı bir yorumuna giremeyeceğiz. Şu kadarını söyleyelim: Bunların en tanınmışlarında görülen tipik özellikler, sadece cezanın konumu [yeraltı dünyası] dikkate alındığında bile kolayca anlaşılmaktadır. İlk cezalandırılanların suçları daima en yüce tanrılara karşı işlenmişti ve çoğunlukla o tanrının karısına duyulan arzuyu içeriyordu.

* Kant'ın sözü geçen cümlesi *Pratik Aklın Eleştirisi*'nde (HÜ Yay., Ankara, 1980), sonsözün başında yer almaktadır: "İki şey, üzerlerine sık sık eğilip ısrarla düşünülürse, insanın ruhsal yapısını hep yeni, hep artan bir hayranlık ve korkunç saygıyla dolduruyor: üzerimdeki yıldızlı gök ve içimdeki ahlak yasası." (ç.n.)

Tekerleğe Bağlanmış Ixion.
(Resim Berlin'deki bir vazodan alınmıştır.)

Örneğin, ilk akraba katili sayılan Ixion böyle bir suçtan dolayı Zeus'un buyruğuyla cezalandırılmıştı: "kanatlı ve dört parmaklı, durmadan yana yana dönen bir tekerleğe yılanlarla bağlanarak havada dolaştırılacak, bir yandan kamçılanırken şöyle seslenilecek ona: 'Sadece doğru davrananlar saygı görmeli'. Ixion ölümsüz olduğu için, cezası iki kat ağır sayılır."[30] Benzer bir ceza da, kendine aşırı bir güven duyup tanrılarla bir olmaya kalkışan "kudret ve zenginliğin temsilcisi" Tantalos'un payına düşmüştür. İlk biçimiyle kaygı durumunu sürekli kılan bir cezadır bu: başının üstünde asılı duran, her an düşebilecek bir kaya. Diğer cezası ise ona sürekli acı veren açlık ve susuzluktur ve belli ki bereketli tanrı sofralarının bu gözde konuğunun tanrıları sınamak için insan eti sunmasıyla ilişkilidir. Bir lahitte, tekerleğe bağlanmış durumda gayet natüralist bir şekilde tasvir edilmiştir cezası (bkz. *Roscher Sözlüğü,* cilt V, sütun 83/84); Ixion üslupçu bir tarzda iki daire içine oturtulmuştur. Ve nihayet, yine tanrılara ait "ölümsüzlüğü" istemiş olan Sisyphos da bu isteğine aynı şekilde kavuşmuştur. Doğası gereği hep geri yuvarlanan kayayı dağın tepesinden aşırmak için uğraşır durur: "Organlarından ter boşanır ve başını bir toz bulutu kaplamıştır."

30. Roscher, *Lexikon der Mythologie*, II/1.

Tantalos.
(Bir lahitin üzerinden alınmıştır.)

Ama bizzat Yunan kaynaklarının aktardığına göre bütün bu cezalar ve cezalandırılanlar ancak sonradan, yani kültürel gelişme sonucu Tartaros denilen yeraltı dünyasına taşınmıştır. Başlangıçta gerçekti ve aynı bilinçdışı anlama sahipti bunlar; Yunan dünyasıyla karşılaştırıldığında zaten cehennemi bir yeraltı dünyası olan ortaçağda yeniden gerçek haline gelmişlerdi. Cadıların yakılması ve tekerleğe bağlanması –zincirlenip işkence edilenlerin bedenlerine yapılan tahribattan hiç söz etmiyoruz (baş aşağı sarkıtma)–, kör etme ya da suda tutma, baba katillerinin tipik cezası olan dikilmiş bir çuval içinde denize batırılma[31]: bütün bunlar bilinçdışının Freud tarafından saptanmış olan değişmez arzulama özelliğini açıkça gösteriyor. İnsanın akıl edebildiği –ve nevrozun bedensel semptomları halinde kendi kendine de yönelttiği– en korkunç cezalar bile hep ilk ve en güçlü haz deneyimi olan rahim içi yaşamın kılığına bürünmüştür. Böyle olunca, bu türden

31. Storfer, 1911.

cezalara insanların katlanabilmesi, hatta bazen haz duymaları mümkün ve anlaşılır oluyor. Mazoşistlerin her gün yeniden kanıtladığı bir şey bu. Hastanın –bir odaya kapanarak ya da kötümser fantezilerle dünyayı içinde bilinçsizce rahat ettiği bir zindan gibi algılayarak– kendi kendisini esir ettiği bazı nevrotik semptomlardaki haz ögesi de açıklanmış oluyor aynı zamanda.[32] Çoktan başına gelmiş bulunan ve bu türden kendi kendini cezalandırma fantezileriyle ancak görünüşte kaçınabileceği asıl ceza ise, başlangıçta anne bedeninden ayrılmış, ilksel cennetten kovulmuş olmaktır. Dindirilemez bir özlem mümkün bütün biçimlere bürünerek bu cenneti yeniden kurmaya çalışır durur.

Tanrı Baba'ya karşı koymanın cezası olarak Hıristiyan mitolojisinin merkezinde yer alan *çarmıha gerilişte* de rahim içi durumun aynı dönüşümü ve uyarlanışı söz konusudur: tekerleğe bağlanan Ixion ortadan kalkınca, geriye kalan tekerlek parmakları bir haç oluşturur.[33] Böylece çarmıha gerilme de hoşnutsuzluğun vurgulandığı bir anneye dönüş anlamına gelmektedir ve onu mantıklı bir sıralanışla yeniden diriliş izler, yani yeniden doğuş değil, doğum. Çünkü burada da karşımıza çıkan, ilksel travmanın nevrotik yoldan aşılması anlamında, doğum sürecinin etik ve dini olarak yüceltilmiş bir tekrarlanışı[34] ve yeniden üretilişidir. Nevrotik kişilerin ve ruh hastalarının fantezi dünyasında Hıristiyanlık'taki kurtuluş inancının oynadığı rol de anlaşılıyor: haz dolu acılar çekerek geri dönüş yolunu geçebilen pasif kahramanla özdeşleşme. Görkemli bir iyileşme denemesidir bu özdeşleşme, insanlığı antik dünyanın batışından kurtarmıştır ve bu yönü İsa hakkında anlatılan iyileştirme mucizelerinde belirgindir. Körleri ve felçlileri kendini örnek göstererek iyileştiriyordu İsa, yani özdeşleşmeye çağırarak. Çünkü onda doğum travmasını aşmış birini görüyorlardı.[35]

32. "Hapisane psikozu"nun derin psikolojik boyutu da ancak bu açıdan bakarak anlaşılabilir.

33. Bu açıdan çarmıh "içe ait" bir şey sayılır: tekerleğin çemberden ayrılmış olan parmakları. "Svastika da [daha sonra Nazilerin sembolü olarak kullanılacak olan gamalı haç motifi] bunun bir örneğidir: Tekerlek parmaklarının oluşturduğu haça çember yeniden eklenmeye başlamıştır ve tabii bu da yaşamın ve zaferin simgesidir" (Schneider, *a.g.e.*, s. 8, dipnot 2).

34. İncil'e göre bizzat İsa inandırıcı olmayan çelişkileri bir olgu olarak yineleme zorlantısıyla açıklamaktadır: "Peygamberin sözü yerine gelsin diye!"

35. İsa'nın *doğumuyla* başlayan yeni *takvim* psikolojik bakımdan cenin yılına ve bunun sonsuzca tekrarına tekabül eder. (Meksika'da bunun paraleliyle karşılaştırınız: s. 76-7, dipnot 2).

Çocuksu bir kuram olan bakire hamilelik, doğum travmasının dogmatik formülasyonu olarak, Mesih efsanesinin bu yorumuyla kolayca bağdaştırılabilir. En uç biçimlenişini Mesih tiplemesinde bulan kahramanlık miti açısından anlamı, travmayı aşmayı böylesine başarmış olan bu negatif kahramanın da doğal bir yoldan doğmamış, annenin içine de doğal bir yoldan gelmemiş olmasıdır. Ağır bir doğum travmasının tam anlamıyla gerçekleşmemiş oluşundan kaynaklanan bu insani eksiklik, nevrotik semptomun belirlenmiş olduğu görüşüyle tam bir uyum halinde, daha sonra yetişkin olarak yaşanan acı verici bedensel ve ruhsal semptomlarla bir ölçüde telafi edilir. Görünürdeki ceza örtük içeriği bakımından ideal arzu tatmininin, yani anneye dönüşün ifadesidir. Buna karşılık, çarmıha gerilen Mesih'i desen olarak temsil eden sanatsal idealleştirme ise, örtük anlamı itibariyle asıl yeraltı dünyasına ait cezayı, cenin pozisyonunun engellenişini dile getirir.

Lukas Cranach, Çarmıha Geriliş.

Lukas Cranach, Çarmıha Geriliş (1502).

Sanatsal İdealleştirme

İsa Mesih mitinin bu özellikle insani yorumu, Lukas Cranach'ın realist çarmıha geriliş çalışmalarında çok isabetli bir tasvire kavuşmuştur.[1] İsa'nın gerilmiş bedeninin yanında diğer suçlular tipik cenin pozisyonunda ağaçlara çakılı olarak gösterilmiştir. İsa'nın çarmıhtaki üslupçu bir tarzda soyutlanmış görüntüsü sanatta çember yayı benzeri bir savunma ya da ceza mekanizmasına işaret ederken, Lukas Cranach tarafından bunun karşısına yerleştirilen realist figürler sanatsal betimlemedeki idealleştirme eğilimini sergilemektedir. İlksel duruma ceza niteliği de kazandırarak fazlasıyla yaklaşılmış olmasını dengeleyen bir eğilimdir bu.[2]

Doğaya ne kadar sadık kalsa da estetik görünüşü, gerçekdışılığı, hatta doğrudan doğruya doğanın inkârını arayan bu sanatsal idealleştirme, tartışma götürmez doruğuna Yunan kültüründe ulaşmış ve ilk kez Nietzsche onun ustaca bir psikolojik analizini yapmıştır. Deha ürünü olan ilk eserinde Yunan varlığının bizim için anlamını oluşturan, "Apollon'vari" diye nitelendirdiği uyumluluk yetisini, "Dionysos'vari" dediği başlangıçtaki nevrotik parçalanmışlığa bir tepki olarak kavrar. Ve isabetli bir şekilde, insanlığın manevi tarihinde tek başına duran bu idealleştirme sürecinin ölçüsü olarak ölümle ilişkiyi öne sürer. Silen'in bilgeliğiyle mutluluk yolu olarak hiç doğmamanın

1. Haydutların daha da realist tasvirlerine örneğin Urs Graf'ın eserlerinde rastlanır.

2. Schopenhauer için estetik etkinin esasının "istenç"ten kurtuluşta yatıyor olması ilginçtir. Bunun ardındaki "cinsel bastırma"yı açıkça görebilmiş olan Nietzsche (*Ahlakın Soykütüğü*, 6), Schopenhauer'deki ünlü pasajı (*İstenç ve Tasavvur Olarak Dünya*, I, 231) buna uygun şekilde ele alır. Söz konusu pasaj şöyledir: "Bu, Epikuros'un tanrıların durumu olarak niteleyip en büyük iyi olarak övdüğü *acısız durumdur*; şu değersiz isteme baskısından kurtuluruz bir an için, isteyiş hapisanesinde sabbatı kutlarız, *Ixion'un tekerleği dönmez olur*." Ve Nietzsche'nin yorumu: "Ne kadar şiddetli sözler! Acının ve uzayıp giden isteksizliğin resimleri! 'O anın' ve ebedi 'Ixion tekerleğinin' neredeyse patolojik bir şekilde zamanın karşısına konuşu."

önerilmesinde ve Homeros'un kahramanlarının hayat anlayışlarında dışavurulur bu ilişki. Homeros'un kahramanları hakkında "Silen'in bilgeliğini tersine çevirerek onlar için en kötü şeyin yakında ölecek olmaları olduğu söylenebilir; ve ikinci en kötünün de herhangi bir zaman ölecek olmaları." – "Bu varoluş 'istenci' Apolloncu aşamada öyle şiddetle talep edilir, Homeros insanı kendini onunla öyle bütünleşmiş hisseder ki, yakınış bile bir övgü türküsüne dönüşür. Şimdi burada söylememiz gerek: Yeni insanlar tarafından öylesine özlenen uyumluluk, Schiller'in uğruna yapay 'naif' sözcüğüne geçerlilik kazandırdığı doğayla insanın birliği, hiç de öyle basit, kendi kendine ortaya çıkıveren, her kültürün büyük giriş kapısında insanlığın cenneti olarak karşılaşacağımız kaçınılması olanaksız bir durum değildir ... Sanatta naif olan karşımıza çıkınca, Apolloncu kültürün en yüksek etkisini görürüz onda: Önce hep bir titan hükümdarlığını yıkması, dehşet verici bir canavarı öldürmesi gerekir; güçlü delilik kuruntuları ve haz dolu yanılsamalarla dünyaya bakışındaki korkunç derinliği ve en duyarlı acı çekme yeteneğini alt etmek zorundadır ... Yunanlı varoluşun dehşet ve felaketlerinin farkındaydı: *yaşayabilmek için* Olympos'takilere has pırıltılı doğum hayalini çıkarmak zorundaydı bunların karşısına. Doğanın titanca güçlerine duyulan o tekinsiz güvensizlik, her türlü bilginin üstündeki tahtlarında oturan acımasız moira*, insanın büyük dostu Prometheus'un kartalı, bilge Oidipus'un korkunç kaderi, Atreus ailesinin Orestes'i anne katline sürükleyen cinsel laneti, kısacası *donup kalmış* Etrüskleri yıkıma götüren mitsel meselleriyle orman tanrısının bütün o felsefesi, Yunanlılar tarafından Olimposluların *arada yer alan sanatsal dünyası* sayesinde hep yeniden aşılabiliyordu, üstü örtülüyor, gözlerden gizleniyordu en azından."[3]

Bu cümlelerde Nietzsche Yunan kültürünün gelişmesi problemini görülmemiş bir cesaretle kökünden ele alıyor. "Dionysos'vari" olanı psikolojik açıdan kavramak için bir adım daha attığımızda, bütün bu gelişmenin ilk kaynağına varırız: *kaygı*! Ama kaygıdan sanata uzanan yolu izlemek ve bir yandan da sanatsal idealleştirmede en yüksek mükemmelliğe neden Yunanlıların varabilmiş olduğunu anlamak istiyorsak, bir kez daha doğum travmasından kaynaklanan ilksel kaygının başlıca sembollerinden biri olan *sfenkse* gözümüzü çevirmeliyiz.

* Eski Yunanistan'da üç kader tanrıçası. (ç.n.)
3. Vurgulamalar bana ait.

Sfenksin Bulmacası adlı önemli kitabında Ludwig Leistner (1884) insan yutan canavarları anlatan Yunan halk efsaneleriyle Germen korku öykülerini karşılaştırarak her ikisini de insana has bir yaşantı olan kâbuslarla ilişkilendirmiştir. Kaygı rüyalarının zaten birincil doğum kaygısını yeniden ürettiği psikanalitik açıdan artık malumdur. Aynı şekilde, kaygı yaşantısının kendisini temsil eden, çeşitli yaratıkların karışımından oluşmuş sfenks de psikanaliz tarafından anne sembolü olarak anlaşılmıştır. "Yutucu" olması doğum kaygısıyla bağlantısını açıkça gösterir. Sfenks'in Oidipus efsanesinde oynadığı rolün anlamı da besbellidir: Anneye dönüş yolunda kahraman, nevrotik kişinin de bütün geri dönüş denemelerinde gelip çarptığı engelleyici doğum kaygısını aşmak zorundadır. Reik[4] sfenks sahnesinin aslında Oidipus efsanesinin bir ikizi olduğunu gayet güzel bir şekilde göstermiş, ama anlaşılan tarihsel açıdan daha eski olmakla birlikte kesinlikle birincil olmayan Mısır'ın erkek sfenksinden etkilenerek, analizin daha baştan saptadığı anne karakterini ikincil saymaya kalkışmıştır. Sadece bizim burada geliştirdiğimiz bağlamda değil, başka birçok görüş açısından da sağlam sayılamayacak bir yaklaşımdır bu. Oidipus efsanesinin sfenks sahnesinin ikizi olduğu kuşkusuz, ama bunun psikolojik anlamı ilksel travmanın cinsel aşamada tekrarlanmasından (Oidipus kompleksi) ibarettir; oysa sfenks bu ilksel travmanın kendisini temsil eder. Sfenksin insanları yutma özelliği çocuklukta korkulan ve daha önce gösterdiğimiz gibi çocuğun karşılarında doğum travmasından kalma belirsiz bir tutum içinde olduğu hayvanlarla aynı kategoriye yerleştirir onu. Sfenksin yutamadığı kahraman kaygıyı yenerek bu bilinçdışı arzuyu haz dolu cinsel eylem biçiminde anneyle tekrarlayabilir.[5] Ama insanları yuttuğu için korku uyandıran sfenks, kaygı yüklü olan anneye dönüş arzusunu yutulma tehlikesi şeklinde örtük olarak ifade etmekle kalmaz; açıkça gördüğümüz biçimiyle doğum olayını ve ona karşı koyuşu temsil eder aynı zamanda: Bedeninin hayvansı (anneye özgü) olan alt kısmından insana özgü olan üst kısmı çıkmaktadır, ama ondan tamamiyle ayrılamadan.[6]

4. "Oidipus ve Sfenks", Reik, 1920.

5. Hesiodos teogonisinde, adı daha önce geçiyor olsa da, sfenks Arimer ülkesindeki bir yeraltı mağarasında yaşayan Echidna'nın kendi oğluyla birleşmesinden olmuştur. Euripides de "yeraltında yaşayan Echidna'nın doğurduğu hilkat garibesi" diye söz eder ondan (*Roscher Sözlüğü*)

6. Bunun psikolojik açıdan özellikle dikkat çekici bir tasviri olan pişmiş topraktan

Sfenks.
(Pişmiş topraktan yapılma Tenos kabartması.)

yapılma Tenos kabartması, sfenksi gencecik birinin yaşamına ansızın son veren bir ölüm tanrıçası olarak göstermektedir (*Roscher Sözlüğü* IV, sütun 1370). [Benzer bir tasvir olan "Xantos anıt mezarında harpya" ile karşılaştırılabilir, *Roscher Sözlüğü* I/2, sütun 1846]. Gize'deki büyük Mısır sfenksinin aslında bir mezar olduğunu hatırlarsak, sfeksin ölümle ilişkisi kolayca anlaşılabilir. Mısır sfenksinin diğer "hayvanlı lahitlerden", örneğin Çin'deki Ming mezarlarında görülen fil heykelleriyle süslenmiş yollardan temel farkı, insan ile hayvanın belli bir bileşimini oluşturuyor olması, yani kahramanlık mitindeki gibi, insanın hayvansı bedenden geldiğini vurgulamasıydı. Sfenksin gövdesinin salt cinsel organlara ilişkin anlamı (doğurma organı olarak) ancak Yunan kültürünün geç döneminde, Ilberg'in bahsettiği (*Roscher Sözlüğü* IV, sütun 1384), kadınlar için hazırlandığı anlaşılan erotik krem kutularındaki sfenks figürleriyle ortaya çıkmıştır (örneğin British Museum'daki, Murray tarafından 440 dolaylarından kaldığı tahmin edilen, S. Maria di Capua'dan gelme güzel sfenksli vazo).

Aynı şekilde, eski Peru seramiği de sfenksin önceleri bir kaptan ibaret olduğunu ortaya koyar: insanın içinde muhafaza edildiği ve zaten oradan çıkmış olduğu kap. Örneğin "sfenks benzeri" tuhaf bir insan tasvirinin vahşi hayvanlarınkini andıran dişleri, antenleri gözlerinden çıkan bir salyangoz kabuğunun altında yer almaktadır (aktaran Fuhrmann, 1922d, resim 57). Hamburg Etnoloji Müzesi'ndeki 31 numaralı levha hakkında ise Fuhrmann şunları söylemektedir: "İnsanbiçimli başı hayvanın gerisinden çıkar gibi görünen çok garip bir tasvir. Bir önceki resimdekinin (levha 30) muhtemelen aynısı olan hayvanın şişkin göbeği içinde hâlâ bir insan vücudunun bulunabileceğini düşündürüyor." Viyana Doğal Tarih Müzesi'nden gelmiş olan 30 numaralı levha hayvandan insan çıkmasının ileri bir aşamasında, *kentauros* tiplemesine yaklaşan bir görünümdedir. Fuhrmann'ın Peru'da binek hayvanı bulunmadığını belirtmesi de, böyle bir tasvirin psikolojik anlamı hakkında savunduğumuz görüşü destekler. "Böyle bir tasvirin temeli henüz açıklanabilmiş değil," diyor Fuhrmann. Ama en azından süvarinin "ortaya çıkışı" anlaşılabiliyor böylece. Bir kez daha anneyle bağlantılı ve bu yüzden de daha güçlü, daha üstün, daha

Sfenksin bulmacası işte budur ve çözümü de bütün Yunan sanat ve kültür gelişiminin anahtarını sunar.

Yunan sanatının klasik dönemini onun Doğu kaynaklı öncelleriyle kabaca karşılaştırdığımızda, şunu söyleyebiliriz: Yoğun duygularla yaşanan ve hem sfenks hem de kentauros figürlerinde tamamiyle kendine özgü bir ifade biçimine kavuşmuş olan anne bedeninden ayrılma eğilimini Yunanlılar bütün sanatsal gelişimde tutarlı olarak sürdürmüşler ve Asya'nın hayvansı tanrılarının yerine insansı şekilleri, hele Homeros'un anlatımında fazlasıyla insani olanları geçirmişlerdir. Yunan mitolojisinde bol bol rastladığımız karışık yapıya sahip bütün o masal varlıkları hep anneden ayrılma çabasının acı ve sancılarını yansıtır görünüyor. Bu çabanın sonucunu soylu hatlarıyla insanca olan her şeyden sıyrılabildiği halde yine de insanca kalmış heykellerin bedenlerinde, en çok da çıplak genç erkek bedeninde hayranlıkla seyrediyoruz.

Demek ki Yunan sanatının kültür tarihi ve gelişim açısından derin anlamı, biyolojik ve tarihöncesi insan olma eylemini, yani anneden uzaklaşma ve dik durarak yerden kalkmayı, insan bedenine ait kendi sanat idealini yaratıp mükemmelleştirerek tekrarlamış olmasında yatmaktadır.[7] Yerde yatan yaralı savaşçıdan dimdik ayakta duran tanrıya kadar çeşitli ara biçimleri bulunabilen (kentauroslar dahil) alınlık kompozisyonlarında bu biyolojik gelişim ilkesinin bir kopyasını görebileceğimizi düşünüyorum. Zaten genel olarak Asya sanatı insanı tasvir ettiğinde, örneğin bağdaş kurmuş Buda heykellerinde ya da Çin heykelciliğinde vb. görüldüğü gibi, hep oturan insanı ("tahtta oturanı") ölçü almıştır. İlk kez Mısır sanatında ayakta duran ya da adım atan beden –ama o da hayvan başlı olarak– tercih edilmeye başlar. Sonunda Yunan sanatında insan vücudu doğuma ait her türlü cüruftan, deyim yerindeyse sözlük anlamıyla hayvansı ögeler taşıyan

muktedir, daha asil olanı (kral, lider, hükümdar) temsil eder süvari de. (Meksika yerlileri İspanyol fatihleri atlarının üstünde gördüklerinde atla süvariyi ayrılmaz bir bütün sanmışlardı.) Hayvansı gövdeye doğru bu neredeyse "psikotik" diyebileceğimiz gerileyişlerin çocukluktaki biçimlenişleri tahta at ve sallanan attır, ama daha da belirgin olarak, atçılık oyunudur: Çocuk bacaklarını ve gövdesinin alt kısmını at gibi hareket ettirir (sıçramalar), üst kısmı ise süvariyi temsil eder. İlkel bir şekilde tam bu durumda takılıp kalış, Bertschinger (1911) tarafından yayımlanmış olan bir şizofrenin "resimlenmiş halüsinasyonları"nda hoş bir görsellik kazanmıştır.

7. Lessing *Laokoon*'da eskiden "güzel insanların heykelden sütunlar yarattığını ve devletin güzel sütunları aynı zamanda güzel insanlara borçlu olduğunu" söyler.

karışık bedenlerden arındırılmış bir güzellik ideali konumuna yükselmiştir. Eski Çin'in kaya heykellerinde olduğu gibi Mısır heykelciliğinde de figür taşın içinden yavaş yavaş çıkar ortaya ("kayadan doğmuş olma"). Örneğin Berlin Müzesi'ndeki granitten yapılma Senmut (MÖ 1470 dolayları) figürü kucağında bir prenses taşımaktadır; ama ikisinin de sadece sağlam bir granit bloktan taşan başları görünür. Kahire'deki bir grup heykelinde de, sanatsal doğum sembolünden daha da çok sıyrılmış olarak yine aynı motife rastlıyoruz. Hedwig Fechheimer güzel eserinde[8] Mısır heykelinin doğası gereği ancak hareketsiz duran şekilleri sanatın katıksız ve tartışmasız konusu sayabildiğini belirtmiştir. Oturma, ayakta durma, çömelme, diz çökme en çok görülen motiflerdir. Granit Senmut heykelinde bütünüyle bir kafada son bulan bloğun içine yerleşmiş haldeki insan biçimli kompozisyon, kaba kurallılığıyla belki de bu mekân fantezisinin en tutarlı ifadesini oluştur ve mimari biçimlerin sınırına gelip dayanır Fechheimer'e göre (s. 25-26). Bu açıdan bakınca, başlangıçta bir bütün halinde bulundukları apaçık olan heykel ve mimarlık, yeniden psikolojik bir bağlama yerleşmektedir: Heykelcilik "mekânı dolduran" bir sanat olduğuna göre, kelimenin gerçek anlamıyla bir "mekân sanatı" olan mimarlık, negatif heykeldir. "Biçimlerinin tavizsiz katılığıyla bu küp figürler, bilinen bütün heykelleri aşmaktadır (Milet yakınındaki Didyma'nın anıtsal heykelleri de dahil) ... *Çömelmiş gibi yukarı doğru çekilmiş dizlerin ve kavuşturulmuş kolların oluşturduğu karmaşık pozisyonun* basite indirgenmesiyle tasarlanabilecek bir şema, heykellerde tamamiyle gerçekleştirilmiş durumdadır. Her iki figüre de kübün şekli sinmiştir" (s. 39).

İnsanın bu şekilde ilksel biçimden çekip çıkarılmasının Mısır ruhuna ne kadar uygun olduğunu dildeki bir oluşum özelliği de gösteriyor bize: "Bir heykel '*yaratmak*' Mısır dilinde '*hayata getirmek*' olarak ifade edilir; heykelcinin faaliyeti için de 'yaşamak' sözcüğünün 'ettirgen hali' [yaşatmak] kullanılır. Burada sözcüklerin sessel benzerliğinden daha asli bir temel bulunduğu, heykellerin özel adlar verilerek bireyler haline getirilmiş olmasından anlaşılmaktadır. ... Mit, motifi kendine göre şekillendirmiştir: Bir zamanlar kendi kendisini, tanrıları ve her şeyi yaratmış olan ilksel tanrı Ptah aynı zamanda sanatın ve atölyelerin de yaratıcısıdır. Başrahibinin taşıdığı bir sıfat da buna

8. *Die Kunst des Ostens* adlı katalogda, cilt 1, Berlin.

işaret eder: 'Bütün Sanat Eserlerinin Başı'. Başrahibin adı 'oluşturmak' anlamındaki çok seyrek rastlanan bir sözcükle yakından bağlantılıdır" (s. 13).

Mısırlıların ölümsüzlük inancı açısından yeniden doğuşun tamamlanmış sanatsal ve mimari anlatımı olan çift şekilli sfenks figürü, Yunanlılar için anneye özgü dini aşma sürecinin çıkış noktası olmuş ve böylece en yüksek erkeksi sanat idealinin yaratılmasına yol açmıştır. Bu gelişimi Yunan kültür tarihine bakarak izlemek zor değildir. Sfenksi devralmış olmanın yanı sıra kendini hissettiren başka bir şey "Hellenleşme" sürecinin dayanağını gösterir bize: anne ilkesinin en yoğun şekilde bastırılması. Rohde ve Laistner'e dayanarak Ilberg'in gösterdiği gibi (bkz. *Roscher Sözlüğü*), sfenks her ne kadar dışarıdan alınma yabancı bir masal yaratığı olsa da, çok geçmeden Yunan halk fantezisi tarafından benzer masal figürleriyle karıştırılmıştır. Son derece eski bir inanıştır söz konusu olan: bu yoğunlukta sadece Yunan efsanelerinde görülen kötücül kadın hayaletler ordusu. Hekate, Gorgo, Mormo, Lamia, Gello, Empusa kılığında çıkar karşımıza ya da Karialar, Erinyalar, Harpyalar, Sirenler ve bunlara benzeyen başka cehennem ruhları, ölüm iblisleri olarak. Hepsi de kaygı yüklü ilksel annenin temsilcisidir (doğum kaygısı) ve bu halleriyle de Yunan kültürü ile büyük ilksel anneye tanrıça olarak tapınılan (Astarte-Kibele) Asya kültürü arasındaki temel farkı ortaya koyarlar. Ana Tanrıça Yunan dünyasında kaygı yükünün canlandırılması yoluyla geriletilmiş ve yerini erkek tanrılar almıştır; onların yeryüzündeki karşılığı da erkek devletidir.[9] Göründüğü kadarıyla, karşıt uçlardaki bu iki dünya görüşü arasındaki geçişi sağlayan Mısır kültürüdür. Sfenks de Yunan dünyasına oradan gelmiştir.

Mısır kültürünün üç belirleyicisinden söz edebiliriz. Üçü de aynı tarzda, anneye yönelik olumlu tutumu bastıran darbelere bağlanır. Asya kültürlerinde ilksel annenin bastırma olmadan cinsel bakımdan yüceltilişinde beliren bu tutum Hıristiyanlık'ta Tanrı anası olarak yüceltilmiş şekilde tekrar görülür. *Dinsel* bakımdan bütün özel ayrıntı-

9. Kadının geriletilişinin ne kadar az başarılabilmiş olduğu tanrıların babası Zeus ile ana tanrıça Hera arasında çıkan aile kavgalarında belli eder kendini. Homeros'ta bile biraz komik kaçan bu atışmalar, Offenbach'ın maceraperest kocadan geliştirip yarattığı tanrısal "terlikli kahraman" tiplemesine de geçerlilik kazandırmaktadır. Bunun Hıristiyanlıktaki karşılığı olan şeytanın büyükannesi, yeraltı dünyasının tartışılmaz patroniçesidir. (bkz. s. 116). Hindistan'da ise korkunç *Durya* benzer bir konuma sahiptir.

larıyla, en başta da bedenin muhafaza edilmesiyle, anne karnında yaşamayı sürdürmeye yönelik olan kendine özgü ölüm kültünde;[10] *sanatsal* bakımdan hayvan bedenine abartılmış bir değer atfederek (hayvan kültü); ve *toplumsal* bakımdan kadına yüksek değer vererek ("analık hukuku"). Salt "anneyle ilgili" bu en eski motifler binlerce yıl sürmüş ve doğum travmasını aşmaya yarayan bir süreç sonunda "erkeksileştirilmiş", yani baba libidosuna uyum sağlayacak şekilde değiştirilmiştir. Hem annelik ilkesinin söz konusu üç görünümü hem de bu ilkenin aşılmaya başladığı dönem için tipik olan bir şey, ay tanrıçası Isis'e tapınılmasıdır; onun yanında kardeşi, oğlu ve kocası Osiris de yavaş yavaş önemini artırmıştı. Aynı şey *güneş kültünün* giderek gelişmesi için de söylenebilir. Ancak, güneş kültü Jung'un sandığı gibi sadece yeniden doğuş fantezisini değil, daha eski olan aya tapınma boyutu da dikkate alındığında, anne libidosunu da ifade eder. Çünkü kahramanın kendisini güneşle özdeşleştirme nedeni hem güneşin her gün yeniden doğması hem de her defasında yeraltı dünyasına dönmesi, yani ilksel arzu olan anneyle (= geceyle) birleşmeye tekabül etmesidir. Mısır güneş kültünde açıkça görülür bu: Örneğin pek çok resimde, güneş gemisi gece yeraltı dünyasında seyrederken gösterilmiştir. Bir başka örnek de ölüm kitabı metinleridir: "Kapak olarak düşünülmüş yeryüzünün altında, hayattan ayrılmış olanlara ait başka bir dünya yatar; güneş tanrısı o dünyaya girince, ölüler kollarını kaldırıp överler onu; tabutlarda yatanların dualarını dinler tanrı ve burunlarına yeniden soluk verir. 'İlk tanrıların şarkısı' seslenir güneş tanrısına: 'Yeraltı dünyasına karanlık saatte (?) inip Osiris'i uyandırırsın ışınlarınla. Mağaralarda oturanların (= ölüler) üzerinde doğup coşturursun onları ... Gece yeraltı dünyasına girdiğinde yan yatanları uyandırırsın!' Belli sözlerin söylenmesi ölünün güneş teknesine binmesini ve yolculuğa katılmasını sağlar. Ölüler güneş tanrısını şarkılarla över. Thebai'nin kral mezarlarında günümüze kalabilmiştir bu şarkılar. ... Ölüler güneşe böylesine bağımlı olduğu için Yeni Krallık'ın son döneminden kalma mezarlarda hep güneş tanrısı tasvir edilmiştir. Kral mezarlarında ölü, tanrının karşısında onun eşiti gibi gösterilir" (*Roscher Sözlüğü*, cilt IV, "güneş" maddesi).

Mısır kozmolojisinde Güneş'in oluşumu da buna uygun şekilde

10. Freud mumyanın insan şeklindeki bir lahde yerleştirilmesinin anne karnına dönüş anlamı taşıdığına işaret etmişti (aktaran Tausk, *a.g.e.*, s. 24, dipnot).

Lotus Çiçeğinin İçinde Güneş Tanrısı.
(Berlin)

tasarlanmıştı: Güneş tanrısının kendi kendini yarattığına inanılıyordu. İlk Tanrıların Şarkısı'ndaki dua metni şöyledir: "Onun ortaya çıkarken aldığı şekiller bilinmez..., kendi kendine oluşan... Re olarak ortaya çıkmıştı..., kendini doğurmuş bedeninden yarattı kendisini; *bir annenin karnından çıkmış değildi*; [çıkıp geldiği yer] sonsuzluktu." Diğer "İlk Tanrıların Şarkısı" ise şöyle diyor: "Onun babası yoktur, kendi fallusundan olmadır; anası da yoktur, kendi tohumunda taşınmıştır, – babaların babası, anaların anasıdır" (*a.g.e.*, sütun 1191). Bu doğum mitinin başka bir çeşitlemesi ceninin ilksel durumuna daha da yaklaşmaktadır: Bir yumurta yaratmıştı güneş tanrısı, kendisi çıktı o yumurtadan. Ölüler Kitabı'na göre "okyanustan çıkmış olan Re" şöyle konuşmuştu: "Ben okyanusun yarattığı bir ruhum... Yuvamı kimse görmedi, yumurtam kırılmadı... Göklerin en sonuna yaptım yuvamı". Roeder'in bu bağlama ait saydığı "önündeki bir küreyi (yumurtasını?) *daha sonra kendisini doğuracak olan gök tanrıçasının bedenine* yuvarlayan böcek resimleri" (kitaptaki Şekil 7) burada da ilksel eğilim olan anne bedenine dönme isteğinin söz konusu olduğuna şüphe bırakmamaktadır. Mısır ve Peru gibi dünyanın birbirinden çok uzak köşelerinde bile güneş kültünün aynı anlama sahip olması bu yüzdendir.

Truva Kentinden Gelen Atlılar.
(Tragliatella'daki bir küpün üzerindeki resim.)

Ama güneş kültünün biçimlendirilmesi, yeni doğmuş kralın (*infans*) güneşle özdeşleştirilmesinde de görüldüğü gibi, anne kültüründen baba kültürüne kesin geçişle düzenli bir paralellik göstermektedir. Kadının egemenliğine hem sosyal (babalık hukuku) hem de dinsel alanda bu karşı çıkış, bir geçiş süreci olarak Mısır'dan Yunanistan'a sıçrar ve orada tamamlanır kadının bastırılışı. Kadın erotik yaşamdan bile dışlanmış, erkeksi kültür ve ona tekabül eden sanatsal idealleştirme doruğa varmıştır.

Bugünkü Batı kültürüne doğru bu dönüşümün geçiş ve düğüm noktası Girit'tedir. Bilindiği gibi, Mısır'dan gelen etkiler Yunan kültürüyle karışarak Miken kültürünü oluşturmuştu bu adada. Furtwängler'e göre Yeni Krallık'ın sfenks tiplemesinin karşılığı olarak grifon motifine sahip olan Miken kültürü, yine tamamiyle Mısır'a özgüymüş izlenimi veren Minotauros'u (bütün bedeni insan biçiminde, ama boğa başlı) çıkarmıştır ortaya. Bu doğum hatasının gerçekleştiği zindan, yani Girit'in ünlü labirenti, Weidner'in[11] büyük keşfinden bu yana analiz tarafından da ele alınabilir hale geldi (Prof. Freud'un sözlü açıklaması). Weidner yazıtlardan hareketle, labirentin çözülemezcesine iç içe geçmiş koridorlarında insan bağırsaklarının tasvir edildiği sonucuna varmıştı (çözdüğü yazıtlarda "iç organlar sarayı" ifadesi yer almıştı). Analiz açısından bunun bozuk biçimde oluşmuş canlının (cenin) çıkışı bulamaması, yani bilinçdışı arzunun tatmini olarak yorumlanabileceği açıktır. Bu yorumun ayrıntılı ispatını ve bütün halin-

11. Weidner (1917:191).

de kültür dünyalarının (hem Girit-Miken hem de kuzey kültürleri) ve bunların sanat uygulamalarının (labirent dansları, süslemeler vb.) anlaşılması için tahmin edilemeyecek önemini daha geniş bir bağlamda ayrıca ele alacağım.[12] Buradaki açıklamalar çerçevesinde bir tür karşıt tipleme oluşturan Theseus üzerinde durmak istiyorum. Ariadne'nin attığı bir ip (göbek bağı) sayesinde labirentin çıkışını bulmayı başarır Theseus, başka bir anlatıya göre ise Ariadne'yi de kurtarır oradan. Onun bu eylemi mitsel dengeleme dilinde zincirlenmiş genç kızın kahraman tarafından kurtarılışı şeklini alır ve Yunan dünyasının ideal insanı olan kahramanın hem doğuşunu hem de antik ilksel anneden uzaklaşabilmesini temsil eder.

Buradan geriye doğru bakarak Ön Asya'ya özgü tamamiyle anneye yönelik dünya resminin Mısır kültür dünyasında belirttiğimiz yoldan geçerek erkeksi niteliğe bürünmesini, Yunanlıların erkek devleti halindeki toplumsal örgütlenişini oluşturmasını (Isparta) ve insanın sanatsal olarak yaratılışında bu salt erkeksi kültürün idealleştirilmesini izleyebiliriz. Bu gelişim çizgisinin en tamamlanmış ifadesini *Prometheus* öyküsünde buluyoruz. İnsanın bu cesur yaratıcısı ona ateşi de getirmiş; kendi insani benzerleri olan, bugüne kadar erişilememiş bir düzeyde ürün vermiş Yunan heykeltraşlarda da görüldüğü gibi, haddini aşarak topraktan yaptığı insanlara yaşam ateşini üflemişti.[13] Hem bu olay hem de özellikle kendisine atfedilen ilk kadının, yani Pandora'nın yaratılması işi, onu Eski Ahit'in Tanrı'sıyla aynı yere koymaktadır. Kurtuluşa ihtiyaç duyan Yunanlıların gözünde insanın dostu ve iyileştiricisiydi Prometheus ve yaptıkları tanrıların düzenine

12. Daha önce belirtmiş olduğum *Mikrokosmos und Makrokosmos* adlı çalışmam. Krş. "Tunç Çağı Süslemelerinde Anneyi Simgeleyen Biçim Olarak Daire", van Scheltema, 1923:115 vd.

Ünlü Tragliatella küpünün tasvir edildiği s. 133'teki çizim (Krause'nin tasavvuruna göre) değindiğimiz konuyu görselleştiriyor: "Labirent" de denilen Troya kalesinden gelmekte olan atlılar; arkadaki atın kuyruğu hâlâ bu labirentin kıvrımları arasında (bkz. Krause, 1893a).

13. Bapp'ın (*Roscher Sözlüğü*) göstermiş olduğu gibi, burada söz konusu olan Prometheus'un çaldığı "göksel ateş" (yıldırım vb.) değil, *toprağın* (anne) ateşidir. Tanrısal demirci Hephaistos'un öyküsü de buna bağlanabilir. Kendisi de sakat olduğu halde (gökten düşerken yaşanan doğum travması!) insanları kirli toprak (balçık) yerine soylu ve saf olan metalden yapmaya başlamıştı Hephaistos. Bkz. "Hephaistos Mitlerinde ve Bulwer Lytton'un Bir Romanında Düşüncelerin Mutlak Gücü ve Anne Karnı Fantezisi", Mac Curdy, 1914.

aykırı büyük bir suç sayıldığından, Zeus tarafından cezalandırılmıştı. Bu cezalandırmada, işlediği suça karşılık düşecek şekilde, bilinçdışının en derin arzu tatminiyle karşılaşmayı bekleyebiliriz: tek başına duran bir kayaya zincirlenmiş olan (daha sonraki anlatılarda "çarmıh"tan söz edilmiştir) Prometheus'un karaciğeri yırtıcı bir kuş tarafından hiç durmadan parçalanıp yenir, geceleri yeniden iyileşerek acısını –ve bilinçdışına ait hazzını– ebedi kılar. Nitekim, öykünün Hesiodos tarafından nakledilen eski biçiminde Prometheus'un kurtuluşundan hiç söz edilmez. Herakles tarafından kurtarılması sonradan eklenmiştir. Herakles'in kendisi de benzer bir şekilde sonsuza dek kadına (Omphale) zincirlenmişti ve boşuna kendini kurtarmaya uğraşıp duruyordu.[14]

Ama sanatçı da aynı şeyi yapar, Prometheus gibi o da kendine benzeyen insanlar yaratır; yani daima yeni ve sürekli tekrarlanan doğum eylemleriyle, yaratılışın kadınsı ağrıları altında eserini ve eseri içinde kendi kendisini doğurur. Böylece, alabildiğine sanatkâr olan, kadını sadece doğum organı gibi görüp oğlan sevgisini yücelten Yunanlı, anneyle özdeşleşerek insanın yaratıcısı konumuna yükseltir kendini; içinden gelen büyük dirence rağmen, sanat eserlerinde adım adım bunu yapar. Sfenks benzeri bütün masal yaratıklarının çok ikna edici şekilde dile getirdiği de budur zaten. Hem özlenen hem de istenmeyen bu hayvansı anne karnından uzaklaşma "uğrağından", nevrotik kişiliğe ilksel durumun kaygısını sürekli yeniden yaşatan doğum eyleminde bu sonsuzca takılıp kalıştan hareketle Yunanlı sanatçı ve onun aracılığıyla bütün halk, bu hareketli ânı dondurarak, taşa hapsederek idealleştirmenin yolunu bulmuştur. Medusa başı o korkunç an-

Kartalın İşkence Ettiği Prometheus. (British Museum'daki taş oyma.)

14. "Uğursuz Kadın"ı (Preller'in mistik kutu, yani kadın cinsel organı olarak yorumlamış olduğu Pandora'nın kutusu) alaycı bir şekilde ele alan daha sonraki yorum da Hesiodos'taki aynı kısma bağlanabilir: Zeus, ateşi çalan Prometheus'u cezalandırmak için Hephaistos'a Pandora'yı topraktan yapmasını buyurur. Hesiodos'un anlatısı şu sözlerle sona erer: "Acıdan kaçınan Prometheus bile kaçamadı Zeus'un öfkesinden, onca kurnaz olduğu halde *sağlam zincirler zaptetmişti onu.*" Bununla en derinlerdeki dişil zincirlerin kastedildiği, en eski Prometheus tasvirlerinden biri olan taş oymada görülmektedir. British Museum'daki "ada taşları" denilen koleksiyona ait bu süs eşyası yine Girit'ten, "belki de sudan çıkma diyebileceğimiz" bu eski sanat merkezinden kalmıştır. (*Roscher Sözlüğü* III/2, sütun 3087.)

lamıyla bu taşlaşma ânını muhafaza eder.[15]

Böylece Yunan sanatı hareket halinde olanın ilk betimlenişini oluşturmuş, Asya ve Mısır'ın durağan resimlerini harekete geçirmiştir. Ama aslında kendisi de donup kalmaya mahkûmdu (Lessing'in söz ettiği Laokoon problemi). Aynı zamanda ilk "sporsever" olan Yunanlı, hareket unsurunu beden kültüründe, oyunlarda, yarışmalarda ve danslarda yaşatmıştı. Bilinçdışının idealleştirilmiş (ritmikleştirilmiş ve üslupsallaştırılmış) bedensel nöbetleri (krizler) olarak bunların anlamına sadece değinmekle yetinmek zorundayız.[16]

Bütün bu söylenenlerden sonra, her türlü sanatın başlangıcını "plastik" sanatlarda aramamız gerekecek gibi görünüyor. Ama ilk insan Prometheus gibi kilden insanlar yapmadan önce, muhtemelen yuva yapma "içgüdüsü"ne benzer bir şekilde, anne karnını plastik anlamda taklit ederek barınma ve korunma amaçlı *testiyi* meydana getirmişti.[17] Eski Babil anlatılarında Tanrı'nın insanları çömlekçi çarkında döndürüyor olması (Luksor tapınağındaki Tanrı Chnum da bu şekilde tasvir edilmiştir), bunun bir belirtisi sayılır. Demek ki başlangıçtaki "testi", "kahramanın doğuşu mitinde" de olduğu gibi, anne karnının doğrudan taklididir. Çok geçmeden, testi giderek bu yönde daha belirgin bir gelişme göstermiş, başlangıçtaki içeriği, yani küçültülmüş insan olan çocuğu ya da onun *kafasını* (kap) ifade etmiştir. Giderek bir karnı, kulakları, gagası vb. olur (özellikle ilkel insanlarda görülen kafa biçimli kap kacak, yüz biçimindeki testiler vb).[18] Yani

15. Burada da idealleştirme sürecini korkunç Gorgo ağzından Yunanlıların Meryem Anası olan Medusa Rondanini'ye kadar izlemek mümkündür (bkz. *Roscher Sözlüğü*'ndeki bununla ilgili şekiller: I/2, sütun 1716/17; 1723). Krş. "Medusa Başındaki Sembolleştirme Üzerine", Ferenczi, 1923a:69 ve Freud'un (1923b:171, not 1) tamamlayıcı notu.

16. Bkz. Krause'nin "labirent dansları" hakkında açıklamaları ve bu dansların tarihiyle ilgili aktardığı bilgiler. Günümüz yarışmalarında yaşamaya devam eden Romalıların sirk oyunlarında, labirent şeklindeki kurgusal bir kulvarda koşuluyordu.

17. Fuhrmann'a (1923a:2-3) göre iki tür kap vardır: Sıvı için olmayanlar hayvan bağırsaklarına benzetilerek yapılmış ve bunlardan seramikçilikteki şişkinleştirme tekniği gelişmiştir (örneğin Yeni Gine'de). "Karınlı çömlek insan gövdesinin karın kısmını doğada olduğu gibi tasvir eder, yani dışardan bir deriyle sarılmış, içerde ise midenin ya da başka bir deyişle yiyecek deposunun bulunduğu, sarmal şekilde uzayıp giden bağırsaklar gibi." Sıvı için olan kaplar ise hayvan memelerini ya da kadın göğsünü taklit etmektedir (tulum = *outre - uterus*; erbezi torbası şeklindeki şarap şişesi, torba; – Fransızca *bouteille*, İngilizce *bottle*, demek ki her şişe dip kısmının üstünde duran ve "ucu yukarı bakan" bir memedir.

18. Kapların *üzerine* sonradan eklenen süslemeler başlangıçtaki *içeriği* ikame eder. Peru seramiğinde bu açıkça görülmektedir (bkz. "Peru I", Fuhrmann, 1922c; özellikle

testiden –onun içinde bulunan– çocuğa doğru insanın bu ilk yaratısı biyolojik gelişmeyi sadıkça yinelemektedir. Ve eğer daha sonraki, deyim yerindeyse insanı testiden çıkarmış olan gerçek sanat, Prometheus ve Yunan sanatçıların yaptığı gibi doğruca tamamlanmış, yetişkin insanlar oluşturduysa, bunda da doğum travmasından, yani acı dolu uzaklaşmadan kaçınma eğilimini buluruz yine.

Sanatın asıl köküyle işte burada karşılaşıyoruz: insanın annedeki testide başlayan oluşma ve gelişmesinin "kendine yönelik" [tahrip olan kısmın kişinin kendi bedeninden alınan bir parçayla onarılması] taklidinde.[19] Çünkü bu testinin taklidi muhtemelen pratik amaçlara da hizmet etmiştir, oysa esere insan bedenine göre şekil verilmesi sanatın tipik bir özelliği olan "görünüşte amaçsız ama yine de bir şekilde anlamlı oluş"u sağlar. Bu anlamda sanat, denebilir ki, başlangıçtaki "zanaatkârlığın" bir dalı olarak gelişmiştir ve dolayısıyla reel kültürde çok önemli bir rol oynar. Ve şu da besbelli ki, her şeyden önce erkek bedenini idealleştiren Yunanlıların vazo sanatının doruk noktasına annedeki testiye üslupsal bir incelik katarak ulaşmış olması da tesadüf eseri değildir.

Buzul çağının doğaya sadık hayvan tasvirleri resim sanatının başlangıcını oluşturmaktadır. Bu mağara resimlerinde insan, sıcak tutucu sığınağa ait sayılan hayvan vücudunu yeniden üretmiş görünüyor. "Büyük zorluk ve zahmetlerle, hatırı sayılır engeller aşarak (bilmeyenler için hayati tehlike yaratabilecek engeller) ve çoğu kez ancak sürünerek ya da çömelerek ulaşılabilen gizli derinliklerde, şapellerde, nişlerde bulunan tek tek hayvanlar ya da hayvan grupları"nı (aktaran Schneider, *a.g.e.*, s. 5)[20] başka türlü anlamlandırmak mümkün değildir. Böyle bir yorum günümüzde ağırlıkla benimsenen "büyü" açıklamasıyla çelişmez, üstelik onu psikolojik bakımdan (bilinçdışı bakı-

Chimu kültüründe rastlanan insan gövdesi biçimindeki karınlı kapları süsleyen garip görünüşlü hayvan ve insan figürleri, Şekil 6 vd.). Ünlü Tragliatella küpünün süslemeleri de yine içerdeki şeylerin yüzeydeki tasviri olarak anlaşılmalıdır. Bir Hint eseri olan Bhagavad Gita'da vücutlar için kaplar, meyve taşıyan toprak, anne karnı anlamına gelen *kşetra* sözcüğü kullanılır (Winterstein, *a.g.e.*, s. 193).

19. Verworn (1908) buzul çağındaki natüralizmin tamamlanmışlığı ve gelişme göstermeyişinden hareketle çok eski sanatı kendi deyişiyle "fizyoplastik" olarak nitelendirmiştir. Reinach ise bu konuda isabetli bir şekilde çift anlamlılık taşıyan şu sözü söylemiştir: Yeni kuşaklar anne olmadan yaratılıyor, yeni kuşak olmayınca annenin de işlevi yoktur (aktaran van Scheltema, *a.g.e.*, s. 8).

20. Ayrıca bkz. R. Schmidt, 1922 ve Herbert Kühn, 1922.

mından) anlaşılır kılar: bir zamanlar annenin yaptığı gibi, insanı ısıtan, koruyan ve besleyen hayvanlardır resimlerdekiler.

Resim sanatının daha sonraki evrelerinde, örneğin Hıristiyan sanatında İsa'nın bütün hayatı doğumdan ölüme kadar, okuma yazma bilmeyenlere de aktarılmak üzere resmedilmiştir. Dolayısıyla neyin ne olduğunu belirlemek zor değildir. Sonunda Meryem ve çocuğu İtalyan resim sanatında anne mutluluğunun, yani çocukla annenin birleşmesinden doğan mutluluğun sembolü haline gelir. Böylece bireysel kurtarıcı yeniden tek tek tanrısal bireylere, yani çocuklara ayrışır. Çarmıha gerilen ve "yeniden doğan" İsa burada anne göğsündeki bildik çocuğa dönüşür.

Onca ilkel özelliğe yer veren modern sanat hareketleri, sanattaki o "psikolojikleştirici" eğilimin son örnekleri sayılabilir; bilinçli bir şekilde insanın "içini", yani bilinçdışını betimlerler, üstelik ağırlıkla "embriyonal" biçimlerde.[21]

Böylece sonuç itibariyle bir *biçim meselesi* olan sanat konusunun köküne varmış bulunuyoruz. Her türlü "biçim"in annedeki testinin ilksel biçimine bağlandığını gördük. Bu biçim, idealleştirilip ve –biçim olarak– yüceltilip sanatta büyük ölçüde içerik haline gelmiş ve böylece ilksel bastırmaya uğramış ilksel biçimi "güzel" olarak sunup öyle algılanmasını sağlayarak kabul edilebilir kılmıştır.

Şimdi şunu soralım: Yunan halkı doğum travmasının böylesine geniş boyutlu bir idealleştirmesini nasıl gerçekleştirebildi? Bu benzersiz gelişmeyi anlamamız için belki en eski Yunan tarihi bir ipucu verebilir bize. Bütün sonuçlarıyla birlikte Dor göçünü kastediyorum. Bu göç hareketi Yunan halkının bir bölümünü çok eski bir başlangıç döneminde anayurttan dışarı uğratmış, karşı kıyıdaki İon adalarına geçmeye ve Anadolu kıyılarında yeni bir anayurt aramaya zorlamıştı. Kendi yurtları olan anavatandan bu zorunlu ayrılış, anneden zorla uzaklaştırılma olan doğum travmasının bir anlamda tekrarı olarak, Yunan kültürünün daha sonraki bütün gelişimini belirlemiş görünüyor. Kuşkusuz Homeros destanları, özellikle İlyada, bu büyük göç tamamlandıktan sonra ortaya çıkan ilk sanatsal tepkidir ve Yunanlı kolonistlerin Anadolu kıyılarında yerleşmesini anlatır. Troya kalesini alıp anayurttan kaçırılmış ve hep genç olan Helena'yı kurtarmak için verilen savaş, Yunanlı göçmenlerin yeni ülkelerinde yer edinirken ya-

21. Bkz. Hermann Bahr, 1916; Oskar Pfister, 1920; ve Prinzhorn, 1922.

şadığı endişe dolu deneyleri yansıtır. Homeros'un anlattığı tanrı savaşları ise bunun aynı zamanda, Olympos'ta güçlükle egemenlik kurmuş olan Zeus'la Anadolu'da hâlâ gücünü koruyan anneye tapma kültü (Athena) arasındaki bir mücadele olduğunu göstermektedir. Epik fantezinin içeriksel analizinden gerçek tarihi olguların nasıl ortaya çıktığını, bilinçdışı faaliyetin katmanları aralanarak en eski Yunan tarihinin nasıl inşa edilebileceğini göstermek isterdim. Böyle bir çalışmaya beni yıllar önce, psikanalizin kavramış bulunduğu destan oluşturma mekanizmasını Homeros şiirlerinde izlemeye teşvik eden Prof. Freud yönlendirmişti.[22] Burada hiç değilse şunu belirteyim: Asya'nın ana tanrıçalarının Yunanistan'daki karşılığı olan Demeter kültü (Γή-μήτηρ = Toprak Ana) Herodotos'a göre Dor göçünden önce Peloponnes'te yerleşmişti. Bu da bizim, Dor istilacıların yerlerinden ettiği halkta toprak ana saplantısının gücüne ilişkin tahminimizi destekliyor; aynı zamanda, Dorların belki de bu çok fazla anneye yönelmiş eğilime bir tepki olarak oğlan sevgisine sığınmış olabileceğinin bir işareti. Wilamowitz'e göre Peloponnesli soylu Dorların vücut geliştirmeye önem veren savaşçı kültürünü sadıkça yansıtan Herakles figürü de olsa olsa kahramanlaştırma yoluyla anneden uzaklaşmanın zorluklarını barındırmaktadır. Zaten Homeros öncesi anlatılara göre Troya'yı Herakles zaptetmişti.

Homeros'un anlatımı acı dolu tarihi olayları hatırlamaya çalışan şairin nasıl kendi bilinçdışı arzu fantezisine gömüldüğüne dair iyi bir örnek sunuyor. *İlyada* Troya uğruna girişilmiş beyhude savaşları anlatırken, *Odysseia* da *on yıl* süren bu çarpışmanın ses getiren bitişini geriye bakarak aktarmaktadır. Çok akıllı bir kahraman olan Odisseus ünlü bir hileye baş vurarak tahta atın karnında saklanan Akhalıların kaleye girmesini ve böylece savaşın bitmesini sağlamıştır. Bu hem insani hem de şiirsel bakımdan çok derin anlatı asıl meseleyi açıkça göstermekte: Anayurttan zorla atılmış olan göçmenler[23] her zaman

22. Bkz. bu konudaki ön çalışmalarım (1917-19): "Halk Destanının Oluşumuna Psikolojik Katkılar. I. Homeros (Problem). II. Şiirsel Fantezi Oluşumu" (şimdiye dek ön çalışmaların ötesine geçememiş bulunan eserin plan taslağı için bkz. *a.g.e.*, s. 137, dipnot).

23. İsrailoğulları'nın Mısır'dan atılışı da buna benzer. Daha sonraki kaderleri, ilksel travma olan cennetten kovulmaya tamı tamına uyan bu "travmatik" olaya dayanır. O zamandan beri Yahudiler, ırmaklarında *süt* ve bal akan o vaat edilmiş ülkeyi arayıp durmakta, ama bir türlü bulamamaktadır (Ahasver). Ayrıca, yasak meyveden (anne göğsü) yemenin sonucu olarak cennetten kovulma, insanın topraktan yiyecek elde ederek (tarım) aşması gereken sütten kesilme travmasının kaçınılmazlığını yansıtır.

genç ve güzel kalan annelik idealini (Helena[24]) yabancı topraklarda yeniden kazanmaya çalışıyorlar – bilinçdışı için bunu gerçekleştirmenin tek mümkün yoluna başvurarak, yani hayvansı anne karnına geri dönerek. Korkusuz kahramanlara yakışmayan bir sığınma ve saklanma tarzı olduğunu düşünebilirdik bunun; ama biliyoruz ki, kahramanlığın doğası tam da doğum travmasının zorluğundan ve korkunun telafisinden kaynaklanan bir şey. Troya atı da anayurdun –daha sonra o görkemli anneden kurtulma sürecini başlatıp sürdürecek olan– kentaurosları ve sfenkslerinin bilinçdışı karşılığını oluşturuyor doğrudan doğruya. Ama zaten içine ancak hileyle girilebilen, fethedilmesi imkânsız Troya da, bütün kaleler gibi, annenin sembolü.[25] Mitoloji araştırmalarında "yeraltı dünyası" ile ilişkilendirilmesi de bu yüzden. Aynı şekilde, Ernst Krause'nin (Carus Sterne) ince fikirlerle dolu ama tarihsel ve mitolojik düşünüşe çok fazla bağlı kalan kitabında şüpheye yer bırakmadan gösterdiği gibi,[26] Girit'in ve kuzey ülkelerinin labirentleriyle de yakın akrabalığı var Troya'nın.

Odisseus'un dillere destan kurnazlığıyla becerikliliğini aslında Yunan mitolojisindeki bütün maceracılarda görebiliriz, onları Tartaros'a [yeraltı dünyası] ve cehennem azabına sürükleyen bir şeydir bu; aynı zamanda da şairin psikolojisini gözler önüne sermektedir.[27] Odisseus anne karnına geri dönüşü dile getiren bütün bu uyduruk masalları anlatırken, besbelli ki şairin kendisini temsil eder. Ama bir yandan da genel olarak destan şairlerinin temsilcisi ve atası sayabiliriz onu. Yaptığı şey, ilksel travmayı yalana varan abartmalarla önemsizleştirerek ilksel fantezinin ardında bir ilksel gerçeklik yattığı yanılsamasını ayakta tutmaktır. Bu anlatıcı türünün en son örnekleri de hep imkânsızı, ulaşılmaz olanı sanki dünyanın en kolay işiymiş gibi göstermeye çalışmış, doğayla açıkça çelişkiye düşmekten bile geri durmamıştır: örneğin, ünlü Baron von Münchhausen'ın kendini saçlarından çekip sudan çıkarması ve daha neler neler. Bilinçdışını en çok teskin edip avutan da zaten anlatılan şeyin imkânsız oluşudur.[28]

24. Bilindiği gibi, kentin alınmasından önce koruyucu Athena heykelinin Odisseus ve Diomedes tarafından kaçırıldığı anlatılır. Tapınağın heykel salonunun altındaki aditumdan alınan heykel yeraltı kanallarından ve kuyulardan geçirilir.

25. Bkz. "Kentlerin Peşinde", Rank, 1913a. 26. Krause, 1893b.

27. Şairle kahraman arasındaki psikolojik ilişkiye Don Juan'la ilgili incelemede değinmiştim (Rank, 1922c:193).

28. *Doğayla çelişme* çoğu zaman anne karnı durumunun yeniden oluşturulamaz ol-

Doğal ve tanrısal yasaları atlatan ve hiç gerçekleşmeyecek olan arzuyu bir şekilde tatmin etmeyi bilen bu kurnaz *kandırıcının* masalsı anlatılarda karşısına çıkarılan karakter ise tipik bir *budaladır* ve garip bir şekilde o da adeta oyun oynar gibi imkânsız işler halleder. Ama onun "aptallığı" aslında çocuksuluğun bir ifadesidir, o da bir çocuk, *infans*'tır, parmağı ağzında olarak tasvir edilen henüz yeni doğmuş Tanrı Horus kadar deneyimsizdir. Ne kadar aptal, yani ne kadar çocuksu olursa, ilksel arzunun tatminini o kadar çabuk başarır; ve eğer –masalımızdaki *parmak çocuk* gibi– ceninin ilk dönemindeki kadar küçükse, gücü neredeyse sonsuz olur, nevrotik kişinin hayal edip durduğu[29] ve yeni doğan kahramanlarda vücut bulmuş görünen ideal duruma ulaşmıştır: yine çok küçüktür ama yetişkinlerin bütün avantajlarından da yararlanmaktadır.[30]

Diğer yandan, Yunanlılar tarafından en yüksek noktaya ulaştırılmış bir başka sanat türü olan, ama Nietzsche'nin deyişiyle "estetik Sokratesçiliğe", yani bilincin aşırı gelişmesine kurban giden trajedi mitsel kült davranışlarının mimiklerle ifade edilmesi çabasından doğup gelişmiştir ve mitsel kahramanın kendi trajik suçluluğu yüzünden çektiği acı ve cezaları dile getirir.[31] Bilinçdışına ait anlamıyla birlikte bunu mitolojik anlatıların analizinden öğrenmiş bulunuyoruz. Trajedinin kaynağının, kurban törenini gerçekleştiren kişinin teke postuna bürünerek yaptığı danslar ve söylediği şarkılar oluşu, buradaki asıl konuyu açıkça göstermektedir. Hayvan kurban edilip iç organları çıkarıldıktan sonra törene katılanların postlara bürünmesi, yine koruyucu anne karnının bir ikamesi olabilir ancak. Bu kısmi geri dönüş teke bacaklı ve teke kafalı sayısız faun ve satirler halinde, Yu-

masıyla ve bunun ifade edilişiyle bağlantılıdır. Macbeth'in, Birnam ormanı üstüne geldiğinde (kendisi ormana gideceğine) devrilecek olmakla tehdit edilmesi gibi; buna karşılık düşen başka bir uyarı daha var: onu ancak doğmamış birinin, yani anne karnı kesilerek çıkarılmış Macduff'un yenebileceği (ayrıca Macbeth'e görünen doğmamış çocuğun kafası ve kanlar içindeki kafa ile birlikte düşünülebilir). Eserin –Freud tarafından çocuksuzluk konusuna dayandırılan– bu ana ekseni, bazı anlaşılmaz görünen şeylere ışık tutmaktadır. Bununla ilgili olarak bkz. Freud'un (1917-19) şiirde "Tekinsiz Olan" üzerine yazdıkları. Son tahlilde yine anne karnı durumuna tekabül eden bir husus bu da (*a.g.e.*, s. 261 vd.).

29. Freud'un bir hastası sütannesinin göğsündeki anlardan yeterince yararlanmamış olmaktan yakınıyordu (Freud, 1900-1).

30. İlk kez Ferenczi (1923b:70) bu "Eğitilmiş Süt Bebeği" rüyasına dikkat çekmişti.

31. Bkz. "Yunan Trajedisinin Oluşum Tarihi Üzerine", Winterstein, 1922.

nan mitolojisi[32] ve heykeli tarafından aynı ölçüde resmedilip ölümsüzleştirilmiştir. Bir sanat dalı olarak trajedide (dans gibi onun da nesnesi yaşayan insandır), bastırılmış ilksel arzunun korku ve cezalandırma yönü trajik suç olarak yumuşatılmış bir biçimde yaşamını sürdürür. Ölümlü seyircilerin her biri hiç durmayan yeniden yaşantılamada her zaman yeni bir tepki göstererek giderebilir onu. Epik şiirde ise ilksel arzuyu aşmaya yönelik çabalar yalana başvurup şiirin sözlerini değiştirmekten geçer. Durağan bir sanat olan heykelde ulaşılan doğum travması idealleştirmesi, acıma uyandıran trajedide deyim yerindeyse yeniden aktarılabilir olan kaygı halinin yumuşak ilksel maddesine dönüşür. Buna karşılık epik ve satirik şiirde çok gerilmiş durumdaki idealleştirme abartılı ve yalan dolu bir gürültüyle boşalır (fıçıda yaşayan *kinik Diogenes*).

Yani sanat, gerçekliğin hem ifadesi hem de inkârı olarak, çocuk oyununa benzer. Oyunun da ilksel travmayı ciddi olmayışın bilinciyle değersizleştirmek istediğini görmüştük. Burada mizahı anlamanın da bir yolu görülüyor. Mizah, benin kendi bilinçdışına karşı aldığı çok belli bir tavırla, bastırmayı aşmanın en yüksek basamağıdır. Ancak, burada onun ortaya çıkışını daha fazla izleyemeyeceğiz, çünkü bizi yeniden nevrotik kişiliğin ve onun ben psikolojisine dayanan tedavisinin derinliklerine çekiverir böyle bir çaba.

32. Dr. B. Felszeghy (1920) "Panik ve Pan Kompleksi" adlı derin psikanalitik çalışmada, Ferenczi'nin gerçeklik duygusunun gelişimi üzerine araştırmalarına da dayanarak, "panik" korku halini doğum kaygısının yinelenmesine bağlamış, tuhaf bir mitsel figür olan Pan'ı bütünüyle bu açıdan anlaşılabilir kılmıştır. Bizim çalışmamızda diğer yönden aydınlatılmış olan pek çok şey, Felszeghy tarafından zaten ifade edilmiş bulunmaktadır.

Felsefi Spekülasyon

Felsefe adını gerçekten ilk kez hak etmiş olan Yunan felsefesinin başlangıcında (kendinden öncekilerin *filomitolojiyle* akrabalığı sürdürdüğünü söyleyen Aristoteles ne kadar haklı olsa da), daha sonra fiziğin de kendilerine bağlanacağı İonyalı doğa filozofları bulunur. Bu başlangıç, Yunan sanatı ve mitolojisindeki son derece gerilimli ideallеştirme eğiliminin naif karşılığıdır. Thales'ten Sokrates'e kadar Batı kültürünün bu ilk düşünürleri Doğu'nun eski kozmik dünya görüşünden bugünkü doğa bilimlerine özgü bakış açımıza geçişi sağlamış görünmektedir ve Batı Avrupa'nın günümüzdeki manevi dünyasını temsil ederler.

Doğu'nun kozmik dünya görüşü büyük bir kozmik yansıtmayla dünyevi kaderi göksel durumdan türetmek istiyordu;[1] oysa İonyalı düşünürler naif bir bakışla bu ikisini birbirinden ayırdılar, ilksel anne olan doğaya dönerek dünyevi yaşamı doğaüstü etkilerden arınmış şekilde kavramaya çalıştılar. Bunun ancak gökyüzü hakkındaki bütün Doğu mitolojisinin Yunanlılar tarafından sözcüğün gerçek anlamıyla yeraltı dünyasına atılmasıyla mümkün olduğunu bir önceki bölümde belirtmiştik. Kozmik hayaletlerin bu şekilde ortadan kaldırılması sayesinde, Doğu'ya has dünya görüşü sadece yeryüzünü etkileyen göksel yasallıklar bulmaktayken, Yunanlılar asıl doğa yasalarını naif biçimleriyle keşfedip kavrama imkânı buldular.

Bilindiği gibi Yunan felsefesi Thales'in bir önermesiyle başlamıştır: Her şeyin başlangıcı ve ana kucağı *su*'dur.[2] Yunan düşünüşünün bu kısa ve özlü formülden hareketle nasıl geliştiğine bakmadan ön-

1. Babillilerde yıldızları yorumlama sanatı iç organları yorumlama pratiğiyle paralel yürütülüyor, insan ve iç yapısı gökyüzüne yansıtılıyordu (bkz. hazırlık aşamasındaki çalışmam: *Mikrokosmos und Makrokosmos*).

2. Bkz. "Eskilerin Kültlerinde ve Hayatında Suyun Önemi. Sembol Tarihi Açısından Bir İnceleme", Martin Ninck, 1921.

ce,[3] insanın bireysel kökeni hakkındaki bilgi sayılabilecek ilk saptamanın bu sözle genel bir doğa yasası haline gelmiş olduğuna dikkat etmeliyiz. Biyolojik olaylar açısından hiç kuşkusuz doğru olan böyle bir bilginin mekanizması[4] gökyüzü sularının (Samanyolu) ve yeraltı akıntılarının (ölüler ırmağı) kozmik ve mitsel yansıtılışından farklıdır: Bu mekanizmada gerçekten bir şeyin üstü açılarak, bir perde çekilerek keşfedilmesi söz konusudur; ya da başka türlü söylersek, bir zamanlar kendimiz de meyvenin suyundan gelmiş olduğumuz için suda her türlü yaşamın kökenini bulmayı engellemiş olan bastırmanın aşılması. Demek ki bir gerçeği bulmanın önkoşulu, doğrudan doğruya ilksel bastırmadan kaynaklanan (özellikle felsefenin gelişimi bunu açıkça gösterir) bir içsel bastırmanın giderilmesi yoluyla, bilinçdışının dış dünyada fark edilmesidir.

Thales'in izleyicisi ve ilk felsefi yazarlardan olan Miletli Anaksimandros'ta ilk tepkiyi görüveriyoruz hemen: "Şeyler nereden çıkıp oluşmuşsa, yine orada yok olmak zorundadır; çünkü zamanın düzenine göre diyetlerini ödemeli, yaptıkları haksızlıklar için yargılanmalıdırlar." Kehaneti andıran bu ifadeyi Nietzsche haklı olarak felsefedeki ilk kötümserlik belirtisi saymış, pesimizmin klasiği olan Schopenhauer'in yaşam ve dünya karşısındaki bütün tavrını ortaya koyan bir deyişiyle karşılaştırmıştır: "Her insanı yargılamak için geçerli olan doğru ölçü, onun aslında hiç var olmaması gereken, varoluşunun bedelini çok yönlü acılar ve ölümle ödeyen bir varlık olduğudur: Ne beklenebilir böyle bir varlıktan? Hepimiz ölmeye mahkûm günahkârlar değil miyiz? Doğmuş olmamızın bedelini önce yaşamla sonra da ölümle ödüyoruz." Böylece Anaksimandros'un cümlesi her şeyin başlangıcına döneceğini vurgulayarak Thales'i tamamlarken, psikolojik sezgiyle ikinci bir doğa yasasını da keşfetmiştir. Sadece biçimi biraz değiştirilerek doğa bilimsel düşünüşümüze katılmış bulunuyor bu yasa.[5]

3. Bkz. Nietzsche, 1873; izleyen kısımdaki alıntılar bu eserdendir.

4. Ayrıca bkz. Ferenczi'nin (1922) buna paralel olarak geliştirdiği bireysel gelişim hakkındaki çalışma.

5. Kimbilir, belki Nietzsche'nin insanbiçimci "buluşu" da günün birinde doğa bilimimizin değerlerini altüst edebilir: "Bütün inorganik madde organik olandan doğmuştur, ölü organik maddedir, ceset ve insandır." Kısa bir süre önce S. Radó (1922), kesinlik peşindeki doğa bilimlerinin bilinçdışı tarafından ne derece belirlenmiş olduklarını göstermeye çalıştı: "Psikanaliz Işığında Doğa Araştırmasının Yolları". Kimyanın ön aşaması olan simya hakkında Jung zaten geniş kapsamlı bir saptama yapmış bulunuyor: Son tahlilde simyanın yapmaya çalıştığı, annesiz çocuk doğurmaktır. Krş. Silberer, 1914a ve

Nietzsche Yunanlı düşünürün dünyevi olan her şeyin geçiciliğinden hareket edip bir "belirlenmemiş" varsayımına, her şeyin ana kucağı olan bir ilksel varlık varsayımına nasıl ulaştığını göstererek, Platoncu "idea"dan Kant'ın "kendinde şey"ine uzanan ve ilk kez Schopenhauer'in –hâlâ doğa felsefesi kılığına bürünmüş bile olsa– "istenci" yeniden bulduğu yolun kavranmasını sağlamıştır. Oluşma ile yok olma arasındaki, doğruca ilksel travmanın bastırılmasından kaynaklanan bu çatışmadan kaçınmaya çalışan Herakleitos, sonsuz oluş yasasını ileri sürmüştü. İlksel bastırmanın anlamına çok uygun bir tarzda, "kutupsallık biçimi altında kavradığı her oluşun ve yok oluşun gerçekleşmesini, *bir* kuvvetin nitelikçe farklı, karşıt ve yeniden birleşmeye çalışan iki faaliyete bölünmesi olarak" gördü. Buradaki mesele oluş eylemine (doğum) bağlı olan ilksel belirsizliğin kavranmasıysa, bu durumun niteliksel temelleri de eksik değildir. Anaksimandros (soğuk) su kuramını geliştirip suyu kendi ön aşamaları olan "sıcak"tan ve "ıslak"tan çıkarmıştı; "fizikçi" Herakleitos da "Anaksimandros'taki bu sıcaklığı *sıcak soluk*, kuru buhar olarak, kısacası ateşle ilgili her şey olarak yeniden yorumladı; sonra da ateş hakkında, Thales ve Anaksimandros'un su üzerine söyledikleri şeyin aynısını söyledi: Sayısız dönüşümlerle oluş yolunu geçer, özellikle sıcak, ıslak ve katı olmak üzere üç ana halde bulunur." Bu şekilde atmosferin periyodik dolaşımını bulmuştur Herakleitos. Ama onu Anaksimandros'tan farklı bir şekilde kavrayışı dikkat çekicidir: Her şeyi yok eden dünya yangını şeklinde sürekli yenilenen yok oluş "bir arzu ve ihtiyaç olarak, tümüyle ateş tarafından yutulmak da bir doyma olarak nitelenir." Oluşu yeniden çözümsüz bir problem haline getirir görünen hiçliğe bu haz dolu geri dönüşün bilgisiyle birlikte, bastırmadan arınmış naif bakış tarzı bir kez daha spekülasyondan oluşan yeni bir bastırma dalgasına kapılmıştır.

Herakleitos hâlâ "kendimi aradım ve araştırdım" diyebiliyordu. Oysa onu izleyen Parmenides'le birlikte fazla yakından bakılmış gerçekliklerden, mantıksal soyutlamalar olan "varolan" [*Seiendes*] ve "varolmayan"a [*Nichtseiendes*] doğru yeni bir dönüş başladı. Parme-

1914b. Bugünkü modern kimyayla ilgili olarak krş. Robitsek'in (1912) "Kimyasal Araştırmada Sembolik Düşünüş" adlı ilginç makalesi. Ayrıca, simyayı asıl ortadan kaldıran kişi ve ilk bilimsel kimyacı olan Justus Liebig'in yapay gübreyi ve et suyu özütünü bularak simyacıların hayalini gerçek sembol dünyasında gerçekleştirmiş olması, psikolojik açıdan dikkate değer.

nides'in aslında tamamiyle insani gerçekler olan "varlık" [*Sein*] ve "yokluk"tan [*Nichtsein*] çekip çıkardığı bu soyutlamaların insanbiçimci bir tarzda dünyaya aktarılmalarını dilsel oluşumlarda da izlemek mümkündür: "Çünkü *esse* aslında sadece 'soluk alıp vermek' demektir" (Nietzsche). Parmenides daha sonra mantıksal çıkarsamayla bilme aygıtının ilk eleştirisine varır. Bu aygıtın sadece görünüşte olanı [*Schein*] bilmeye yarıyor olması şeklindeki söz konusu eleştiri, bugün hâlâ bilimsel düşünüşte yaşayan felsefi "ruh [*Geist*] ve beden" ayrımına yol açmıştır. Platon'da ve daha da belirgin olarak onun Hintli öncülerinde ilksel duruma doğru mistik bir derinleşmeden ortaya çıkan idealist dünya görüşünün ilk kez salt mantık yoluyla gerekçelendirilmeye çalışıldığını görüyoruz burada.

Doğa bilimi ve bilgi kuramına doğru bir adım da Anaksagoras tarafından atıldı. Tek bir ilksel unsurdan, yani oluşun kucağından farklı niteliklerin doğabileceğini kuşkuyla karşılıyordu Anaksagoras. Ona göre baştan itibaren sayısız töz vardı ve bunlar sadece hareket aracılığıyla dünyanın renklilik ve çoğulluğunu oluşturuyorlardı. "Ama Anaksagoras, Parmenides'e karşı, düşüncedeki tasavvurlarımızın tartışmasız şekilde peşpeşe gelişine dikkat çekerek hareketin görünüşten ibaret olmayan bir gerçek olduğunu ispat etti." Ama tasavvurların hareketini de açıklaması gerekiyordu. Bunun için de "kendinde tin"de [*Geist an sich*], yani *Nous*'ta "zamanın başlangıcında bulunan ve oluş dediğimiz her şeyin, yani her türlü değişimin tohumu olan bir hareket uğrağı varsaydı." Ve böylece mantıksal çıkarsama yolunu dolanarak, bir kez daha artık ünlenmiş bulunan ilksel duruma, yani *Kaos*'a döndü. *Nous* henüz kendilerine etkide bulunmadığı için maddelerin hareketsiz durduğu, Anaksagoras'ın "her şeyin tohumu" dediği dingin bir ruhsal karışım halinde olduğu bir durumdu *Kaos*. *Nous*'un harekete geçirdiği dairenin bu *Kaos*'undan *Kozmos*'un oluşumunu Anaksagoras'ın tasarlama tarzı, –bütün ilkelce görselliğine rağmen– Nietzsche'nin gösterdiği gibi, mekanik yasalarına gelip dayanmaktadır – tam iki bin yıl sonra gökyüzünün doğal tarihini anlatan Kant'ın büyük bir heyecanla bahsettiği yasalara.

Bu şekilde ilk Yunanlı filozoflar ilksel problem olan oluştan, şeylerin kökü sorusundan bir türlü kurtulamazlar; ama bir yandan da, daha sonra başka filozofların kendilerini izleyeceği çeşitli yollar tutturarak ilksel bastırmanın ardında yatan asıl problem olan insanın kökeni konusundan giderek uzaklaşırlar. Bu sorunu *eros* öğretisiyle tersine çevirmek, felsefe alanında da her şeyin ölçütü olarak yeniden insanı bulmak için (Yunan sanatıyla eşzamanlı olarak) Platon'un dehası gerekmiştir. Platon'un psikanaliz tarafından değeri bilinip birçok kez ele alınmış olan *eros* öğretisi[6] dünyayı açıklamanın merkezine insandaki üreme güdüsünü koyar ve bunu yaparken de *eros*'un çeşitli aşamalarına duyusal, ruhsal, felsefi ve dini (mistik) yaklaşımları yerleştirir. Felsefi problem ilk kez tam kökünden ele alınmıştır burada; dolayısıyla, Platon'un öğretisini anlatmak için biyolojik olgulara çok yaklaşan resimlere başvurması şaşırtıcı değildir. *Eros*'u yitirilmiş bir duruma, hatta daha da açıkçası, yitirilmiş bir birliğe duyulan özlem olarak kavrar ve ünlü istiaresinde cinsel güdüyü açıklayabilmek için kesilip ortadan ikiye bölünmüş, tekrar birleşmeye çalışan varlıklardan bahseder. Çocuğun anneyle yeniden birleşme isteğine insanlık tarihinde bilincin en açık şekilde yaklaştığı ve ancak Freud'un libido kuramında yeniden ele alınan noktadır bu.[7] Hatta Platon Orpheus-Dionysos diniyle bağlantılı olarak neredeyse biyolojik açıdan mümkün en son bilgiye ulaşmıştır: *Eros acıdır, kendi bulmacamsı suçu yüzünden doğum durumuna düşmüş*[8] *olan iblis onun aracılığıyla kendi saf ve asli varlığının yitirilmiş cennetine geri dönmek ister.*

Platon görülmemiş yoğunluktaki bir sezgiyle kendi içinde bu özlemi fark etmiş ve dile getirmişti; ne var ki, değiştirilemeyen ilksel bastırmanın etkisiyle onu bütün dış dünyaya yansıttı ve her şeyde duyuüstüne bir özlem, mükemmeliyet arayışı, "idea"nın ilksel resmine yükselme isteği görmeye başladı. Bu tasavvurun bilinçdışına ilişkin anlamı yeterince açık, bir ilksel varlıktan ortaya çıkma düşüncesine psikolojik açıdan ne kadar yaklaştığını görmek için, konuya açıklık kazandırmak amacıyla işin içine karıştırılan başka halkların daha ilkel tasavvurlarına bakmamız gerekmiyor.[9] Bu yorumla gündeme gelen Platoncu idealizm, anlaşılan Platon'un iç dünyayı derinlemesine kavrayışının bedelidir ve insanın varoluşunu bir yeraltı mağarasın-

6. Winterstein'ın (1913) değerli incelemesinde özellikle derinlemesine ele alınmıştır: "Felsefe Tarihi Üzerine Psikanalitik Notlar". Daha sonraki çalışmalar şunlardır: "Freud'un Libido Kuramı ile Platon'un Eros Öğretisinin Karşılaştırılması", Nachmannsohn, 1915 ve "Psikanalizin Öncüsü Platon", Pfister, 1921.

7. "Haz İlkesinin Ötesinde", Freud, 1921b.

8. "'Doğum durumuna düşme' tabirine hem Orpheusçuluk'ta hem de Budizm'de rastlanmaktadır" (Winterstein, *a.g.e.*, s. 184).

9. Winterstein, *a.g.e.*, s. 193.

daymış gibi tasarlayan ünlü metaforda ifade edilmiştir: Mağaranın duvarlarında sadece gerçek olayların gölgeleri görülebilmektedir. Arzu tatminine yönelik bir betimlemedir bu ve Platon'un içgörülerinin öznel kaynağına ışık tutar. Mağara benzetmesi Winterstein'ın sandığı gibi (*a.g.e.*), sadece "bir anne karnı fantezisi" değildir, her şeyi ileri doğru hareket ettiren *eros*'u ilksel duruma geri dönme özlemi olarak kavrayan ve idealar öğretisiyle buna en yüksek felsefi yüceltmeyi kazandıran filozofun ruhunu derinlemesine görmemizi sağlar aynı zamanda.[10]

Platon'da insanın felsefi bilgisi en yüksek noktaya ulaştığına göre, açıklama gerektiren bir şey var: Onu izleyen iki bin yıl boyunca düşünürleri erken Yunan kültüründe gelişen naif doğa felsefesinin bu büyük sentez ve idealleştirmesinden uzaklaşmaya, bastırmanın dolambaçlı yollarına sapıp entelektüel kaydırmalar yapmaya iten neydi? Platon aranan ilksel bilgiye o kadar yaklaşmıştı ki güçlü bir tepki gelmesi kaçınılmazdı. Bu işi üstlenen de, öğrencisi ve izleyicisi Aristoteles oldu. Felsefi dille ifade edilmiş ilksel travmadan uzaklaşarak doğa bilimsel yoldan gerçeğin yeni bir parçasını bulmayı başardı Aristoteles, asıl doğal ve manevi bilimlerin babası oldu. Ama bunu yapmak için içe doğru olan bakışın yolunu bir kez daha kesmek zorunda kalmıştı. Bastırılmış ilksel libidoyu zorlantılı nevroza özgü bir şekilde düşünsel süreçlere kaydırarak en yüksek noktasına kadar geliştirdiği mantıksal-diyalektik spekülasyon bütün Batı felsefesinin besin kaynağı olarak kaldı – en azından, Schopenhauer bir kez daha Hindistan'ın ilksel bilgeliğine ve bunun Platon tarafından yapılan felsefi formülasyonuna dönene kadar. Aristotelesçi düşüncenin gelişimine anahatlarıyla değinmek bile buradaki amacımızı çok aşacaktır. Zaten bu düşünüşün Avrupa tarihindeki muazzam etkisi skolastik spekülasyonu alabildiğine derinleştirip, bastırılmış olandan görünüşte gittikçe daha çok uzaklaşmış olmasından kaynaklanır. Görünüşte diyorum, çünkü Aristotelesçilerin en soyut mantık akrobasilerinde bile ilksel bastırmanın elle tutulur izleri gösterilebilir[11] ve bu da spe-

10. Nietzsche'ye göre bunun bireysel gelişim açısından tamamlayıcısı, idealar hakkında nasıl bilgi edinebildiğimiz sorusunu yanıtlayan Pythagoras'ın ruh göçü fikridir: daha önceki varoluşlarımızı hatırlayarak mümkün olmaktadır bu bilgi; ama bunun biyolojik anlamı da cenin durumunun hatırlanmasıdır.

11. Bu çalışma yazıldığı sırada yayımlanmak üzere *Imago*'ya ulaştırılan "Kendinde Şey (Aristoteles'in Analitikler'ine İlişkin Analitik Denemeler)" adlı yazısında E. Roeder,

külasyonun neden uzayıp gittiğini anlamamız için yeterlidir. Diğer yandan, spekülatif mantıkçının ve psikolojik bakımdan ondan pek uzakta bulunmayan gizemcinin genel olarak içe yönelik dünyası, bastırılmış olandan düşüncelerle uzaklaşırken, aslında bütün ruhsal tutumuyla ilksel derinleşme ve yeniden yükselme durumuna giderek daha çok yaklaştığını ele verir. Düşüncesinin içeriğinde bu durumdan kaçınma çabası yatmaktadır.

Bu bakımdan, felsefi gizemciler dini gizemciliğin, yani kendi içinin derinliklerine dalmanın doğrudan bir devamını oluştururlar. Başlıca farkları, içlerinde aradıklarına Tanrı değil, bilgi adını vermeleridir. Ama hedefleri aynıdır: *unio mystica*, yani evrenle bir olma. Bu mistik yaşantıda görülen güçlü cinsel tonlar ve Tanrısallıkla birleşmenin cinsel birleşmeye ait görselliklerle (bilme = *coire*) izlenip algılanması,[12] bütün bu çabanın asıl temelinin libidinal niteliğini, ilksel duruma dönme eğilimiyle bağlantısını göstermektedir. Upanişadlarda da anlatılır bu: "Sevdiği kadın tarafından kucaklanan biri nasıl *dışarısı ve içerisi* hakkında *bilinç sahibi değilse*, ilksel benliğin yuttuğu tin de öylesine bilinçsizdir bu konuda." Plotin de, mistik kendinden geçme hali hakkında şöyle demiştir: "Artık arada hiçbir mekân yok, iki değil artık, *ikisi bir*. Biri oldukça, birbirlerinden ayrılamazlar. *Böyle bir birleşmeyi bu dünyada* birbiri içinde erimek isteyen *sevgililer taklit eder*."[13] Bir Hint deyişi olan *tat twam asi* (bu sen kendinsin) sözünün de gösterdiği gibi, ben ve ben-olmayan arasındaki sınırın aşılmasıdır söz konus olan. Duanın da Tanrı'yla bir olmaya çalışarak aradığı budur (bkz. Mechthild'in mısraı: "Ben sendeyim, sen de bende", Heiler, *Das Gebet* [Dua]). Ve işte bir Müslüman gizemcinin kendinden geçmiş halde söyledikleri: "Aramızda Ben ve Sen kalmadı artık. Ben, ben değilim, sen de sen değilsin; sen, ben de değilsin. Ben hem benim, hem sen; sen hem sensin, hem ben. Karıştırıyorum,

biyolojik kendinde şey olan anne karnındaki cenine kadar giderek Aristoteles'in bütün (geometrik) mekân kavramının nasıl bir tasavvurdan türediğini göstermiştir.

12. Bkz. Pfister, 1910a; 1910b; ve 1920. Bkz. Kielholz, 1919. Ayrıca bkz. Hahn, 1906.

13. Plotin'in kendisi de bu tür vecit ve sanrı durumları yaşamış, *Ennead*'da (IV, 8, 1) bunlardan bahsetmiştir. Kaderin getirdiği bu zorunluluklardan ve yeniden doğuşlardan ruhun kurtuluşu, büyücülerin, sihirbazların ve gnostiklerin öğretilerinde de yer alır. Birçoğu Yeni Platonculuktan yetişen gerçek büyücüler (theurglar) metafizik konular üzerine düşünceye dalarak ve arındırıcı oruç tutma pratikleri ve her türlü çilecilikle bedenlerini hazırlayarak bu kurtuluşa bizzat ulaşırlardı (bkz. Hopfner, 1922).

sen mi bensin, ben mi senim" (*a.g.e.*).

Görüldüğü gibi, Yeni Platoncular ve izleyicileri, ustalarının *eros* öğretisinde şiirsel bir dille anlatılan kökenle bir olma çabasını, felsefi içgörü pahasına da olsa, büyük ölçüde gerçekleştirmeyi başarmışlardı. Buna bir tepki olan yeni felsefe, Yunan felsefesindeki gibi doğanın bir parçası olarak keşfettiği insandan yola çıkmış, onun doğadan kopuşunu düşünce yoluyla yadsımaya ve geri döndürmeye çalışmıştır. Bu daha yüksek bir ruhsal gelişme aşamasında, Descartes tarafından *benin*, ben-olmayandan farklı bir şey olarak *keşfiyle* başlar ve sonunda Kant'ın sisteminde benin dâhice genişletilmesiyle doruk noktasına varır. Fichte'deki gibi aşırıya kaçan ben sistemleri ise benin çevreye mitolojik yansıtılışının karşıtlarıdır. Ama Kant'ın da, rahim içi durumun dolayımsızlığından gelen *doğuştan* kategoriler olarak mekân ve zamanın önselliğini kavraması ve epistemolojik açıdan yorumlaması, ancak kendi bilinçdışının duyuüstü eğilimlerine –bir yandan kozmik yasallıklar hakkındaki bilgisinin dengeleyici görkemi, bir yandan da kendine özgü patolojik varolma tarzı sayesinde– geniş kapsamlı ve doğrudan bir tatmin sağlamasıyla mümkün olmuştur. Tabii bu arada, duyuüstü, yani araştırılamaz olarak bıraktığı tek şey olan "kendinde şey", gözünden kaçmak zorundaydı.

Bu kendinde şeyin, varlığımızın o esrarengiz, alabildiğine bastırılmış temeliyle, yani anne kucağıyla aynı şey olduğunu felsefi düşüncenin gelişiminden çıkarsayabileceğimiz gibi, bu kavramın daha sonraki felsefi formülasyonlarında da görebiliriz: Schopenhauer kendinde şeyin yerine "istenci" geçirerek ondaki aşkınlık büyüsünü bozmuş, tekrar insanileştirip kendi içimize yerleştirmişti. Nietzsche ise aynı şeye bakıp bencil olan iktidar istencini bulduğuna inandı. Bu arada, keşfetmiş olduğu "kendini bilme" yolunda ilerleyen psikanaliz ise onda bilinçsizce etkili olan ilksel libidoyu görüp, psikolojik olarak ele alınabilir hale getirdi.

İlk kez psikanalizin ciddiye aldığı "kendini bil" ilkesi, bizi Delphoi Apollonu'nun bu çağrısını bir öğretiye dönüştürmüş olan Sokrates'e kadar geri götürüyor. Şimdiye kadar Platon'un selefinden bahsetmedik. Ama o olmadan ne Platon olabilirdi ne de onu izleyen bütün o gelişme (psikolojik bakımdan da). Çünkü bilerek korkusuzca ölüme giden Sokrates karşısında eğilmişti sevgili öğrencisi Platon, Nietzsche'nin dediği gibi, "bütün fanatik ruhunu coşkuyla teslim ederek". Hayatını ustasının anısını korumaya ve sürdürmeye adadı. Ama asıl Sokrates'in öğretisinde görülür ilksel travmanın somut temeli. Öğrencisi Platon ve onu izleyen Aristoteles, bu öğretiye çok geniş kapsamlı ve etkili tepkiler göstermişlerdir. Bir dizi filozof arasından özel bir karakter olarak sıyrılan Sokrates'in ortaya çıkmasıyla birlikte, Yunan düşüncesinde içe doğru çok önemli bir dönüş gerçekleşti. Daha sonra Platon'un felsefi bir biçim verdiği bu yönelişin dışardan bir bakışla bile saptanabilen ayırt edici yanı, Xenophon'un da anılarında belirttiği gibi, dünyanın oluşumu ve bununla ilişkili sorular üzerinde düşünmenin Sokrates tarafından anlamsız sayılıp bir kenara itilmesidir.

Nietzsche'ye göre "dünya tarihi denen şeyin bir dönüm ve doruk noktası" olan Sokrates'in önemini gereğince takdir edebilmek için, yeniden *Trajedi'nin Doğuşu*'na başvurarak, Nietzsche'nin bu en büyük hasmı üzerine çok keskin bir görüşle yaptığı psikanalitik değerlendirmeye bakmalıyız: "Sadece içgüdüyle! Bu ifadeyle, Sokratik eğilimin kalbine ve merkezine ulaşıyoruz. Sokratesçilik hem mevcut sanatı hem de mevcut ahlakı onunla yargılar... Bu tek noktadan hareketle varoluşu [*Dasein*] düzeltme gereği duydu Sokrates: tek başına, aldırışsız ve üstünlük taslayan bir edayla, bambaşka bir kültürün, sanatın ve ahlaklılığın temsilcisi olarak, bütün bir dünyaya adım attı... Sokrates karşısında bizi her defasında saran ve tekrar tekrar heyecanlandırıp Antik dönemin bu en tuhaf kişiliğinin anlam ve amacını anlamak için harekete geçiren korkunç şüphe işte budur. Kimdir bu böyle tek başına, Yunan varlığını reddetmeye kalkışan...?"

"Sokrates'i anlamanın bir anahtarı, 'Sokrates'in Daimon'u' denilen olağanüstü bir görüntüdür. O dehşetengiz aklının karıştığı durumlarda Sokrates, tam da böyle anlarda kendini duyuran bu tanrısal ses sayesinde tutunacağı sağlam bir nokta yakalar yeniden. Ne zaman gelse, *bir şeye karşı uyarır* bu ses onu. Hiç alışılmamış bir kişilik olan Sokrates'in içgüdüsel bilgeliği, bilinçle edinilmiş bilgiyi arada sırada *engellemek* üzere ortaya çıkar. Bütün üretken insanlarda, tersine, yaratıcı ve olumlayıcı bir kuvvettir içgüdü, bilinç ise eleştirel ve uyarıcı; oysa Sokrates'te içgüdü eleştirici olur, bilinç yaratıcı – kusurdan doğan mükemmel bir ucubelik."

Yaklaşık yirmi yıl sonra yine bu teşhise dönen Nietzsche, insan olarak Sokrates'i analiz eder.[14] Fazla insani olan şeyler karşısında du-

14. "Sokrates Sorunu", Nietzsche, 1888.

raksamaz bu analiz, tersine, asıl onların üstüne gider: "Köken olarak Sokrates en aşağı halk tabakasındandı: ortalıkta dolaşan kaba saba güruhtan biri. Ne kadar çirkin olduğu biliniyor, hatta hâlâ görebiliyoruz bunu. Ama çirkinlik Yunanlılar arasında bir eleştiri, hatta yeterli bir çürütme sayılırdı. Zaten acaba gerçekten Yunanlı mıydı Sokrates? Çoğu kez çirkinlik bir karışmanın işaretidir, karışma sonucu *engellenmiş* gelişmenin. Bazen de *aşağı doğru giden* bir gelişmenin. Aynı zamanda antropolog olan bazı kriminologlar, tipik bir suçlunun çirkin olduğunu belirtmiştir: *monstrum in fronte, monstrum in animo* [Yüzü canavarca olanın ruhu da canavarcadır] ... Sokrates'teki yozlaşmanın göstergesi sadece kendisinin de itiraf ettiği içgüdülerdeki uygunsuzluk ve anarşi değil, aynı zamanda mantıksal çifte döllenme ve o tipik *raşitik kötücüllüğüdür*. Bu arada, 'Sokrates'in Daimon'u' diye, dini bir şey gibi yorumlanmış olan malum ses sanrılarını da unutmayalım."

"O fizyonom Sokrates'e kim olduğunu açıkladığında –bütün kötü arzuların mağarası–, Sokrates'in bütün ironisiyle söylediği şey, nasıl biri olduğunun anahtarını veriyor bize: 'Bu doğru, dedi, ama ben herkesin efendisi oldum.' Peki Sokrates *kendisinin* efendisi olmayı nasıl başardı? Esas itibariyle aşırı bir vakaydı onunki, o zamanlar genel bir dert haline gelmeye başlamış bir şeyin en göze batan örneği: artık kimsenin kendi efendisi olamayışının, içgüdülerin birbirine *karşı* koymasının. Aşırı bir örnek olduğu için ilgi çekti Sokrates, korku uyandıran çirkinliği her göze onun böyle olduğunu göstermekteydi: Ve tabii, bu vakanın cevabı, çözümü, görünürdeki *iyileşmesi* olarak daha da çok ilgi uyandırıyordu."

"Akıl = Erdem = Mutluluk denkleminin biricik anlamı: Sokrates'i taklit etmeli, karanlık arzulara karşı kalıcı bir *gün ışığı* yaratmalısın – aklın ışığını. Ne pahasına olursa olsun akıllı, açık, aydınlık olmalısın: içgüdülere, *bilinçdışına* verilecek her taviz uçuruma sürükler..."

Anlaşılan, Sokrates'te "*kuramcı insan*" tipini görüyor Nietzsche, yani sarsılmaz bir iyimserlikle "nedensellik zincirinin başında yer alan düşünmenin, en derin noktalarına kadar varlığa ulaşabileceğine, düşünmenin varlığı hem bilmeyi hem de *düzeltmeyi* başaracağına" inanan birini. Bilindiği gibi, Sokrates hiç yazılı eser bırakmadı. "Sadece konuşarak" öğrenci ve tilmizlerini etkilemeye çalıştı. Bu tekniğini, kendini tanımayı hedef alışını, içgörünün erdeme götürdüğü şeklindeki anlayışını ve –daha az önemli olmamak üzere– iyileştirici etkisini göz önüne aldığımızda, Platon'da hak ettiği kuramcıyı bulmuş olan analitik tekniğin atası sayabiliriz Sokrates'i. Bizzat kendisinin, düşünceleri çekip çıkaran bu diyalektik terapiyi, ebe olan annesini taklit ederek sürdürdüğü *ebelik işiyle* bir tutmuş olması bu görüşü kuvvetle desteklemektedir. Hem bu ifade, hem de başbelası bir kadın olduğu söylenen eşi Xanthippe hakkında anlatılanlar ilksel travmaya yönelik şiddetli tepkinin onda tamamen bireysel nedenlerle son bulmuş olduğunu kanıtlar; bu da onu, göründüğü kadarıyla, Nietzsche'nin *dejenere tip* adını verip açıkladığı insanlardan biri haline getirmiştir. Bunun biyolojik sonuçları olan çirkinlik, raşitizm, ses sanrıları ve güdüsel yaşamdaki Nietzsche'nin anlattığı bütün o dengesizlik de, böylece bir hamlede anlaşılabilir. Yine kolayca anlayabileceğimiz bir şey de, onun buna verdiği ruhsal tepkidir: Anneye yönelik aşırı saplantıdan kurtulmak için onunla bilinen özdeşleşmeye ve yitirilmiş anne-çocuk ilişkisini sürekli yenilemeyi sağlayan oğlan sevgisine yönelmiş bir tepkidir bu. Sokrates'in doğum travmasını aşmasını sağlayan üçüncü ve son bir yol daha var: ölüm korkusunu aşma. Nietzsche'nin isabetle belirttiği gibi, ölümü kendi istemişti, çünkü onun durumunda alışılmış ceza sürgündü aslında. Ölümü istedi, *isteyebildi*: "Görebildiğimiz kadarıyla, bilim içgüdüsünün ellerinde hem yaşayabilen, hem de ölebilen (çok daha geniş kapsamlı bir şey) ilk kişiydi. Bu yüzden, *ölen* Sokrates resmi, *bilme* ve akıl sayesinde *ölüm korkusundan arınmış* insanın armasıdır, bilimin kapısı üzerinde asılı durarak herkese kendi amaçlılığını hatırlatır, yani varoluşu [*Dasein*] kavranabilir ve dolayısıyla meşru gösterebilmeyi."

Böylece Sokrates, –kısmen nevrotik nitelikli olan çeşitli tatmin ikamelerinin yardımıyla ve bir kâse dolusu zehri içmek pahasına da olsa– doğum travmasından ilk kez entelektüel yoldan kurtulmayı başarmış ve psikanalitik terapinin doğrudan öncüsü olmuştur.

Psikanalitik Bilgi

Analiz durumunun kendisine ve analiz edilen kişinin bilinçdışı tarafından dile getirilişine bakarak doğum travmasının; bu travmanın bastırılışının; ve nevrotik yeniden üretimde, sembolik uyum sağlamada, kahramanca telafide, ahlaki tepki oluşturmada, estetik ideal-leştirmede ve felsefi spekülasyonda geri dönüşünün ne kadar temel bir öneme sahip olduğunu gördük. Başlıca kültürel üretim ve gelişime kuş uçuşu da olsa bakarak, hem insanın toplumsal anlamda değerli, hatta aşırı derecede değerli yaratılarının hem de daha ötesi, insan oluşun kendisinin doğum travmasına gösterilen belli bir tepkiden kaynaklandığını göstermiş olduğumuzu sanıyoruz. Açıklayabildiğimizi düşündüğümüz bir başka şey de, bu olguyu psikanalitik yöntem aracılığıyla öğrenmiş olmayı aslında –ilksel direncin, yani kaygısının aşılması sayesinde– ilksel travmanın şimdiye kadar görülmemiş ölçüde ötesine geçebilmeye [*Aufhebung*] borçlu olduğumuzdur.

Psikanalitik bilginin kendi gelişimine bakmak, bu ilksel direncin gücü ve Freud'un onu aşabilmekle gösterdiği muazzam başarı hakkında öğretici bir tablo oluşturmaya yeter. Freud psikanalizi asıl bulanın kendisi değil, Viyanalı bir hekim olan Dr. Josef Breuer olduğunu defalarca vurgulamıştır. 1881'de, kitabın başında değindiğimiz bir histeri vakasını ele alan Breuer'e, hastası *talking cure* [konuşarak tedavi] ya da sembolik bir ifadeyle, *chimney sweeping* [baca temizliği] fikrini vermişti. Freud kendi arkadaş çevrelerinde yaptığı sohbetlerde Breuer'in psikanalizdeki rolünden bahsederken, derin bir insani anlayış sergiliyordu ve en kişisel eseri olan "Psikanalitik Hareketin Tarihi Üzerine"de[1] bu noktaya açıklık getirdi: Breuer son kertede kendi buluşunun sonuçlarından kaçmış, bir *untoward event* [çirkin olay]

1. Freud, 1914a. Önce *Jahrbuch der Psychoanalyse VI*, daha sonra da *Kleine Schriften IV* içinde.

karşısındaymış gibi hissetmişti kendini; çünkü işin cinsel yanını görmek istemiyordu. Freud'un bunu cesaretle ele alması ise, çok sonra hocasının tepkisini daha iyi anlamasını da sağlamıştı. Psikanaliz taraftarları arasında daha sonraları görülen ve gözlem yerine çelişkiye dayanan yeni kuramlara yol açan ayrılmaları da, Freud aynı yazıda "psikanalizden uzaklaşmak isteyen gerilemeli hareketler" olarak nitelendirir. Kendi deneyimleri de insanın yapısının psikanalitik gerçekleri kaldırmaya elverişli görünmediğini yeterince belli ediyordu. İzleyicilerinden biri onu terk ettiğinde sıkça söylediği bir şey, sürekli bilinçdışının karanlık tünellerini araştırıp gün ışığını çok az görebilmenin, herkesin harcı olmadığıydı. İnsan hangisine daha çok hayran olacağını şaşırıyor: Freud'un araştırıcı cesaretine mi, yoksa buluşlarını bütün dünyanın direncine karşı ısrarla savunan mücadeleci yanına mı. Bu savunma işini kendi yanındaki çalışma arkadaşlarına karşı daha da yoğun bir şekilde sürdürmesi gerekmişti. Buluşlardan korkuya kapılıp Breuer gibi kaçışıyordu onlar da, ama hep dünyayı sarsıp uyandıran bu içgörülerden kurtulma umudu gördükleri farklı yönlere doğru. Kaçış yollarında doğru şeyler bulduklarında ise, takdir edilecek bir tarafsızlıkla hareket eden Freud, bunları ancak üstünkörü sezilebilen gerçeğin çarpıtılmış ve geçiştirilmiş yanlarından özenle ayırdı, ama bir yandan da, gerçekten "psikanalitik" saymayarak kendi çalışma alanından uzak tuttu.

Yani psikanaliz hareketinin tarihi, her ne kadar çoğu zaman ustanın öğretilerini sözlük anlamında yorumlayan bazı sadık izleyicilerinin abartmaları ve yanlış anlamalarıyla karışmış olsa da, belli bir noktada gerçeğin örtüsünü kaldırabilen bütün manevi hareketlerdeki gibi, ileri geri sallanmalarla doludur. O noktayı keşfeden aslında Breuer'di, ama aynı kararlılıkla gerekli pratik ve kuramsal sonuçları çıkaran, Freud oldu. Bu nedenle, yeniden Breuer'in keşfine dönmemizin amacı hem Freud'un bütün görüşlerindeki, hem de Breuer'in buluşuna ve Freud'un onu kavrayıp ele alışına ilişkin burada getirdiğimiz yorumdaki tutarlılığı sergilemek.

Breuer'in hareket noktası şu "temel olgu"ydu: "Histerik hastanın gösterdiği semptomların yaşamındaki (rüyalarındaki) etkileyici ama unutulmuş sahnelere bağımlı oluşu; buna dayandırılan tedavide hastanın hipnoz altında bunları hatırlayıp yeniden üretmeye yönlendirilişi (katharsis); ve bundan çıkan küçük kuram: semptomların, giderilmemiş heyecanların norm dışı kullanımına tekabül ettiği (döndürme)". Breuer'in buluşunun özü hakkındaki Freud'un bu formülasyonuna[2] onun kendi yöntemiyle, yani asıl psikanalizle sonunda açığa çıkarılmış olan ve tedavide tekrarlanıp çözülen doğum travmasını eklersek, "döndürme" (Freud) sorununun analizinin psikofizyolojik çıkış noktası ile yine psikofizyolojik olan doğum travması uğrağı birbirine bağlı görünür. İkisi arasında da, Freud'un tek başına oluşturduğu *bilinçdışı psikolojisi* yer almaktadır; yani bu adı hak eden ilk psikoloji, çünkü felsefi spekülasyondan çıkmış olan bilinç psikolojisi giderek tıbbi zemine kaydırılmıştır (duyu fizyolojisi, nöroloji, beyin anatomisi). Şimdi artık Breuer'in "fizyolojik" yaklaşımı, yani "hipnoz kuramı" ile Freud'un salt psikolojik yaklaşımı, yani "savunma öğretisi" arasındaki ilk farkın nasıl doğmak zorunda olduğunu daha iyi anlayabiliyoruz. Buradan bastırmanın keşfine ulaşılmış ve daha sonra da bastırmanın (bilinçöncesinin-bilinçdışının), en sonunda da bastıran merci olarak benin (ve türevlerinin: vicdan, suçluluk duygusu, ideal oluşturma vb.) incelenmesine geçilmiştir.

Freud'un Breuer'den kopuşunun psikofiziksel bir sınır alanı olan "döndürme" kavramı etrafında odaklanması tarihçiler için olduğu kadar insani açıdan da ilginçtir. Bu kavramın adını koymuş olan Freud'dur, ama bir olgu olarak döndürme her iki düşünürün de Freud'un deyişiyle "aynı zamanda ve birlikte dikkatini çekmiştir" (*a.g.e.*, s. 209). Öğrencinin hocasından uzaklaştığı bu yol ayrımı zemininde, o zamandan beri bir tabu vardır sanki: Döndürme problemi çözülemeden kalmış, kimse de buna el atmaya cesaret edememiştir.[3] Şimdi eğer Freud'un yöntemini kararlı bir şekilde sürdürerek yeniden bu analitik probleme gelip dayanacak olursak, söz konusu problemi çözme denemesinin nasıl bir sorumluluk getirdiğini bilerek yapacağız bunu. Ancak, bakış açımızın genel önemi şimdiye kadar ortaya konduğundan, böyle bir denemenin yeterince meşru olduğunu düşünüyoruz.

Şimdiye kadar birçok kez geçiştirmiş olduğumuz bir soru var: Libidonun ilksel eğilimi olan ve en yüksek haz imkânı olarak görmemiz gereken anne karnındaki haz dolu ilksel durumu yeniden oluşturma çabası, neden böylesine ayrılmaz bir şekilde ilksel kaygıya bağlıdır? Hem kaygı rüyası ve nevrotik semptomun, hem de bunların bütün tü-

2. *A.g.e.* (*Kleine Schriften*, s. 208).
3. Bununla birlikte Ferenczi (1919a:24) döndürmeyi buradakine çok benzer bir anlamda "Protopsikeye Geri Dönüş" olarak yorumlamıştır.

rev ve akrabalarının gösterdiği bu olguyu anlamak için, haz dolu ilksel durumun doğum olayıyla birlikte (aslında muhtemelen biraz daha önce, çocuğu hareket ettiren itme ve baskılarla) hiç de istenmeyen bir şekilde kesintiye uğradığını göz önünde tutmalıyız; zaten daha sonra da bütün yaşam, artık geri gelmeyecek bu yitirilmiş cenneti, libidonun anlatmış olduğumuz son derece karmaşık yollarından geçerek ikame etmekten oluşacaktır.

Öyle görünüyor ki doğum sırasında yaşanıp, giderek ikinci bir anne haline gelen dış dünyadan ölüm nedeniyle ayrılana kadar etkisi sürüp giden ilksel kaygı, başından beri sadece fizyolojik zorlanmaların (nefes alamama-sıkışma-kaygı) dışavurumundan ibaret değildir, son derece haz verici bir durumun tam tersine dönüşmesi sonucu, "ruhsal" bir nitelik de kazanır. Yani bu *hissedilen* kaygı ilk algının içeriğidir; deyim yerindeyse, henüz yeni ayrılmış olduğumuz haz durumunu yeniden oluşturmaya yönelik çok yoğun eğilime karşı ilk engeli koyan ruhsal olaydır ve bu engelde karşımıza çıkan da ilksel bastırmadır. Freud'a göre normal dışavurumları ruh hallerinin beden diliyle ifadesi dediğimiz şeyde bulunan döndürme, demek ki, ruhsal olanın bedensel sinir iletiminden doğmasıyla, yani algılanan ilksel kaygının bilinçli izlenimiyle aynı şeydir. Bu eğer salt fizyolojik nitelikte olsaydı, muhtemelen eninde sonunda bertaraf edilebilecekti. Ama işte geri dönme çabasını (libido) engellemek için, ruhsal bir zemine bağlanmaktadır ve bu çaba da kaygının ortaya çıktığı daha sonraki bütün durumlarda ilksel bastırma duvarına çarpıp parçalanır. Yani algılanıp ruhsal olarak sabitlenmiş bulunan ilksel kaygı izlenimi, kendinden önceki haz durumunun anısını silerek geri dönüş çabasına engel olur. Zaten böyle bir çaba bizi yaşayamaz hale getirirdi; intiharı deneyen kişinin bu kaygı sınırını geriye doğru geçmek isterken gösterdiği "cesaret", bunun kanıtıdır. Anlaşılan, ilksel kaygının tekrarlanma tehdidi geri dönüş çabasının yolunu kesmeseydi, insan ilksel nesneden acı veren ayrılışa hiç dayanamayacak, ikame olarak gerçekliğe uyum sağlama işini hiç başaramayacaktı. İster uyurken (rüya) ister uyanıkken (bilinçdışı fantezi) olsun, ne zaman bu sınıra yaklaşacak olsak kaygı başlar ve bu da nevrotik semptomlardaki bilinçsiz haz ve bilinçli hoşnutsuzluk niteliğini açıklamaktadır. İlksel hazzın yaklaşık olarak yeniden oluşturulması için tek gerçek imkân, cinsel birleşmedir, yani anne bedenine salt bedensel anlamda geri gitme. Ancak, en yüksek haz duygusunun eşlik ettiği bu kısmi tatmin her birey için yeterli değildir; daha doğrusu, son kertede eşey plazmasına bağlı olan doğum travmasının etkisinin görece şiddetli olması ve bu yüzden de ilksel bastırmanın (tepki) daha güçlü bir şekilde gerçekleşmesi sonucu, kimileri nesneyle bu bedensel ilişkiyi daha az tatmin edici bir şekilde yaşar. Böyle kişilerin bilinçdışı geri dönüşü tam olarak yeniden üretmek ister; bunu da cinsel eyleme girerek kendilerini özdeşleştirebilecekleri yeni bir canlı yaratmak yoluyla değil, bazen anneyle çocuk arasındaki tam bedensel özdeşliği cinsel eşle oluşturarak (mastürbasyon, eşcinsellik[4]) bazen de özdeşleşme mekanizmasını nevrotik semptomla savuşturarak yapabilirler. Ayrıca, erkek ile kadının bütün ruhsal gelişimleri arasındaki temel fark da burada yatar: Kadın ilksel durumun tamamen gerçek bir yeniden üretimini yapabilir, yani hamileliği ve doğurma eylemini yineleyebilir ve böylece ilksel tatmine olabildiğince yaklaşır. Oysa bilinçdışı özdeşleşmeden başka bir olanağı bulunmayan erkek bu yeniden üretimin ikamesi olarak "anne"yle özdeşleşmek ve kültürel ve sanatsal ürünler yaratmaya yönelmek zorundadır. Kadının kültürel gelişmede daha sınırlı bir rol oynamasını ve dolayısıyla ikincil bir sonuç olarak toplumda kadına daha az değer verilmesini de açıklıyor bu. Esas itibariyle bütün kültürel yaratıya yol açan, erkeğin anneye ilksel nesne olarak aşırı libidinal değer atfetmesi ve bunun ilksel bastırmayla bir kenara itilmiş olmasıdır.[5] Diyebiliriz ki, normal toplumsal uyum ilksel libidonun geniş ölçüde babaya özgü olana, yaratıcılığa aktarılmasıdır; patolojik –ama aynı zamanda aşırı normal– olan her şey de anneye yönelik abartılı saplantı ya da buna gösterilen tepkiye bağlanmaktadır. İkisi arasında yer alan cinsel tatmin ise hem çocukluk arzusunu kapsar, hem de ilksel kaygının neredeyse kesintisizce ilksel libidoya dönüşmesine olanak verir. Karmaşık bir mekanizma olan cinsellikte görülebilen sayısız olası sorunun hemen kaygı yaratması bundandır. Doğrudan doğruya cinsel işlevle ilgili bozukluklarda (Freud'un "güncel nevrozları") kaygı da dolaysızca çıkar ortaya, buna karşılık ruhsal temelli psikonevrozlarda semptomun ördüğü koruyucu duvara yapış-

4. Eşcinseller hakkında Martial şunu söylemişti: "Bir parçaları babaya ait, geri kalan her şeyi anneden almışlar."

5. Alfred Adler tarafından ilk hareket ettirici olarak öne çıkarılan kadının "düşük değerli" olduğu düşüncesinin en derin nedeni de burada yatmaktadır. Bu tasavvur doğum travmasını bastırmanın doğrudan bir sonucu olduğundan, cinsiyetten tamamen bağımsızdır.

mış durumdadır ama her türlü krizde yeniden üretilerek açığa çıkar. Doğum travması ve ceninin onu önceleyen durumlarına bakış, çok tartışmalı bir sınır bölgesi olan psikofiziği sonunda kavranılabilir kıldı. Artık sadece insanın ilksel bir semptomu olan kaygıyı değil, psikofizik köklere sahip döndürmeyi ve insanın bütün duygulanım ve dürtü yaşamını da anlayabiliyoruz. Gerçekten de, dürtü ruhsal temelli ilksel kaygıya verilen ilk tepkiden başka bir şey değildir; deyim yerindeyse, ilksel kaygının harekete geçirdiği içgüdüdür. Geri dönme peşindeki ben, kaygı sınırı tarafından her defasında ileri doğru *itilir*, cenneti geçmişte değil, anneyi taklit ederek şekillendirilmiş olan dış dünyada ve eğer bu olmuyorsa, görkemli arzu ikameleri olan din, sanat ve felsefede aramaya yönlendirilir. Çünkü bu muazzam uyum sağlama işini aslında bir tip insan başarabilir: Gerçek değerlerin biçimlendirilmesi söz konusu olduğunda, kültür tarihinin bize kahraman olarak aktardığı kişi; gerçek yaratış sırasında tatminsiz kalmış ilksel libidonun artıklarından kurulacak fantastik bir üstyapının ve ideal değerlerin yaratılması söz konusu olduğunda ise, sözcüğün en geniş anlamıyla "sanatçı" diyebileceğimiz kişi.[6] Normal insan ilksel sembolü zaten temsil etmekte olan bu dünyaya doğar ve bastırmanın ortalama düzeyine karşılık düşen tatmin olanaklarını hazır biçimler olarak bulur. Bütün yapması gereken, kendi ilksel deneyimi sayesinde bunları *yeniden* tanıyarak kullanmaktır ("sembolleştirme").

Hem bütün bu söylenenlerden çıkarılabilecek hem de Freud'un açtığı araştırma yolunu izleyerek doğrudan varılabilecek en önemli kuramsal sonuçlardan birine geldi sıra. Başından beri analitik bakış açısı, bütün kalıtsal ve türün gelişimiyle ilgili etkileri geçici olarak bir kenara bırakmıştı. Zaten büyük ölçüde kavranamaz olan bu etkilerin aşırı derecede önemsenmesi, psikanalizi bir noktada düzeltmiş, bireysel gelişimin büyük ve çok önemli bir parçası olan çocukluğu araştırmaya açarak birinci dereceden belirleyici bir etken olarak anlaşılır kılmıştır. Ancak, analitik tekniğin gelişmesi ve deneyimlerimiz sayesinde artık çocuğa özgü gelişim evresini giderek daha gerilere doğru, hatta sonunda doğum öncesi evreye varıncaya kadar izleyebildiğimiz için, –özellikle rüya sembollerini derinlemesine araştırarak– doğuştan gelme *ruhsal* bir şey olduğu şeklindeki türoluşsal gelişmede odaklanan bakış açısından vazgeçebiliyor ya da onu Haeckel'in

6. Rank, 1907.

yaptığı gibi temel biyogenetik yasayla sınırlandırabiliyoruz. Böylece bütün bir sembolleştirme ve ona bağlı problemler görece basit ve tatmin edici bir tarzda açıklığa kavuşuyor. Jung'un, spekülatif eğilimleri nedeniyle türoluşsal bakış açısını analize zamanından önce sokmasıyla ortaya çıkan durumda olduğu gibi. Psikiyatriden gelen Jung mitolojiyi karşılaştırma nesnesi olarak işe karıştırıp nevroz analizinin asıl işe yarayabilecek deneyimlerini bir kenara bıraktı. Oysa bunlar basit betimleme ve buna bağlı spekülasyonun ötesine geçmesini sağlayabilirdi. Yorumlanmadan halk psikolojisinden alınan malzemeyi bireysel psikoloji olgularını anlamak için kullanmaya başlamanın verimsizliğini Freud da hemen fark etmişti. Tek doğru yolu seçerek bunun tersini yaptı. Biz de bu yolu izlemeyi sürdürerek türsel gelişmede odaklanan bakışı çok daha gerilere götürebiliriz.

İlksel fanteziler olan hadım edilme ve Oidipus durumunu doğum travmasına (ayrılış) ya da onun öncesindeki haz dolu evreye (anneyle yeniden birleşme) bağlamış olduğumuza göre, doğruca Freud'un gözlemlerinden hareket ederek, tipik bir şekilde her iki fanteziyi de barındıran anne baba arasındaki cinsel birleşmeyi gizlice dinleme durumunu da gerçek temeline, yani doğum öncesi duruma geri götürmemiz zor olmayacak. Freud daha *Düşlerin Yorumu*'nun ikinci baskısında (1909) "rahim içi yaşam fantezilerinden, anne karnında bulunmuş olmaktan ve doğum olayından kaynaklanan" (s. 198) tipik rüyaların sözünü eder. Verdiği örnekler arasında, "daha önceki bir fantezisinde rahim içindeyken anne babasının bir cinsel birleşmesini dinleme olanağı bulduğunu tasavvur etmiş" genç bir adamın rüyası da vardır. Bundan sonra da, analistten *ayrılması* gereken bir kadın hastanın anlattığı doğum rüyasına yer verilmiştir. Freud'un da hemen fark ettiği gibi, her ikisi de iyileştirici rüyalardır ve bizim araştırmamızın başlangıç noktası da bu tür rüyaların düzenli olarak görülmesidir. İyileşme durumu bakımından "fantezilere" tekabül eder bunlar; bununla birlikte, fanteziler doğum olayını hakiki ve "hatırlanan" malzemeyle gerçekten yeniden üreten refleksin karşılıklarıdır. Yıllar geçip "anne karnı fantezisi" bütün eleştirmenlerle alay edercesine psikanalizde sağlam bir yer edindiğinde, Freud da klasik metinlerinden olan "Bir Çocuk Nevrozunun Öyküsü"nde[7] bu sorunu tekrar ele aldı ve "ilksel sahne"nin kavranamadan kalmış gerçekliğini hem eski taraftarlarının

7. Freud, 1918a. Bu eser 1914/15 kışında yazılmıştır.

yeniden yorumlama girişimlerine hem de bizzat kendi bilimsel şüphesine karşı ısrarla savundu. "Dünyanın kendisinden bir örtüyle saklanmış olduğu" şeklindeki şikâyeti bir "mutluluk örtüsü" içindeki kendi doğumuna bağlanabilen hastanın analitik yeniden doğuş fantezilerinden hareketle, anne bedenine dönmek ve orada anneyle özdeşleşip babası tarafından döllenmek ve ona bir çocuk doğurmak istediği sonucuna vardı (*a.g.e.*, s. 693). İtiraza yer bırakmayacak verilere dayanarak şunu gösterebiliriz: Söz konusu isteğin ilk bölümü tamamiyle gerçek biyolojik anlamdadır; ikinci bölüm ise bu başlangıç eğiliminde çocukluk dönemindeki belli yaşantılar sonucu ortaya çıkan bütün ruhsal kılık değişikliklerini ve dönüşümleri göstermektedir. Bizzat Freud bir dipnotta (*a.g.e.*, s. 695) bu geriye doğru hatırlayabilme yetisiyle ilgili soruyu "bütün analitik öğretinin en çetin meselesi" olarak nitelendirmiş ve "çocukta tanımlanması güç bir bilginin, belki bir tür anlama hazırlığının bu konuda [ilksel sahnenin yeniden harekete geçirilmesinde] etkili olduğu" sonucuna varmıştır: "Bunun neden oluştuğunu tasavvur etmek mümkün değil; elimizdeki tek mükemmel karşılaştırma olanağı, hayvanların sahip olduğu yaygın *içgüdüsel* bilme yetisi" (*a.g.e.*, s. 716). Analiz henüz yeni başlamışken hiçbir etki olmadan görülen, ilgili kişinin genellikle gördüğü tipten rüyalarda, duyulmuş ve öğrenilmiş şeylerden oluşturulan dinleme fantezilerinin yanı sıra, annenin de bilemeyeceği salt biyolojik unsurların (organ pozisyonları, bazı özel doğum acıları vb.) yer aldığının nevrozda rastlanan bedensel semptomlarla bağlantılı olarak gösterilebiliyor olması, "dinleme fantezisinin" de gerçek mahiyetini kavramamıza olanak sağlıyor.[8] Bütün yapmamız gereken, daha önce açıklanmış olan gerçekliğe "sembolik" uyum sağlama yolunu anne babanın yatak odasından (fanteziye konu olayın çoğu kez geçtiği sahne) geriye, asıl modeli olan anne karnına doğru izlemek. Bu şekilde, "ilksel fantezinin" asıl niteliği, yani böyle bir sahnenin gerçekten yaşanmış olup olmadığının fark etmemesi de kolayca anlaşılabilecektir; çünkü eğer izlenmiş olan cinsel birleşme sonsuz huzurun baba tarafından bozulduğu ilksel travmayı hatırlatıyor olmasa, söz konusu travmatik etkiyi yapamazdı. Çocuğun daha sonra yaşadığı Oidipus

8. Buradaki fantezi unsuru, yani heteroseksüel aşamanın geri yansıtılması, kahramanın daha anne karnındayken cinsel birleşmede bulunduğu (Osiris) birçok mitsel öyküde ve müstehcen şakalarda karşımıza çıkmaktadır.

kompleksi de belli ki bunun doğrudan türevi, yani rahim içindeki Oidipus durumunun psikoseksüel olarak işlenmesidir. Rahim içi Oidipus durumu "nevrozların çekirdek kompleksi"dir, çünkü babanın verdiği rahatsızlık ilk "travma" değilse bile, onun doğrudan öncüsü sayılmayı hak etmektedir.[9]

Bu açılardan bakınca "ilksel fantezilerin" gerçek mahiyeti anlaşılabiliyor, bunların temelinde yatan ilksel gerçeklik görülebiliyor ve Freud'a göre bilinçdışına bağlayabildiğimiz "ruhsal gerçeklik" de biyolojik bir gerçeklik olarak kavranabiliyor. Ruhsal içeriklerin kalıtım yoluyla geçtiği varsayımını şimdilik bir kenara bırakabiliriz, çünkü birincil ruhsallık olan asıl *bilinçdışı, cenine özgü olanın* gelişen *bende değişmeden sürüp gitmesidir*[10] ve psikanaliz tarafından son metapsikolojik birim olarak cinsiyetsiz "id" kavramıyla ifade edilmiştir. Bunun ötesine geçen her şey, özellikle dar anlamda cinsiyetle ilgili olan şeyler ise fıkralar, folklor ve mitlerde de görüldüğü gibi, önbilince aittir. Bunlarda gerçekten bilinçdışı olan, sadece ceninin anne bedeniyle libidinal ilişkisidir.

Bilinçdışı bu şekilde belirlenince, Freud'un en son yayımlanan çalışmasında[11] bahsettiği benimizin asıl bilinçdışı çekirdeğine ait olan bütün özellikler de kolayca açıklanabiliyor: en başta Freud'un biyolojik anlamda libidonun yitirilmiş bir ilksel durumu yeniden oluşturma çabası olarak nitelendirdiği, yoğunluğu itibariyle hiç değişmeyen ve hiç tatmin edilemeyen arzu eğilimi; sonra bu durumun "narsisist" ilksel özelliği, yani cinsiyet ayrımının hiç bulunmayışı ve dolayısıyla benin karşılaştığı her nesnenin daha baştan anne niteliğine sahip olması; daha sonra zamansız olma ve "ilk kez bastırma süreciyle ortaya çıkan",[12] yani doğum travmasının ruhsal deneyiminden kaynaklanan yadsımanın yokluğu; ve nihayet bilinçdışının temel ruhsal meka-

9. Bu nedenle, hamilelik sırasında cinsel ilişkinin ne zamana kadar sürdürüleceği sorusu önemsiz sayılamaz. Krş. Dr. H. Hug-Hellmuth'un (1921:2) açıklamaları. Aynı yerde küçük çocukların ritmik hareketten hoşlanıyor olması ceninin anne karnındayken algıladığı hareketlere bağlanmaktadır.

10 Bunun bir kanıtı da, analitik olarak bilinen ama anlaşılmaz bir çelişki sayılmış olan bir olgudur: Rüyalarda "bilinçdışı"nın sembolleriyle anne karnının sembolleri aynıdır (oda, bina, dolaplar, kuyular, mağaralar). Silberer bunları salt işlevsel bir şekilde, kişinin ruhsal anlamda kendi kendini ifade etmesi olarak kavramayı denemiştir; bkz. Viyana Grubu'nun toplantı raporlarında bu konuyla ilgili en son çalışması (1922:536).

11. "Ben ve İd", Freud, 1923a.

12. Bkz. Freud, 1918a (*Kleine Schriften* IV, s. 669, dipnot 2).

nizmaları: örneğin, kültürel gelişimde çok önemli bir rol oynayan yitirilmiş durumu dışarda ikame etmesi beklenen yansıtma çabası ve yine anneyle bir zamanlarki birliği yeniden oluşturma peşindeki o bulmacamsı özdeşleşme eğilimi.

Bilinçdışının en asli ve tüm yaşam süreçlerinin anlaşılması bakımından çok önemli özelliklerinden biri, Freud'un da hayli erken bir dönemde çocuksu yaşamda fark ettiği gibi, "yadsıma"nın ta kendisinin –yani ölüm tasavvurunun– kesinlikle bulunmayışıdır. Çocuk ve onun ruhsal temsilcisi olan bilinçdışı, sadece deneyimle tanıdığı doğum öncesi durumu bilir; onu hatırlamanın verdiği haz hiç ortadan kalkmayan ölümsüzlük inancında, ölümden sonraki sonsuz yaşam fikrinde sürüp gider. Ama aslında bize biyolojik anlamda ölüm dürtüsü olarak görünen şey de, doğumdan önce yaşantılanmış olan durumu yeniden oluşturma dışında bir şeye yönelemez zaten. "Tekrarlama zorlantısı"[13] da daima yeni biçimler altında bütün imkânları zorlayan bu arayışın hiçbir zaman sonuca varamayacak olmasından kaynaklanır. Biyoloji dilinde bu sürece "yaşam" diyoruz. Yaşam sürecinde doğum travmasından uzaklaşabilmiş "normal" birey, çocukluk döneminin açıklamış olduğumuz zorluklarına rağmen, nevrotik gerilemelerden de kaçınarak dış dünyaya "bütün dünyaların en iyisi" olarak, yani anne ikamesi olarak uyum sağlamayı başarırsa, bu arada bilinçdışının katı bir ısrarcılıkla kendisine önceden çizilmiş olan geri dönüş yolunu yine de yürüdüğü görülür. Bilinci iradesi hilafına başlangıçtaki hedefine geri götüren bir yoldur bu. Ancak, "yaşlanma" adını verdiğimiz bu süreç söz konusu bilinçdışı hedefe varmak için bütün bedeni sistematik biçimde yıkıma uğratmak ve sonunda her türlü hastalıktan yararlanarak onu ölüme sürüklemek zorundadır.[14] Ölüm anında beden, bir kez daha, anne ikamesi olan ve ön tarafı güzel ve uyumlu, arka tarafı ise çirkin ve dehşet verici olarak düşünülen "Dünya Kadın"dan ayrılır.[15] Belli ki bilinçdışı için kolay bir ayrılıştır bu,[16] çün-

13. Bkz. Freud, 1921b. Buradaki yorumla neredeyse tam olarak örtüşen toparlayıcı açıklamalar, Róheim'ın (1921b:503-4) makale dizisinin sonunda yer almıştır.

14. Bkz. Budizm'e göre üç kötülük: *yaşlanma*, *hastalık* ve *ölüm*.

Sokrates zehir dolu kâseyi aldığında şöyle demişti: "*Yaşam – uzun süre hasta olmak demek bu*: Kurtarıcı Asklepios'a bir horoz borçluyum artık." (Tabii Kurtarıcı Asklepios mitolojide bir yeniden doğuş tanrısıdır; bir *ölüyü dirilttiği* için Zeus yıldırımlarıyla öldürmüştür onu.)

15. Bkz. "Dünya Kadın", Niggemann, 1914:279.

16. Büyük bir hekim ve gözlemci olan Hufeland da ölümün *görünüşte* acı verici ol-

kü onun gözünde bütün olup biten bir ikameden vazgeçerek hakiki saadete kavuşmaktır. Hem halk arasında yaygın olan ölümün kurtarıcılığı tasavvuru, hem de bütün dinsel kurtuluş fikirlerinin özü burada bulunur. Diğer taraftan, elindeki tırpanla insanı hayattan kesip koparıveren ölümün korkunç yüzü de ilksel kaygıya bağlanabilir. İnsan son nefesini verirken yaşadığı son travmayla, son kez yeniden üretir onu ve böylece doğum kaygısını yeniden yaşamak suretiyle ölümü yadsıyarak, en büyük kaygı olan ölüm kaygısından da haz edinmeyi bilir. Ölümü anne karnına dönüş olarak kavramanın bilinçdışı için ne kadar ciddi bir şey olduğunu bütün halkların ve bütün zamanların ölüm törenlerine bakarak görebiliriz: Hepsinde de sonsuz uykunun –baba tarafından– bozulması en büyük kötülük ve en ağır suç sayılıp cezalandırılmaktadır.

Hıristiyan büyüklerinin derin bir kavrayışı yansıtan dogmasına göre ruh hamileliğin ileri bir aşamasında, çocuk ilk izlenimleri algılayabilir duruma geldiğinde cenine girer ve ölümsüz yaşamdan pay alabilmek için ölümle birlikte bedeni terk eder. Ruhun bu ayrılış ânında dizginlenemeyen arzu ölümsüzlüğü kurtarmaya girişir. Bir kez daha fantastik görünen ama aslında tamamen gerçek bir içeriğe sahip olan özgün ruh tasavvuruyla karşı karşıyayız burada. Erwin Rohde'nin *Yunanlılarda "Psike" Kavramı, Ruh Kültü ve Ölümsüzlük İnancı* (1890-94) adlı eserinde güzel bir anlatımla açıkladığı gibi bu tasavvur ölüm tasavvurundan çıkıp gelişmiştir. Başlangıçta ruh tamamen gerçek ve bedensel bir şekilde, ölen kişinin ona eşlik eden ve ölümden sonra yerine geçip tam anlamıyla gerçek bir yaşam sürdüren bir ikizi gibi düşünülmüştü (Mısır inanışındaki Ka ve onunla ilişkili diğer tiplemeler).[17] Bundan ilkel ruh inancının, dinsel ruh tasavvurunun ve felsefi ruh kavramının nasıl geliştiğine, yeri geldiğinde değinmiştim.[18] Bütün bunların aslında bilinçdışının arzu yüklü fantezileri olduğunu açığa çıkarmış bulunan psikanalitik araştırma, sürekli yeni-

duğunu söylemişti. Bu çalışmayı yazmakla meşgulken tesadüfen elime geçen bir yazıda Heinz Welten (1923) büyük adamların son sözlerine bakarak "ölümün ne kadar kolay olduğunu" gösteriyor. Goethe'nin ünlü "Daha fazla ışık" sözü, besbelli ki bilinçdışının doğum fantezisine, dünya ışığını görme isteğine bağlanmaktadır. Olağanüstü ağır bir doğum travması yaşamıştı Goethe ve bundan kendisi de bahsetmişti. Anlamakta güçlük çektiğimiz yaşamı ve verimini açıklıyor bu durum.

17. Krauss, 1886. "Eski Mısır'da ve güney Slavlarında Çift Yaratılmışlık İnanışı", Krauss, 1920:387-8. "Çift Yaratılmışlık", Rank, 1914.

18. Rank, 1922c:166 vd.

den karşımıza çıkan cenin durumunda kendini ortaya koyan gerçek ruhsal içeriğe yönelmiştir.

İkame tatminin türlü çeşitli yollarına başvurarak yitirilmiş ilksel durumu yeniden oluşturmaya ve ilksel travmayı inkâr etmeye çalışarak durmadan tekrarlanan bu görkemli denemeler karşısında, rasgele aşamalardan geçermiş gibi görünen sallantılı dünya tarihinin biyolojik temellere bağlı kurallılığını bir an için anladığını sanıyor insan. İlksel bastırmadan yola çıkıp büyük bir kudretle etkili olan aynı ilksel mekanizma tarihte de hüküm sürüyor sanki. Dış şartlar nedeniyle büyük sıkıntılar yaşanan zor dönemler, bilinçdışına bireyin hayattaki ilk zorluğu olan doğum travmasını hatırlatınca, geri dönüş denemeleri kendiliğinden güç kazanıyor. Tabii bunların da sona ermesi kaçınılmaz; ama sadece hiçbir zaman hedefe varamayacak oldukları için değil, asıl bu hedefe fazla yaklaştıklarında ilksel kaygıya çatacakları için. Cennetin kapısında yalın kılıç nöbet bekleyen kerubi gibi, ilksel kaygı da cennete girişi engeller. Demek ki, eski ve en yüksek haz deneyimini yeniden oluşturmaya yönelik ilksel eğilime karşı çıkan, hem ona bağlı en büyük hoşnutsuzluk deneyimi olan ilksel kaygının tekrarından bizi koruyan ilksel bastırma, hem de erişilemez kalacağı için hatırlanmak istenmeyen haz kaynağının kendisine gösterilen dirençtir. *Bastırma bariyerinin* bu *ikili yapısı* ilksel hazzı hatırlamanın doğum kaygısı tarafından engellenmesine ve bir yandan da daha önceki haz yaşantısını hatırlayarak acı verici doğum travmasını unutmaya tekabül etmektedir. Ruhsal yaşamın bu *ilksel belirsizliği* insan gelişiminin bulmacasını barındırır ve böyle bir bulmacayı çözmenin tek yolu da, bastırma sürecinin kendisinin psikanaliz tarafından açığa çıkarılmasından geçer.

Tedavi Etkisi

Bundan önceki bölümün sonunda tekrar değindiğimiz ilksel bastırmanın gücünü ve insanlığın onu aşmak için binlerce yıldır yorulmak bilmeden ama bir o kadar da beyhude bir çabayla yinelediği girişimleri hatırlarsak, her tarafta karşımıza çıkar görünüp bizi ilk bakışta kötümserliğe sürükleyen sonuçlarla birlikte, psikoterapi konusunda da umutsuzluğa kapılabiliriz. Dünyada hangi kuvvet bilinçdışını kendi asli doğasından vazgeçip kelimenin tam anlamıyla doğuştan gelen hareket yönünü değiştirmeye sevk edebilir ki? Şimdiye kadar söylenenlerden, böyle bir kuvvetin bulunmadığı dışında hiçbir sonuç çıkamazmış gibi görünüyor. Buna karşılık analitik deneyimin gösterdiği ise, bilinçdışının özellikle güçlü bir şekilde hükmettiği ağır derecede nevrotik insanları, nevrotik olmayanlar gibi yaşamalarına elverecek ölçüde bu hegemonyadan kurtaracak bir şeyin mevcut olduğudur. Ama hepsi bu kadar – nereden baktığımıza bağlı olarak hem epeyce fazla, hem de çok az. Göründüğü kadarıyla, meseleye olumlu yönden bakacak olan sadece analisttir, hasta ise çoğunlukla ancak ikinci değerlendirmeyi yapabilecek durumdadır. Bu pek öyle nedenlerini araştırmak gerekecek bir çelişki gibi durmasa da, psikolojik motivasyonu incelenmeye değer.

Sözünü ettiğimiz, gerçek bir başarı sağlanamadığı halde analistin öznel nedenlerle sadece kendi elinden geleni değil, yapılabilecek her şeyi yaptığına inandığı durumlar değil; hastanın gerçekten de rahatsızlıklarından kurtulduğu, yeniden çalışabilir ve hayattan tat alabilir duruma geldiği halde, yine de hoşnutsuzmuş gibi davrandığı vakalar. Tabii bu bizi görevimizden bir an bile alıkoyacak, mütereddit kılacak değil. Analiz yaptırmamış, belki buna hiç ihtiyacı da olmayan bütün diğer insanların daha hoşnut, daha mutlu olduğunu kim iddia edebilir? Freud'un bir sözünü hatırlayalım: İyileşmiş bir nevrotik kişi, daha önce "nevrotik" mutsuzken, artık genellikle sıradan bir mutsuzluk sergiler! Hekimler –ağır– bedensel hastalığı olanların bile tam iyileşme beklentilerini karşılayamazken, psikanalizin bulgularına göre tam da doğaları gereği tatmin edilemez libidinal beklentilerin hastalığa yol açtığı nevrotik kişilerde bu hiç umulamaz. Yani nevrozun nedeni hakkındaki nihai bilgi, o nedeni gidermenin aracını sağlayacağına, her türlü iyileştirme girişiminden vazgeçmeye yol açar gibidir. Psikoterapide tam bir nihilizmin bulunduğu anlamına gelmez mi bu? Hatta daha ötesi, Sokrates'in "Bilgi güçtür" sözünün tekniğe uyarlanmasına dayanır görünen her türlü araştırma ve bilimi de reddetmek olmaz mı?

Ancak, antik dönemdeki öncüsü tarafından kendi bilgeliğinin esası olarak aktarılan bu önyargıya ilk karşı çıkan da, yine psikanaliz olmuştur. Psikanaliz entelektüel burnu büyüklüğümüzü adım adım bir kenara bırakıp, bilinçdışının asli biyolojik kuvveti karşısında bilincimizin gücünü giderek daha az önemsemek zorunda bırakmıştır bizi. Sanırım yeterince bilgi edinmiş olduğumuz psikanalitik terapi alanında da aynı yolu geçmeli ve böylece –Sokrates'in sözü üzerinde bir çeşitleme yaparak ifade edelim– bütün bildiğimizin, etkili bir kullanım yolu bulamadığımız takdirde bilgilerimizin terapi bakımından işe yaramayacağından ibaret olduğunu kavramalıyız. Freud oldukça erken bir dönemde, kendi bilgimiz ve anlayışımızla hastanınkini karıştırmamak konusunda uyarıda bulunmuş,[1] araştırma yöntemi olarak psikanaliz ile terapi olarak psikanaliz arasında kesin bir ayrım yapmıştı. Bilinçdışını yeterince tanıyamadığımız sürece bilgimiz etkili bir tedavi hedeflemeye elvermediğinden, araştırmayı öne çıkarmak zorundaydık. Ama son yıllarda giderek zenginleşen deneyimimiz terapi olanaklarının bilgi artışına beklenen ölçüde uymadığı konusunda bizi ikna etti; hatta tedavi amaçlı naif girişimlerin bilgi ve içgörü fazlalığı tarafından engellenebileceğini düşünmeye başladık.[2] Ayrıca, bilgilerimizi aktardığımız hasta bunları entelektüel anlamda kabul etse bile, semptomlarda bir değişiklik olmadığını uzun zamandır biliyorduk. Asıl tedavi etkisini duygulanım düzeyindeki bir kabullenmede aramak gerekiyordu, çünkü bu netice itibariyle duyguların tepkiye dönüştürülmesiyle aynı şeydi ve ancak bilinçdışı dirençlerin gideril-

1. Freud, 1913 (*Kleine Schriften IV*, s. 436).

2. Anlaşılan bu tür durumlar nedeniyle Profesör Freud son kongrede (Eylül 1922) "Psikanalitik Kuram ve Tekniğin Birbiriyle İlişkisi" konulu bir makale yarışması düzenlemeyi uygun bulmuştur.

mesiyle mümkün olabilirdi. Çok geçmeden, eski hipnoz günlerinden kalma bir uygulama olan bilinçli hatırlamayı sağlamak yerine, gerçek duygusal yeniden üretimin yolunu açan olumlu ve olumsuz aktarımın tekrarlanmasına çalışıldı.[3] Zaten bu tekrarlamaları engellemenin gereksiz olduğu, tersine, hasta belleğini –biyolojik işlevine uygun bir şekilde– tekrarlamadan kaçınmak için kullanacak olursa, sık sık teşvik edilmeleri gerektiği de anlaşılmıştı. Bilindiği gibi, böyle aktif bir terapinin gerekliliğine ilk işaret eden, Ferenczi'dir.[4] Yanlış anlaşılmamak için bu görüşünü ayrıntılı bir şekilde açıklayıp gerekçelendirmiştir.[5] Sanki yeni bir şeymiş gibi yüksek sesle kötülenen aktifliğin aslında psikanalizde sessizce uygulanageldiğini vurgular haklı olarak. Benim buna ekleyebileceğim tek şey ise, terapinin doğası gereği "aktif" olduğu, yani herhangi bir iradi müdahaleyi ve bundan kaynaklanacak değişikliği, yani bir etki yaratmayı hedeflediğidir. Psikanalizde "pasifliğin" araştırmacıya ait bir erdem olarak övülmesi de yerinde bir tutumdur aslında: Pasiflik araştırmacıya henüz bilmediği ya da bilgisi aracılığıyla oluşmasına yol açmadığı gerçekten yeni bir şeyi öğrenme imkânı tanır. Yine de, nasıl bir dahiliyeci hastanın başucundayken doğru teşhis koyabilmek için tıp tarihini ya da bir elkitabını karıştıramazsa, analist de uygulama sırasında hastasıyla birlikte psikanalitik araştırmayı adım adım izleyerek onun ruhsal yaşamını deyim yerindeyse tarihsel olarak açımlamaya yönelmeyecektir. Bunun yerine, şimdiye kadar edinilmiş bütün bilgileri doğru bir tarzda özümseyerek, ele aldığı vakanın gereklerine göre uygulamaya koyabilmelidir. Ve eğer tedavide kayda değer bir sonuca ulaşmak istiyorsa, bunu yaparken "aktif" olması gerektiği ortadadır. Yaptığı müdahale bir operatörünkinden daha az aktif değildir ve uzmanlık gerektiren bir iştir: ilksel bastırmayı gidererek ya da hafifleterek ilksel libidoyu saplantısından kurtarmak ve böylece hastanın nevrotik saplantıdan kurtulmasını sağlamak; bu son kertede doğum travmasının tecrübeli bir ebenin yardımıyla tekrarlanmasına kadar varır. "Hekimin yardımıyla" dememeyi tercih ettim, çünkü asıl yapmak istediğim, tamamen insani ve pratik bir ânı vurgulamak.

Düşüncemizi terapinin bu yeni belirlenmiş hedefinde bir an için

3. Freud, 1914b (*Kleine Schriften IV*). Krş. Ferenczi ve Rank, 1924.
4. "Bir Histeri Analizinin Teknik Zorlukları", Ferenczi, 1919c.
5. "Psikanalizde 'Aktif Tekniğin' Geliştirilmesi", Ferenczi, 1921.

yoğunlaştırırsak, kaçınılmazmış gibi görünen kötümserliğin karanlığı içinde ilk umut ışığını fark edip rahatlayabiliriz. O zaman görürüz ki, aslında yaptığımız hastanın hayatı boyunca denediği, ama pek başarılı olamadığı bir şeydir: doğum travmasının kültürel uyum sağlama yoluyla aşılması. Bizim yorumumuza göre yeni doğmuş birey, eğer ilk "müdahaleyi" yapan doğa araya kaygıyı yerleştirerek geri dönüş çabasını yasaklamasa, derhal yalnızlık durumuna, yani pratik olarak ölüme geçiverirdi. O andan itibaren bireyin her faaliyeti bir terapi niteliği taşır, geri dönüş eğilimlerine karşı koyarak "gözden çıkarılmış" hastayı bir süre daha hayatta tutar, ama tabii bunu sonsuza dek sürdüremez. Bu bağlamda, görünüşte en az faydalı olan, yani bilinçdışı eğilimleri dışavurmaya yarayan meşguliyetlerin duygusal boşalma bakımından ne kadar değerli olduğuna da işaret edelim: Çocuk oyunları da,[6] yetişkinlerin oyunları da (duygusal boşalma söz konusu olduğunda, özellikle yas tutma oyunu) böyledir. Freud'un psikoz vakalarındaki gerçeği çarpıtan tasavvurları ele alarak göstermeyi başardığı gibi, bu oyunların akışını da bir iyileştirme denemesi olarak kavramamız gerekiyor. Tıpkı analiz süreci gibi, burada da geriye doğru bir hareket görüyoruz. Analiz herhangi bir etkide bulunmak istiyorsa, bu gerileme sürecini izlemek zorundadır. Hastaya tamı tamına, sonuçta libidinal aşırılığın ortadan kaldırılmasını tehlikeye düşürmeyecek miktarda haz sunmak, ancak analizin yapabileceği bir şeydir. Bunu yaparken, başta anlatmış olduğumuz şekilde, hastaya yitirilmiş ilksel nesne olan annenin bir ikamesini sunar. Bunun bir ikame olduğu ne kadar iyi belletilirse, hasta ondan vazgeçebilmeyi o kadar çabuk öğrenecektir. İkamenin buna rağmen hastanın gözünde çok değerli oluşu ve bu durumun da aktarım olgusunda kendini belli etmesi, bir gerçek olmasından kaynaklanır, yani analistin bir süre için hastaya libidosunu kendi üzerinde odaklama izni vermesinden, üstelik tedavinin koşulları ve düzenlenişinin de bunu teşvik edici olmasından. Böylece nevrotik içe dönüklük analiz ortamı tarafından durdurulmuş olur. Bu sırada psikanalizin başvurduğu ilaç ise, tıpkı kabile büyücüsünün yaptığı gibi, hastanın bilinçdışına seslenen insanın kendisidir.[7] Eğer buna telkin adı verilmek isteniyorsa, aslında psikolojik

6. Bkz. "Duygusal Boşalma Olarak Oyun", Karl Grooß, 1912.

7. Bkz. Róheim'ın zengin folklorik malzeme içeren, ama bence bu malzemeyi fazla karmaşık bir tarzda yorumlayan tebliği: "İlksel Babanın Ölümünden Sonra", 1923.

olarak anlaşılabilecek bir süreci içeriksiz ve yapay bir sözcükle anlatmaya kalkışmak dışında bir sakıncası yoktur.[8]

Sadece analitik terapi değil, ilaç tedavisi dahil her türlü terapi sonuçta "telkin yoluyla", yani hastanın bilinçdışına hitap ederek etkili olur. Daha hekimin seçilmesinden ya da hekimle olan kişisel ilişkiden bellidir bu. Hekimin hastayla ilişkisi her zaman aktarıma dayanır,[9] aldığı tedavi önlemleri ise bilindışının gereğince vurgulanması bakımından ikincildir. Ama artık, sayısız analiz deneyimi sayesinde, bu bilinçdışı aktarım etkisinin mekanizmasını açıklayabiliyoruz. Çocuğun yaşamında doktorun çok belirli, dar sınırlarla çerçevelenmiş bir yeri olduğunu biliriz. Doktorculuk oyununda kendini gösterir bu: Çocukların nereden geldiğini ve bedenin içinde neler olup bittiğini gayet iyi bilir görünen doktor, bu yönleriyle çocuğun bilinçdışı idealini temsil eder. Vücudu dinlemesi, sırta vurması, atılan sıvı ve dışkı gibi şeyleri kontrol etmesi ya da bıçağı alıp ameliyat yapması hep o karanlık ilksel travmayla ilişkili gibidir. Psikanalitik ortamda bilinçli bir şekilde yine aynı "aktarımın" gerekli oluşu, yetişkin insanın da ilksel travmayla bağlantılı bu "doktorculuk oyununa" ne kadar saplanıp kalmış olduğunu açıkça göstermektedir. Gerçekten de her hasta, karanlık odadaki çocuk gibi davranır: teselli edici konuşan hekimin karşısında hemen büyük ölçüde sakinleşir. Pek çok doktor bilimsel saygınlığının azalacağından çekinip bunu kabul etmek istemez (hatta kendi bilinçdışında çok fazla "doktorculuk oynayan" bazıları hiç kabul edemez); analitik bakımdan daha az etki altında bulunan dahiliyeci ve uzman hekimlerin bu durumu ciddiye alıp uygulamaya dahil etmek sayesinde kazandıkları beklenmedik başarılardan öğrenecekleri çok şey vardır bu doktorların. Analiz hem bunun bir olgu olarak kabulünü hem de hastaların aydınlatılmasını sağlamış ve göründüğü kadarıyla, tedavi etkisini bozmak şöyle dursun, kalıcı olmasının tek yolu olduğunu ispatlamıştır. Çünkü *analiz işinin en önemli kısmı olan analistten uzaklaşma*, doğum travmasının yeniden üretimi tarafından belirlenerek gerçekleşir ve hasta doktoruyla birlikte şikâyetini de yitirir ya da daha doğrusu, şikâyetinden kurtulmak için doktorundan vazgeçmek zorundadır.

Böyle paralel bir sürecin olması düşündürücüdür ve asıl, iyileşme

8. Bkz. "Aktarımın Dinamiği Üzerine", Freud, 1912b (*a.g.e.*, s. 395).
9. Bkz. "Yansıtmalı İçe Atış ve Aktarım", Ferenczi, 1909.

sürecinde nasıl bir mekanizmadan, nasıl bir teknikten yararlanıldığı sorusunu akla getirir. Ama böyle meseleler ancak mevcut malzemeyi ayrıntılı bir analize tabi tutarak incelenebilir. Şimdilik, yakında böyle bir yayın olacağını haber vermekle yetinmek zorundayım.[10] Sadece birkaç noktaya değinerek hem bilinçdışının hem de –çoğu zaman yanlış anlaşılan– bilincin rollerini betimleyeceğim.

Burada özellikle sakınmamız gereken şey, Nietzsche'nin haklı olarak eleştirdiği "Sokratesçilik"tir: sonunda bizzat Sokrates'i de şiddetle etkilemiş bir tehlike. Biz hepimiz, hâlâ çok "teorik insanlarız" ve bilmenin gerçekten de "erdemli" yapmaya yettiğini sanabiliyoruz. Psikanaliz bunun böyle olmadığını ispatlamıştır. Bilgi başka şeydir, iyileştirici etken başka. En derin bilinçdışını değiştirmek, insanın diğer hayati organlarını değiştirmek kadar güçtür. Psikanaliz sayesinde ulaşabileceğimiz tek şey, *benin bilinçdışı karşısında farklı bir tavır alabilmesidir.* Ama bu da az bir şey değildir, hatta insanlığın gelişme tarihinin de gösterdiği gibi, her şeydir. İnsanın ruhsal sağlığı ve çalışma yeteneği beninin bilindışıyla, idle olan ilişkisine bağlıdır çünkü.[11] Normal hareket edip çalışabilen insanlarda, Sokrates'in Daimon'una tekabül eden çeşitli ketleyici ben mercileri bilinçdışını eleştirel değerlendirme ve duygusal reddedişlerle (vicdan ve suçluluk duygusu) kontrol altında tutabilmektedir. Histerik tipteki nevrozlarda daha kuvvetli bir araca, ilksel travmayla ilgili kaygı duygusuna ihtiyaç vardır, aksi halde bilinçdışının kendinden kaynaklanan beni gerilemeye çekmesi engellenemez. Zorlantılı nevrozda aynı engelleme etkisi ben mercilerinin aşırı önem kazanmasıyla elde edilir. Psikozlarda ise id çok güçlü, ben de çok zayıf olduğunda ortaya çıkan korkunç sonuçla karşılaşıyoruz.[12] Dolayısıyla analizin tedavi etkisi, benin idle olan ilişkisinin uygun bir düzenleme, yani uygun bir libido dağılımı sayesinde dengelenerek normal yaşayış dediğimiz şeyin mümkün kılınabileceği vakaları kapsar. Bu etki alanına giren sadece nevrotik bozukluklar ve başlangıç aşamasındaki psikozlar değil,[13] aynı zamanda ruh-

10. Şimdilik bkz. "İyileşme Sürecinde Libido Gelişiminin Anlaşılmasına Katkı", Rank, 1923.

11. Bu konuda bkz. Freud'un (1923a) son çalışması.

12. Tabii bu en çok gelişmenin bir düğüm noktası olan "ergenlikte" mümkündür ve anlaşılan böylesi deneyimler psikiyatriyi yanıltmış, başlangıçta isabetli bir kavram olan *dementia praecox*'un kullanımının, anlamını yitirecek ölçüde genişletilmesine yol açmıştır.

13. Sanırım buradan psikozlara ilişkin bazı tedavi olanakları da çıkabilir. Belirttiği-

sal "ikincil duygulanımlar" diyebileceğimiz şeylerdir: yani cinsel çatışmalar ve belli bir dereceye kadar olan anormal karakter. Başka bir deyişle, sadece ben ve id ilişkisindeki kaba bozukluklar değil, aynı zamanda bu ilişki içindeki bir dizi daha ince işleyiş bozukluğu.

Doğum travmasının anlamı göz önüne alınarak yeni bir *karakter ve tip sınıflandırması* geliştirmek mümkün olabilir, üstelik şimdiye kadar denenmiş olanlara[14] kıyasla *bireysel* koşulları ve dolayısıyla etkileme imkânlarını daha iyi anlamamızı da sağlayabilir. İçedönük ve dışadönük nevroz tiplerine (bunlar Jung'un tabirleridir) ilksel travmadan ya da buna gösterilen tepkiden aynı şekilde çıkarsanabilecek benzer karakter tipleri tekabül eder. Çoğunlukla erken ya da rahat bir doğumla dünyaya gelmiş olan zayıf, yumuşak huylu, kolay çocuklara içedönük karakter daha uygun görünmektedir; hamilelik süresini sonuna kadar kullanıp güçlü kuvvetli doğmuş olanlarda ise tersi söz konusudur genellikle. Bu durum şöyle açıklanabilir: Birinci tipte doğum travması görece hafif olduğundan, ilksel kaygı da çok güçlü değildir ve geri dönme eğilimine karşı çok fazla direnç göstermez; böyle insanlar nevrotikleşecek olursa, genellikle içedönük depresif haller gösterir. İkinci tip ise yoğun yaşantılanmış güçlü ilksel kaygının itkisiyle dışarıya yönelir; nevroz durumunda da, geri dönüş çabası sırasında şiddetle doğum travmasına çarpacağı için, ilksel durumun yeniden üretimi yönünde fazla eğilim göstermez.

Nevrozların nedeni olan ilk travmaya kadar geri gittiğimizi düşünmüştük; oysa şimdi bizi uyaran bir durumla karşı karşıyayız. Freud'un keskin gözlem ve düşünüşü sayesinde araştırma ve bilgilerini her defasında zamanında ilerletebilmiş olan psikanalizin böylece başından beri kaçınabildiği bir hataya düşmekten bir kez daha sakınmalıyız. Önceleri nevrotik semptomlara yol açtığı sanılan ilk "travmaların" aslında insanların genel ve normal yaşantıları, analiz tarafından nevrozların çekirdeği olarak ortaya çıkarılan Oidipus kompleksinin de çocuğun ve kültürel bir dünyada yaşayan insanların normal tavrı

miz bakış açıları oldukça basit anlamda ama yüzeysel kalmayan bir iyileştirme etkisi için ilk yaklaşımları oluşturmuş görünüyor. Sıradan insanların nevrozlarına ve psikozların ilkel içeriğine bakarak, etkilemenin de basit bir yolu bulunacağını düşünebiliriz. Ayrıca, iyi bilinen bir klinik olguya, ruh hastası kadınlarda doğum yaptıktan sonra önemli ölçüde iyileşme görüldüğüne işaret etmek istiyorum; ama bunun karşıtı olan lohusalık psikozu da aynı sonuçlara varmaya elverişlidir.

14. Örneğin bkz. Kretschmer, 1921 ya da Jung, 1921.

olduğu anlaşıldı. Bunun gibi, analiz yoluyla kavranabilecek en son travma olan doğum travması da en genel insani yaşantıdır, hem tek tek insanların hem de insanlığın gelişim tarzı belirtmiş olduğumuz şekilde çıkarsanıp açıklanabilir onunla. Ne zaman nevrozları anlamanın anahtarını bulduğumuza inansak, bunun daha çok şimdiye kadar yeterince tanıyamamış olduğumuz normal psikolojik durumların kapısını açmaya yaradığını görmek, herhalde tesadüf eseri değil. Nitekim, Freud'un başyapıtı aslında normal psikolojik olguların (rüya, şaka, günlük yaşam, cinsel kuram) ilk kez anlaşılmasını sağlamış, ilk kez –her ne kadar psikanalitik yöntem ve teknik aracılığıyla edinilmiş patolojik malzemeye dayanıyor olsa da– psikolojiyi var etmiştir. Ve biz de doğum travmasının psikanaliz açısından anlamı üzerine yorumlarımızı Freud'un inşa ettiği normal psikoloji yapısına bir katkı, en fazla bu yapının temel direklerinden biri olarak görmek istiyor, ama aynı zamanda nevroz öğretisini (terapi dahil) bir parça daha ilerletebildiğimize inanıyoruz.

Ama bunun ne kadar başarıldığını tam olarak saptamak istiyoruz, çünkü bundan sonra ele alınacak asıl problemler buna bağlı. Bütün nevroz biçimlerini ve semptomları cinsel uyum aşamasından doğum öncesi ilksel duruma ya da aşılması gereken doğum olayına bir geri dönüşün ifade aracı olarak kavrayabildiğimize inanıyoruz. Bu kavrayış, özel bir durum olan vakayı ya da semptom oluşumunu doğum travması gibi çok genel bir şeye dayandırarak nevroz kuramı açısından yukarıda belirttiğimiz anlamda yetersiz kalsa da, hekim gözüyle yapılacak tedavi amaçlı müdahale açısından azımsanacak bir şey değildir. Doğum travmasında hem eşey protoplazmanın kalıtsal etkileri, hem de olası bireysel özgünlükler (doğum olayı sırasında) için bol bol –hatta belki de aşırı ölçüde denebilir– yer vardır. Yine de bizim yorumumuz, nevroz seçimini belirlemesi beklenen farklı saplantı noktalarına ilişkin kuramı, *tek bir* saplantı noktasında, yani doğum olayında bulunan ve çeşitli etkileri olabilen travmatik hasara bağlamayı denemektedir. Bu yoruma göre sadece bir tek saplantı noktası vardır: anne bedeni; ve son tahlilde bütün semptomlar, psikobiyolojik bir olgu olan bilinçdışımız tarafından verilen bu ilksel saplantıyla ilişkilidir. Bu anlamda, doğum travmasında ilksel travmayı bulmuş olduğumuzu düşünüyoruz. Ayrıca zahmetli analizlere girişip "hastalık yaratıcı travmaları" aramamız gerekmiyor, doğum travmasının yeniden üretimdeki özgün yerini kavrayıp –yetişkin– hastanın benine bunu bir çocuksu saplantı olarak sergilememiz yeterli. Doğum travmasında etkili olan avutucu mekanizma (bunu en iyi sınav rüyalarından biliriz: O zaman da durum kurtulmamış mıydı!) zaten hatırı sayılır bir iyileştirici etken sağlayacaktır ve bu da terapi konusunda yeterli bir iyimserliğe izin verir.

Yani eğer bilindışının (id) özü ve niyeliğine ilişkin yeni kavrayışımız önemli bir pratik yarar sağlıyorsa, nevrozlar kuramının buradan başlayarak yeniden şekillendirilmesi gerektiğini, nevroz *öğretisi* açısından itiraf etmemiz lazım demektir. Çeşitli biçimleriyle nevrozları öncelikle doğum travmasının yinelenmeleri ve etkileri olarak görmüştük. Ama doğum travması aynı zamanda insanın hem kültürel bakımdan normal uyum sağlama sürecini hem de daha yüksek düzeydeki diğer tüm başarılarını belirlemekte ve temellendirmektedir. Burada Freud'un erken dönemine ait bir sözü geliyor akla: psikonevrozların aslında sözcüğün kesin tıbbi anlamında hastalık sayılamayacağı,[15] daha çok insanların gerçek cinsel uyum çabasındaki gelişme ketlenmeleri olduğu. Yine de bu çabalar gibi psikonevrozlar da doğum travmasını aşma denemeleridir, ama başarısız kalmışlardır. İster normal, isterse aşırı öneme sahip olsun, hepsi de oldukça zor işlerden oluşan kültürel uyum sağlama sürecinde, doğum travmasını aşmaya yönelik çeşitli derecelerde başarılmış denemeler görüyoruz. Bunların en başarılı olanı da –sadece tedavideki uygulamaları bakımından değil– psikanalizdir.

Böylece nevroz meselesi sonuç itibariyle bir *biçim meselesine* indirgenmiş oldu. Çünkü hem çocuğun rahim dışındaki duruma uyum sağladığı biyolojik süreçte, hem kültürel insanın normal uyum sağlama sürecinde, hem de telafi edici yüksek sanat (sözcüğün en geniş anlamıyla) ürünlerinde aynı aşma denemesinin hep benzer biçimlerde ortaya çıktığı görülüyor – tek, ama çok önemli bir farkla: *Kültürel insan* ve ondan da çok "sanatçı" bunu ilksel travma tarafından sıkı sıkıya belirlenmiş ve tanımlanmış çeşitli biçimler altında *nesnel olarak yeniden üretebilirken, nevrotik kişi* hep aynı şekilde *kendi bedeninde üretmek* zorundadır.[16] Kendi bedeninde zorunlu olarak "hep aynı ürü-

15. Freud'un bu cümlesini Jung daha sonra psikozlar için de doğrulamıştır. Jung'a göre psikoz vakalarında hasta, normal kişinin üstesinden gelmiş olduğu aynı komplekslerle mücadele etmektedir.

16. Bkz. Ferenczi'nin "kendine yönelik" bir evrenin varlığı konusunda Freud'dan yaptığı alıntı.

nün geri dönüşü", çoğu marazi sürecin esası gibi görünüyor zaten. Böylece nevrotik kişi hep gerçek doğum travmasına geri atılıyor, normal ve aşırı normal kişilerse bu travmayı deyim yerindeyse ileriye ve dışarıya doğru yansıtıyor, yani nesnelleştirmeye çalışıyorlar.

Tedavinin nasıl gerçekleştiği ve iyileştirici etkenin ne olduğu konusunu açıklamak istediğimizde, bir kez daha analitik bilgiyi ve ona giden yolu önceden verili bir şey olarak görmemiz gerekecektir. Artık hem bilinçdışının ve ruhsal mekanizmaların içeriği hem de en sona kalmış olan ilksel travma bilindiğine göre, analiz de büyük ölçüde araştırma işinden bağımsız hale gelebilmiş durumdadır. Hasta genellikle hep aktarım ile işe başladığından, analizin sonunda ilksel travmayı kendiliğinden tekrarlaması için hastaya zaman bırakmak yerine, doğruca bu travmayı açığa çıkarmaya girişmek teknik olarak mümkün bir şeydir. Böylece, bir yanı çözülürken öbür tarafı daha da sıkılaşan bir tür Gordion düğümüne benzetebileceğimiz ilksel bastırmayı uzun uzun uğraşarak çözmeye çalışmak yerine bir kılıç darbesiyle kesebiliriz. Çocukluk dönemi öyküsünün yeniden oluşturulması da, temel atıldıktan sonra kesin hatlara sahip bir plana göre, deyim yerindeyse kaideden yukarı doğru kolayca inşa edilebilir. İlksel travmayla birlikte bastırılmış olan hatırlama duygusu da devreye girer bu arada. Yani mesele, nevroz sonucu anne saplantısına geri kaçmış olan hastayı *analiz sürecindeki aktarım ve bunun çözülmesi sırasında doğum travmasını tekrarlamaya ve anlamaya yöneltmek* ve analistten ayrılırken bu travmayı bilinçsizce yeniden üretmesine de izin vermemektir. İlksel saplantının örtüsünü bu şekilde zamanında kaldırmanın yararı son derece büyüktür: Analizin sonunda doğum travmasını yeniden üretmek yerine hastanın korkup kaçmış olduğu cinsel çatışmalar (Oidipus kompleksi vb.) ve bunlara bağlı suçluluk duygusu (kaygı yerine) katışıksız olarak elde edilir ve böylece gerileme mekanizması tarafından rahatsız edilmeden çözülebilir. Aktarımın sonucu olarak analistle özdeşleşme de buna yardımcı olacak, analistin libidinal katkısı sayesinde hasta cinsel aktarım olanakları yolunda karşısına çıkan kaygıyı aşmayı öğrenecektir. Yani sonuç itibariyle terapi sırasında ilksel travmanın ya da ilksel durumun tekrarlanması (yeniden üretilmesi) yönündeki zorlama, libidonun yönü uyum sağlama çabası bakımından değiştirilerek, bertaraf edilmektedir.

Bütün bunlar Freud'un geliştirdiği çağrışım ve çeviri tekniğinin yardımıyla yapılır, ama ana motor olarak hastanın bilinçdışının karşısına kendi bilinçdışımızı koyarız.[17] Libidosuna etkide bulunmak için elimizdeki tek araç budur. Deyim yerindeyse, geçici bir süre için ilksel durumu kapsamlı bir şekilde yeniden oluşturmasına izin veririz. Hastanın bilinçdışını "reddetme" (Freud) yoluyla zorlarız onu bunu yapmaya. Amaç, bu eğilimin çocuksu niteliğini göstererek –hastanın bilinçli benini sürekli kaygı üretimiyle caydırmak yerine– böyle bir hedefin imkânsız ve değersiz olduğuna ikna etmektir. En önemli teknik araç ise libidonun ikame nesnesi olan analistten uzaklaştırılmasıdır ve aktarımın iyice açılıp en yüksek noktasına varmasını bekledikten sonra kaçınılmaz bir bitiş tarihi koyarak değil, baştan itibaren ve otomatik olarak devreye girer. Hasta tedavinin bitmek zorunda olduğunu bildiği gibi, her seansta da saplantı ve uzaklaşmayı küçük çapta yinelemeye sevk edilmektedir – sonunda bunu nihai olarak yapabilecek hale gelene kadar. Ayrıca, analist bunu ona bizzat yaparak göstermektedir (bir öğretmenin derste yaptığı gibi) ve hasta da, tıpkı bir öğrenci gibi, ancak onunla özdeşleşerek, yani analisti kendi ben ideali olarak alıp onun bilinçdışı karşısındaki tutumunu benimseyerek öğrenebilir. Burada çok büyük bir tedavi işlevine sahip olduğundan analiz tekniğinde de en önde yer alan babaya aktarım konusuna gelmiş oluyoruz. Hastanın analiz sırasında öğrenmesi gereken, anneye takılı kalmış olan ilksel bastırmayı "aktarım" yoluyla çözerek, onu beraberinde sürüklemeden gerçek bir nesneye aktarabilmektir. Normal gelişmede az ya da çok başarılı bir şekilde kendi kendine gerçekleşen bu deneme, nevrotik kişi tarafından analizde bilinçli kuvvetlerden yardım görerek sonradan yapılmak zorundadır. Bu süreçte elimizdeki bütün imkânlarla bilinçdışının geri dönüş eğilimlerini bilince çıkartarak hastanın bilinçli benine seslenir ve böylece onu aşırı güçlenmiş ide karşı mücadelesinde daha kuvvetli kılmaya çalışırız.

Aslında hastanın bütün yapması gereken, gelişmesindeki atlanmış ya da yanlış yapılmış bir parçayı sonradan telafi etmektir (Freud'un "sonradan eğitim" dediği şey). Toplumsal ve insani gelişmenin doğum travmasıyla hem zorunlu kılınmış hem de alabildiğine zorlaştırılmış olan bir parçasıdır bu: yani libidonun babaya aktarılmasıyla anne saplantısından uzaklaşma (Bachofen'daki "erkeksi ilke"), veya analiz diliyle söylersek, Oidipus kompleksinin gelişiminden *önceki* evre. Bu sonradan eğitime karşı hastanın idi libido direnciyle, yani

17. Freud'un "alıcı" karşılaştırması (*Kleine Schriften IV*, s. 405).

anneye yönelik libido tatmininin tamamını analistten talep ederek –Oidipus durumunun ister heteroseksüel, ister eşcinsel tekrarıyla– karşı koyar. Hastanın beninin analistle özdeşleşerek anneye doğru gerileme eğilimlerinin yanı sıra libidonun bu güncel aktarım eğilimlerini de aşabiliyor olması, benin daha baştan itibaren böyle özel bir görevi yerine getirmek üzere idden çıkıp gelişmiş olmasıyla açıklanabilmektedir. Zaten analizde gelişmenin bu normal yardımı da bilinçli bir değişikliğe uğratılarak güçlendirilir; ne de olsa hasta, analistiyle özdeşleştiği kendisine bildirilerek ondan bağımsız kılınmaktadır.

Eğer sonunda yine öylesine zayıf olan bilincin yardımına başvurmak zorundaysak, şu düşüncelerle avutabiliriz kendimizi: Bilinç zayıf da olsa, nevroza karşı elimizdeki tek silahtır. Doğum olayına bağlı kaygı hissinin geri dönüş çabasına karşı biyolojik ve tedavi edici bir araç olarak bilince demirlemesi, göstermeye çalıştığımız gibi, insan olma sürecine yol açmaktadır ve bilinç de insanın ayırt edici niteliğidir. Bilince demirlemiş olan ilksel bastırmanın analiz yoluyla giderilip aşılması, nevrotik kişiyi aslında bugün hâlâ çocukluktan çıkmamış bulunan kültür insanıyla aynı derecede yetişkin kılmaya yetmez mi acaba? Nevrotik kişi sadece biraz daha erken bir aşamada, doğum travmasında takılıp kalmıştır ve terapiden beklenen de onu sadece insanlığın içinde yaşadığı "çocuk dünyasına" taşımaktır.

Nisan 1923

—

Kaynakça

Abraham, K. (1908), "Die psychosexuellen Differenzen der Hysterie und Dementia praecox", *Zentbl. Nervenheilk. 19*, Verlag Bergmann, Wiesbaden.

— (1909), "Bericht über die österreichische und deutsche psychoanalytische Literatur bis zum Jahre 1909", *Jahrbuch f. Psychoanalyse I.*

— (1910), *Jahrbuch f. Psychoanalyse II.*

— (1914), "Bericht über die Fortschritte der Psychoanalyse in den Jahren 1909-1913", *Jahrbuch f. Psychoanalyse VI.*

— (1921), *Bericht über die Fortschritte der Psychoanalyse in den Jahren 1914-1919*, Viyana ve Leipzig.

— (1923), "Beiträge zur Symbolforschung", *Imago IX.*

Alexander, F. (1923), "Der biologische Sinn psychischer Vorgänge. Eine psychoanalytische Studie über Buddhas Versenkungslehre", *Imago IX*, 1, kongre bildirisi, Berlin, Eylül 1922.

Alsberg, P. (1922), *Das Menschheitsrätsel. Versuch einer prinzipiellen Lösung.*

Apfelbach, H. (1922), *Das Denkgefühl. Eine Untersuchung über den emotionellen Charakter der Denkprozesse*, Viyana.

Bachofen, J. J. (1861), *Das Mutterrecht.*

— (1923), *Oknos, der Seilflechter. Ein Grabbild. Erlösungsgedanken antiker Gräbersymbolik*, yeni baskı, Münih.

Bahr, H. (1916), *Expressionismus.*

Bálint, A. (1923), "Die mexikanische Kriegshieroglyphe *atltlachinolli*", *Imago IX*, 4.

Berny, A. (1913), "Zur Hypothese des sexuellen Ursprungs der Sprache", *Imago II.*

Bertschinger, H. (1911), "Illustrierte Halluzinationen", *Jahrbuch f. Psychoanalyse III.*

Bleuler, E. (1911), *Dementia praecox oder Gruppe der Schizophrenien.*

Boehm, F. (1922), "Beiträge zur Psychologie der Homosexualität II", *Int. Z. Psychoanal. VIII.*

Boven, W. (1922), "Alexander der Große", *Imago VIII.*

Brun, R. (1923), "Selektionstheorie und Lustprinzip", *Int. Z. Psychoanal. IX*, 2.

Cumont, F. (1923), *Die Mysterien des Mithra.*

Danzel, Th. W. (1922), "Mexiko", *Kulturen der Erde XI*, Darmstadt.

De Jong, K. H. E. (1909), *Das antike Mysterienwesen.*

Dieterich, A. (1923), *Eine Mithrasliturgie*, 3. baskı.

Eisler, M. J. (1922), "Hysterische Erscheinungen am Uterus", kongre tebliği, Berlin, Eylül. (Bkz. *Int. Z. Psychoanal. IX*, 1923.)

Federn, P. (1914), "Über zwei typische Traumsensationen", *Jahrbuch f. Psychoanalyse VI.*

— (1919), *Die vaterlose Gesellschaft. Zur Psychologie der Revolution.*

Felszeghy, B. (1920), "Panik und Pan-Komplex", *Imago VI.*

Fendt, L. (1922), *Gnostische Mysterien. Ein Beitrag zur Geschichte des christlichen Gottesdienstes*, Münih.
Ferenczi, S. (1909), "Introjektion und Übertragung", *Jahrbuch f. Psychoanalyse I.*
— (1913), "Entwicklungsstufen des Wirklichkeitssinnes", *Int. Z. Psychoanal. I.*
— (1914), "Schwindelempfindung am Schluß der Analysenstunde", *Int. Z. für ärztliche Psychoanalyse.*
— (1919a), *Hysterie und Pathoneurosen.*
— (1919b), "Psychogenese der Mechanik", *Imago V.*
— (1919c), "Technische Schwierigkeiten einer Hysterieanalyse", *Int. Z. Psychoanal. V.*
— (1921), "Weiterer Ausbau der 'aktiven Technik' in der Psychoanalyse", *Int. Z. Psychoanal. VII.*
— (1922), "Versuch einer Genitaltheorie", *Int. Z. Psychoanal. VIII*, kongre raporu.
— (1923a), "Zur Symbolik des Medusenhauptes", *Int. Z. Psychoanal. IX*, 1.
— (1923b), "Traum vom gelehrten Säugling", *Int. Z. Psychoanal. IX.*
Ferenczi, S. ve Hollós, St. (1922), "Zur Analyse der paralytischen Geistesstörung", *Int. Z. Psychoanal.*, ek V.
Ferenczi, S. ve Rank, O. (1924), *Entwicklungswege der Psychoanalyse. Zur Wechselbeziehung von Theorie und Praxis.*
Freud, S. (1894), "Die Abwehrneuropsychosen. Versuch einer psychologischen Theorie der akquirierten Hysterie, vieler Phobien und Zwangsvorstellungen und gewisser halluzinatorischer Psychosen", *Gesammelte Werke I*, S. Fischer, Frankfurt/M.
— (1895), "Studien über Hysterie", *Gesammelte Werke I.*
— (1896), "Weitere Bemerkungen über die Abwehrneurpsychosen", *Gesammelte Werke I.*
— (1900-1), "Traumdeutung", *Gesammelte Werke II-III.*
— (1904), "Zur Psychologie des Alltagslebens", *Gesammelte Werke IV.*
— (1905), "Drei Abhandlungen zur Sexualtheorie", *Gesammelte Werke V.*
— (1908a), *Der Dichter und das Phantasieren, Gesammelte Werke VII.*
— (1908b), "Hysterische Phantesien und ihre Beziehung zur Bisexualität", *Gesammelte Werke VII.*
— (1909), "Allgemeines über den hysterischen Anfall", *Gesammelte Werke VII.*
— (1911), "Schreber Vakası", *Narsizm Üzerine ve Schreber Vakası*, Metis, 1998.
— (1912a), "Totem und Tabu", *Gesammelte Werke IX.*
— (1912b), "Zur Dynamik der Übertragung", *Gesammelte Werke VIII.*
— (1913), "Weitere Ratschläge zur Technik der Psychoanalyse I. Zur Einleitung der Behandlung", *Gesammelte Werke VIII.*
— (1914a), "Zur Geschichte der psychoanalytischen Bewegung", *Gesammelte Werke X.*
— (1914b), "Weitere Ratschläge zur Technik der Psychoanalyse II. Erinnern, Wiederholen und Durcharbeiten", *Gesammelte Werke X.*
— (1915), "Das Unbewußte", *Gesammelte Werke X.*
— (1916-17), "Vorlesungen zur Einführung in die Psychoanalyse", *Gesammelte Werke XI.*
— (1917), "Metapsychologische Ergänzung zur Traumlehre", *Gesammelte Werke X.*

—— (1917-19), "Das Unheimliche", *Imago V.*
—— (1918a), "Aus der Geschichte einer infantilen Neurose", *Gesammelte Werke XII.*
—— (1918b), "Beiträge zur Psychologie des Liebeslebens III. Das Tabu der Virginität", *Gesammelte Werke XII.*
—— (1921a), "Massenpsychologie und Ich-Analyse", *Gesammelte Werke XIII.*
—— (1921b), "Haz İlkesinin Ötesinde", *Haz İlkesinin Ötesinde - Ben ve İd*, Metis, 2001.
—— (1923a), "Ben ve İd", *Haz İlkesinin Ötesinde - Ben ve İd*, Metis, 2001.
—— (1923b), "Die infantile Genitalorganisation (Eine Einschaltung in die Sexualtheorie)", *Int. Z. Psychoanal. IX*, 2.
—— (*Kleine Schriften*, 1920-22): *Sammlung kleiner Schriften zur Neurosenlehre*, Internationaler psycho-analytischer Verlag, Viyana.
Frobenius, L. (1923), *Das unbekannte Afrika*, Münih.
Fuhrmann, E. (1912), *Das Tier in der Religion*, Münih.
—— (1922a), "Mexiko III", *Kulturen der Erde XIII*, Darmstadt.
—— (1922b), "Reich der Inka", *Kulturen der Erde*, Hagen.
—— (1922c), "Peru I", *Kulturen der Erde*, Hagen.
—— (1922d), "Peru II", *Kulturen der Erde*, Hagen.
—— (1923a), *Der Sinn im Gegenstand*, Münih.
—— (1923b), *Der Grabbau*, Münih.
Giese, F. (1914), "Sexualvorbilder bei einfachen Erfindungen", *Imago III*, 1914.
Groddeck, G. (1917), *Psychische Bedingtheit und psychoanalytische Behandlung organischer Leiden.*
—— (1922), "Der Symbolisierungszwang", *Imago VIII.*
—— (1923), *Das Buch vom Es.*
Grooß, K. (1912), "Das Spiel als Katharsis", *Zeitschrift für pädagogische Psychologie, XII.*
Hahn, G. (1906), *Die Probleme der Hysterie und die Offenbarungen der Heiligen Therese.*
Hauer, J. W. (1922), *Die Anfänge der Yogapraxis im alten Indien. Eine Untersuchung über die Wurzeln der indischen Mystik.*
Heiler, F. (1922), *Die Buddhistische Versenkung*, Münih.
Held, H. L. (1922), "Schlangenkultus", *Atlas Africanus*, Münih.
Hopfner, Th. (1922), *Über die Geheimlehren von Jamblichus. Quellenschriften der Griechischen Mystik*, cilt I, Leipzig.
Hug-Hellmuth, H. (1921), *Aus dem Seelenleben des Kindes. Eine psychoanalytische Studie*, genişletilmiş 2. baskı.
Jacoby, A. ve Spielberg, W. (1903), "Der Frosch als Symbol der Auferstehung bei den Ägyptern", *Sphinx VII.*
Jekels, L. (1914), "Der Wendepunkt im Leben Napoleons I.", *Imago III.*
Jung, K. G. (1907), *Über die Psychologie der Dementia praecox*, Halle.
—— (1908), *Der Inhalt der Psychose*, Leipzig ve Viyana.
—— (1910), "Referate über psychologische Arbeiten schweizerischer Autoren (bis Ende 1909)", *Jahrbuch f. Psychoanalyse II.*
—— (1912), "Wandlungen und Symbole der Libido", *Jahrbuch f. Psychoanalyse IV.*

—— (1921), *Psychologische Typen.*
Kielholz, A. (1919), *Jakob Boehme. Ein pathographischer Beitrag zur Psychologie der Mystik.*
—— (1922), "Zur Genese und Dynamik des Erfinderwahns", kongre konuşması, Berlin.
Klein, M. (1921), "Eine Kinderentwicklung", *Imago VII.*
Köhler, W. (1911), "Zur Psychologie des Schimpansen", *Intelligenzprüfungen an Menschenaffen* içinde, ek bölüm.
Körte, A. (1915), *Archive für Religions-Wissenschaft,* XVIII.
Krause, E. (1893a), *Die nordische Herkunft der Trojasage,* Glogau.
—— (1893b), *Die Trojaburgen Nordeuropas. Ihr Zusammenhang mit der indogermanischen Trojasage von der entführten und gefangenen Sonnenfrau, den Trojaspielen, Schwert- und Labyrinthtänzen zur Feier ihrer Lenzbefreiung,* 26 çizimle, Glogau.
Krauss, F. S. (1886), *Sreća. Glück und Schicksal im Volksglauben der Südslaven,* Viyana.
—— (1920), "Der Doppelgängerglaube im alten Ägypten und bei den Südslaven", *Imago VI.*
Kretschmer, E. (1921), *Körperbau und Charakter.*
Kühn, H. (1922), *Die Malerei der Eiszeit.*
Langer, M. D. G (1923), *Die Erotik der Kabbala,* Prag.
Leistner, L. (1884), *Das Rätsel der Sphinx.*
Lorenz, E. (1920), "Der politische Mythus, Beiträge zur Mythologie der Kultur", *Imago VI.*
Löwenstein, R. (1923), "Zur Psychologie der Schwarzen Messen", *Imago IX/1.*
Mac Curdy, J. T. (1914), "Die Allmacht der Gedanken und die Mutterleibsphantasie in den Mythen von Hephästos und einem Roman von Bulwer Lytton", *Imago III.*
Mannahrdt, W. (1905), *Antike Wald- und Feldkulte I.*
Mathews, W. (1902), "Myths of Gestation and Parturition", *American Anthropologist IV.*
Meisenheimer, S. (1921), "Die Verwendung des elterlichen Körpers im Dienst der Brutpflege", *Geschlecht und Geschlechter im Tierreich,* cilt I, Bölüm 20, Jena.
Moxon, C. (1920/21), "Mystical ecstasy and hysterical dream states", *The Journal of Abnormal Psychology.*
Nachmannsohn, M. (1915), "Freuds Libidotheorie verglichen mit der Eroslehre Platos", *Int. Z. Psychoanal. III.*
Nietzsche, F. (1873), *Die Philosophie im tragischen Zeitalter der Griechen.*
—— (1888), "Das Problem des Sokrates", *Götzendämmerung.*
Niggemann, H. (1914), "Frau Welt", *Mitra I,* sayı 10.
Ninck, M. (1921), "Die Bedeutung des Wassers im Kult und Leben der Alten. Eine symbolgeschichtliche Untersuchung", *Philologus,* ek kitap XIV, sayı 2, Leipzig.
Nunberg, H. (1920), "Über den katatonischen Anfall", *Int. Z. Psychoanal. VI.*
Oldenburg, H. (1917), *Religion des Veda,* 2. baskı.
Otto, R. (1923), *Das Heilige. Über das Irrationale in der Idee des Göttlichen und*

sein Verhältnis zum Rationalen, 11. baskı, Stuttgart.
Panzer, F. (1848) *Bayerische Sagen und Bräuche: Beiträge zur deutschen Mythologie.*
Pfister, O. (1910a), *Hysterie und Mystik bei Margareta Ebner (1291-1351).*
— (1910b), *Die Frömmigkeit des Grafen Ludwig von Zinzendorf. Ein psychoanalytischer Beitrag zur Kenntnis der religiösen Sublimierungsprozesse und zur Erklärung des Pietismus.*
— (1920), *Der psychologische und biologische Untergrund des Expressionismus.*
— (1921), "Plato als Vorläufer der Psychoanalyse", *Int. Z. Psychoanal. VII.*
Prinzhorn, H. (1922), *Die Bildnerei der Geisteskranken*, Berlin.
Radó, S. (1922), "Die Wege der Naturforschung im Lichte der Psychoanalyse", *Imago VIII.*
Rank, B. (1923), "Zur Rolle der Frau in der Entwicklung der menschlichen Gesellschaft", Viyana Psikanaliz Birliği'nde verilen konferans, Mayıs 1923.
Rank, O. (1907), *Der Künstler. Ansätze zu einer Sexualpsychologie* (2. Baskı 1918).
— (1909), *Der Mythus von der Geburt des Helden*, Leipzig ve Viyana.
— (1911a), *Die Lohengrinsage*, Leipzig ve Viyana.
— (1911b), *Völkerpsychologische Parallelen zu den infantilen Sexualtheorien.*
— (1911c), *Die Nacktheit in Sage und Dichtung.*
— (1912a), *Das Inzest-Motiv in Dichtung und Sage.*
— (1912b), "Die Symbolschichtung im Wecktraum", *Jahrbuch f. Psychoanalyse IV.*
— (1913a), "Um Städte werben", *Int. Z. Psychoanal. I.*
— (1913b), *Die Matrone von Ephesus.*
— (1914), "Der Doppelgänger", *Imago III.*
— (1917-19), "Psychologische Beiträge zur Entstehung des Volksepos. I. Homer (Das Problem). II. Die dichterische Phantasiebildung", *Imago V.*
— (1922a), "Perversion und Neurose", *Int. Z. Psychoanal. VIII.*
— (1922b), *Psychoanalytische Beiträge zur Mythenforschung. Gesammelte Studien aus den Jahren 1911-1914*, değiştirilmiş 2. baskı.
— (1922c), "Die Don Juan-Gestalt", *Imago VIII.*
— (1923), "Zum Verständnis der Libidoentwicklung im Heilungsvorgang", *Int. Z. Psychoanal. IX*, 4.
Reik, Th. (1915/16), "Die Pubertätsriten der Wilden", *Imago IV.*
— (1920), "Ödipus und die Sphinx", *Imago VI.*
— (1923a), "Tabnit, König von Sidon", Viyana Psikanaliz Birliği, Mart 1923.
— (1923b), *Der eigene und der fremde Gott. Zur Psychoanalyse der religiösen Entwicklung*, Leipzig ve Viyana.
Reitzenstein, F. (1920), *Hellenistische Mysterienkulte*, 2. Baskı.
— (1923), "Aberglaube", *Handwörterbuch der Sexualwissenschaft*, der. Max Marcuse.
Robitsek, A. (1912), "Symbolisches Denken in der chemischen Forschung", *Imago I.*
Rohde, E. (1890-94), *Psyche, Seelenkult und Unsterblichkeitsglaube der Griechen.*
Róheim, G. (1920), "Die Bedeutung des Überschreitens", *Int. Z. Psychoanal. VI.*
— (1921a), "Primitive Man and Environment", *Int. J. Psycho-Anal. II.*

—— (1921b), "Das Selbst", *Imago VII.*
—— (1923), "Nach dem Tode des Urvaters", *Imago IX*, 1 (Kongre tebliği, Berlin, Eylül 1922).
Scheltema, F. A. van (1923), *Die altnordische Kunst*, Berlin.
Schilder, P. (1923), *Seele und Leben*, Springersche Monographien, Berlin.
Schmidt, R. (1908), *Fakire und Fakirtum im alten und modernen Indien*, Berlin.
—— (1922), *Die Kunst der Eiszeit.*
Schmitz, O. A. H. (1923), *Psychoanalyse und Yoga*, Darmstadt.
Schneider, H. (1923), "Die jungsteinzeitliche Sonnenreligion im ältesten Babylonien und Ägypten", Leipzig (*Mitteilungen der Vorderasiatisch-Ägyptischen Gesellschaft*, 1922, 3, yıl 27).
Schroeder, Th. (1922), "Prenatal psychism and mystical pantheism", *Int. J. Psycho-Anal. III.*
Schultz, W. (1910), *Dokumente der Gnosis*, Jena.
Silberer, H. (1912), "Spermatozoenträume" ve "Zur Frage der Spermatozoenträume", *Jahrbuch f. Psychoanalyse IV.*
—— (1914a), "Der Homunkulus", *Imago III.*
—— (1914b), *Probleme der Mystik und ihrer Symbolik.*
—— (1922), "Tendenziöse Druckfehler", *Int. Z. Psychoanal. VIII.*
Sperber, H. (1912), "Über den Einfluß sexueller Momente auf Entstehung und Entwicklung der Sprache", *Imago I.*
Spielrein, S. (1922), "Die Entstehung der kindlichen Worte Papa und Mama", *Imago VIII.*
Spieß, K. (1914), "Die Kröte, ein Bild der Gebärmutter", *Mitra I*, 1914, No. 8.
Stärcke, A. (1921), "Psychoanalyse und Psychiatrie", *Int. Z. Psychoanal., ek sayı IV.*
Stekel, W. (1911), *Die Sprache des Traumes.*
Storch, A. (1922), *Das archäisch-primitive Erleben und Denken der Schizophrenen*, Berlin.
Storfer, A.J. (1911), *Zur Sonderstellung des Vatermordes. Eine rechtsgeschichtliche und völkerpsychologische Studie.*
Szilágyi, G. (1923), "Der junge Spiritist", *Int. Z. Psychoanal. IX*/3.
Tausk, V. (1919), "Über die Entstehung des Beeinflussungsapparates in der Schizophrenie", *Int. Z. Psychoanal. V.*
Vaerting, M. (1921), *Die weibliche Eigenart im Männerstaat und die männliche Eigenart im Frauenstaat*, Karlsruhe.
Verworn, M. (1908), *Zur Psychologie der primitiven Kunst.*
Weidner, E. F. (1917), "Zur babylonichen Eingeweideschau. Zugleich ein Beitrag zur Geschichte des Labyrinths", *Orientalische Studien, Fritz Hommel zum 60. Geburtstag*, cilt I, Leipzig.
Welten, H. (1923), *Über Land und Meer.*
Winterstein, A. (1913), "Psychoanalytische Anmerkungen zur Geschichte der Philosophie", *Imago II.*
—— (1922), "Zur Entstehungsgeschichte der griechischen Tragödie", *Imago VIII.*

—

METİS ÖTEKİNİ DİNLEMEK

1 **Sigmund Freud** Narsizm Üzerine ve Schreber Vakası

2 **D. W. Winnicott** Oyun ve Gerçeklik

3 **Heinz Kohut** Kendiliğin Çözümlenmesi

4 **Heinz Kohut** Kendiliğin Yeniden Yapılanması

5 **Sigmund Freud** Uygarlığın Huzursuzluğu

6 **Melanie Klein** Haset ve Şükran

7 **Otto Kernberg** Sınır Durumlar ve Patolojik Narsisizm

8 **Anna Freud** Çocuklukta Normallik ve Patoloji

9 **Otto Kernberg** Sapıklıklarda ve Kişilik Bozukluklarında Saldırganlık

10 **Sigmund Freud** Haz İlkesinin Ötesinde ve Ben ve İd

11 **Otto Rank** Doğum Travması

12 **Margaret S. Mahler, Fred Pine, Anni Bergman**
İnsan Yavrusunun Psikolojik Doğumu

13 **Harry Guntrip** Şizoid Görüngü
Nesne İlişkileri ve Kendilik

14 **Carl Gustav Jung** Dört Arketip

15 **Didier Anzieu** Freud'un Otoanalizi ve Psikanalizin Keşfi

16 **Heinz Hartmann** Ben Psikolojisi ve Uyum Sorunu

17 **André Green** Hadım Edilme Kompleksi

18 **Edith Jacobson** Kendilik ve Nesne Dünyası

19 **Anna Freud** Ben ve Savunma Mekanizmaları

20 **J. Chasseguet-Smirgel** Ben İdeali

21 **Didier Anzieu** Deri-Ben

22 **Jacques Lacan** Psikanalizin Dört Temel Kavramı